新中国经济发展70年丛书

70 Years of Opening Up
in the People's Republic of China

新中国对外开放70年

江小涓 ◎ 著

人民出版社

前　言

新中国成立70年来,对外开放在推进社会主义现代化建设、加快技术进步、提高人民生活水平、推动体制改革、塑造中国国际地位、构建调整国际关系等方面,都发挥了不可替代的重要作用。70年发展历程,开放的场景波澜壮阔,开放的地位至关重要。本书拟从时代背景、指导思想、国情特点、发展阶段、国际环境等多个角度,描述这个过程,评价其作用和地位,并尝试作出理论分析和概括性结论。

现将全书主要内容简介如下。

绪章"70年对外开放之概览",概要介绍新中国成立以来对外开放的历史脉络、重大事件、关键节点、主要作用和标志性成就。概括而言,对外开放奠定了新中国现代化产业基础,推动了经济增长、就业、结构升级、技术进步和体制改革,也推动了思想解放与理念创新。中国的开放在为自身发展提供诸多收益的同时,也为全球提供了多种参与方共享的红利。

上篇是对新中国前30年的对外开放与现代化建设关系的研究。关于这30年发展与开放的关系,是一个被相当普遍误读、误解的问题,认为这个阶段的指导思想是"闭关锁国",建设实践是"独立发展"。真实的情况是,对外开放在新中国成立初期的现代化建设中发挥了极为重要的作用,其间虽然有偏向和波动,但并没有改变这个基本态势。这一篇以大量数据和事实为依据,描绘出对外开放在新中国前30年发展中的重要地位,提供理解和评价历史的事实基础。上篇包括三章,分别是:"新中国成立初期引进项目与大规模经济建设""引进受挫与经济发展的波动"和"再次引进高峰及现代化建设加速"。

中篇是分析改革开放40年来对外开放的历程。与前30年相比,这是一个全新的开放过程。"新"字体现在开放理念、开放目标、开放方式、开放范围和开放效果等各个方面。概括而言,前30年开放的主要意义,是大量引进设备和技术,加快国内现代化建设;后40年开放的眼界和目标更为开阔:利用两个市场、两种资源提升各类资源的配置效率,推动国内企业深度参与全球分工体系,参与重构国际经济格局,开放还对思想解放和体制改革产生了重要推动作用。中篇包括五章,分别是:"对外贸易快速增长及贸易大国地位形成""中国服务贸易的发展、规模与结构""外商在华直接投资:结构、技术和重要地位""对外投资增长与'一带一路'倡议的实施"和"以开放促改革:中国道路的重要经验"。

下篇是若干重要问题和典型案例的讨论研究。这部分内容有些体现了中国特色开放道路的突出特征,有些回应了开放过程中不同甚至对立的观点,还有些总结了中国经验的理论贡献和学术价值。下篇包括五章分别是:"案例研究:对外开放的外溢效应与本土产业竞争力提升""案例研究:中国出口商品结构变化的决定因素""案例研究:对外开放中的收益分配""案例研究:科技全球化和中国技术引进"和"案例研究:市场对外开放与本土文化国际传播"。

尾章是对中国未来开放前景的概略展望。以开放合作、互利共赢的开放理念和构建人类命运共同体的重要思想为指导,从国内经济基本面变化和国际形势变化两个角度,提出中国今后对外开放可能出现的若干趋势。

目　　录

中篇 对外开放40年：促进发展与改革

绪章　70年对外开放之概览

中华人民共和国成立以来，对外开放与国内经济发展关系密切，作用突出，意义重大，是新中国成立70年巨大成就不可或缺的重要推动力量。新中国成立后的前30年中，对外开放主要目的是大规模引进设备和技术，推动国内现代化建设。之后40年，对外开放发挥了更为全面和重要的作用，广泛地利用两种资源、两个市场，推动增长、技术进步和产业升级，推动思想解放和体制改革。本章分前30年和后40年两个阶段，简要描述中国对外开放的历史轨迹和重要节点，概括分析开放促发展、促改革的重要作用，总结中国对外开放的标志性成就和国际地位。

第一节　新中国前30年的对外开放与现代化建设

新中国成立后的前30年中，对外开放的主要目的是引进设备和技术，并没有发挥更多作用。形成这种状况的原因是多方面的，不应主要归结为指导思想上的失误。从建设方针和工作部署看，决策层并没有主动制定和长期采取"闭关锁国"的政策，相反，只要内外部条件许可，对外开放就在发展规划中和实际工作中占有重要地位。

一、"闭关锁国"不是主流指导思想

新中国成立伊始，中国就制定了雄心勃勃的现代化建设计划，之所以能够在极为薄弱的基础上提出如此大规模的发展计划，很大程度上源自对引进国外设备和技术的高度重视。"一五"时期大规模经济建设方案的制定就是以引进项目为核心制定的。当时，从苏联和东欧国家引进了

"156 项工程"，遍布工业部门特别是重工业部门。为了支付引进用汇，努力扩大出口以及使用国外贷款都是必然选项。可以说，大规模引进设备和技术，在 20 世纪 50 年代中国现代化建设中发挥了极其重要的作用。这一时期在中国经济发展的指导思想中，对外开放不仅是重要的组成部分，而且是整个经济发展规划的核心部分。

20 世纪 60 年代初期，中国与苏联关系恶化，对外开放的外部环境更加不利，导致这段时间引进减少，支撑发展的作用减弱。从主观上讲，我们并没有形成排斥对外开放的指导思想，而是努力转向从其他发达国家引进设备技术。但是，受制于国际关系的大环境，引进的规模和地位已经不能与此前阶段相比。

20 世纪 70 年代初期，随着中美恢复交往、中日建交和中国在联合国恢复合法席位，中国对外开放的外部环境明显好转，与 50 年代相似，引进项目又开始在现代化建设中居于重要地位。1973 年，中国制定和执行从国外引进价值43 亿美元成套设备和单机的"四三方案"，连同配套项目，使 70 年代中后期经济建设再次以引进项目为中心展开，以至于这个时期制定的高速增长规划被称为"洋跃进"。虽然这些引进项目有一部分被推迟执行，但当时重要的建设项目特别是填补空白和提升水平的项目，大部分仍然是引进的成套设备项目。

上述过程表明，新中国成立后的前 30 年发展中，闭关锁国、排斥开放的倾向不是主流，没有明显影响。只要环境允许，对外开放就在发展规划和实际建设中占据重要地位。

二、国际环境的制约和有"偏向"的对外开放政策

新中国成立初期，我们"一边倒"地与苏联和东欧国家发展经贸关系、引进设备和技术。这是一种被迫选择。中华人民共和国刚一成立，就面临极端不利的国际环境，实行全方位的对外开放非常困难。早在 1949 年，美国及其盟国就成立了一个旨在限制对社会主义国家出口的国际性集团，即巴黎统筹委员会，开列了一个包括数千种商品和 750 种设备在内的禁运单，不准它们出口到社会主义国家。1950 年，由于美国、日本、加

拿大、菲律宾等国实行冻结中国资产和资金的政策，迫使中国停止了对这些国家的结汇输出，限制了中国对外贸易的发展。美国及其盟国操纵"联大"通过禁运案，对中国实行全面经济封锁，尤其禁止向中国出口先进技术设备。因此，尽管中国现代化建设急需引进大批先进技术设备，但想从发达国家引进几乎是不可能的。在这种两大阵营对峙的国际政治军事背景下，中国别无选择，只能以苏联和东欧各社会主义国家为主要的贸易与合作伙伴。

在中苏关系出现问题后，我们努力从一些相对友好的发达国家引进设备技术，但规模和地位都与此前无法比拟。这就导致此前那种以大规模引进项目和多方面外援为基础的经济建设模式难以为继，新的引进渠道只能是补充作用。因此，在这一时期，国内开始强调自力更生，本旨不是为了排斥或轻视对外经济贸易，而是对不利国际环境作出的反应，以利于在这种形势之下调动国内各方面的积极性，其立意是理性的，意义也是积极的。20世纪60年代后几年中，中国处于"文化大革命"时期，指导思想上确实出现了排斥从国外引进的倾向，发展外贸被指责为"洋奴哲学""爬行主义"等，对外经济贸易交往陷入停滞。但从30年全过程看，这种思想并非主流，也未形成全面影响。

20世纪70年代初期，中国恢复了在联合国的合法席位，与美国、日本及更多的发达国家的关系有所改善。我们随即从这些国家开始大规模地引进先进设备和技术。总体来看，这30年中，除了"文化大革命"期间，无论是从苏联还是从西方发达国家，技术设备引进的规模经常处于国内配套建设能力和换汇能力可以承受的最大程度，既高度重视又实效显著。

三、对外开放的关键作用：引进先进设备和技术

这30年中，我们建立起了新中国的现代产业体系。这个成就很大程度上是通过对外开放、引进先进技术和设备所取得的。

新中国成立后的前10年，新建的重要工业部门是以引进项目为核心展开的，包括从苏联和东欧国家引进的"156项工程"。都是中国"一五"

时期建设的核心项目。当时几乎所有拟重点发展的新工业部门和重要新产品，都有若干成套引进项目作为支撑。在引进基础上，我们形成了重型汽车、高效率机床、自动化高炉、平炉、联合采煤机、发电设备等几十类重要设备生产能力；建立了航空工业，已经能够批量生产喷气式飞机；钢铁工业中有了制造合金钢、无缝钢管、大型钢材等行业；有色金属工业中建立了铝及其他有色金属的冶炼和加工工业；化学工业建立了生产高级染料、工业和航空油漆、产品的部门；新建了无线电和有线电工业，已经能够制造包括收发报机、自动电话交换机在内的电讯设备。

20世纪60年代初期，苏联中止了同中国的大多数合作项目，迫使中国开始转向寻找从其他国家引进设备和发展贸易。1962年9月，中国从日本引进了第一套维尼纶设备，开始了向发达国家引进先进技术设备的时期。1963—1966年，中国从日本、英国、法国、意大利、联邦德国等国引进多项设备和技术，与50年代相比，这个时期的引进有其新特点：一是以中小型成套项目居多；二是重视引进支农项目和轻工业原料项目；三是引进工业生产技术中明显的薄弱环节。这一时期的技术引进，促进了中国石油化工和其他化学工业生产能力的发展和提升，冶金工业的生产技术也有明显提高，半导体、原子能也得到较快发展。

从20世纪70年代初期开始，中国再次部署大规模引进，这次是从西方工业化国家引进。当时提出，要从国外进口43亿美元的成套设备和单机的方案，即"四三方案"。之后，又陆续追加了若干项目，总额达到51.4亿美元；到1977年，实际对外签约成交达39.6亿美元。引进的项目包括：十三套以天然气或轻油为原料的年产30万吨合成氨和48万吨尿素的大型化肥成套设备装置、四套大型化纤设备、三套大型石油化工设备、一套烷基苯工厂、三个大电站、四十三套综合采煤机组、武钢一米七轧机以及透平压缩机、燃气轮机、工业汽轮机工厂等。这批引进项目几乎全部是中国经济建设和生产中急需并有原料基础的薄弱环节，绝大多数为基础工业项目，生产技术也大都是当时世界较为先进的水平。这一时期引进规模在中国同期经济建设中占有很大比重，1975年和1976年，进口项目的投资分别占当年国家预算投资的14%和21%，使中国这一时期经济建设中的大型项目再一次以引进项目为中心铺开。

四、与引进需求相适应的对外贸易体制

"一五"时期的经济建设,既需要大规模引进先进技术设备,也需要较多出口换取外汇。为此,国家垄断了进出口贸易,确立了我国对外贸易国家统治体制。这个体制的运行模式具有以下特点:一是实行进出口许可制度,进出口事项要申请领取进出口许可证后,才能进出海关;二是进出口企业管理制度,由外贸部对经营进出口业务的各个企业实行统一计划管理,不仅下达进出口任务计划,而且下达国内市场的外贸产品收购计划;三是外汇管理制度。一切外汇资金都由国家管理,实行固定汇率政策,由国家指定的机构统一办理各项外汇业务。

在这30年中,进口的是核心引进先进技术设备,出口则处于被动地位,主要目的是取得外汇收入用于进口,即为了进口而鼓励出口,当时,因为各项建设较大规模展开,我国的农副产品和大多数工矿产品国内市场供应状况已经比较紧张,绝大部分出口货物,是从国内市场上"挤"出来的,为了优先保障出口换汇,只能以国家统购统销的形式减少国内市场供应量,保证出口需要,因此中央政府对外贸实行下达出口任务和国内市场货源收购任务的指令性计划。国际贸易理论指出的出口所具有的其他重要作用,如扩大市场、取得国际分工利益等,在当时并没有国内产业基础,并不是主要目的和意义。

第二节　最近40年的对外开放与发展

一、对外开放国策的形成

1976年,历时十年的"文化大革命"结束,如何加快经济发展和提高人民生活水平、如何推进现代化建设的问题举国关注。随着对外交往的增加,人们发现,在国内出现经济和政治动荡的同时,世界经济持续增长,科技进步迅速,一些发展中国家特别是邻近的亚洲新兴工业化国家(地

区)的发展成就显著,人民生活水平明显提高,与中国经济发展停滞、人民生活改善缓慢的局面形成鲜明对比。这些国家(地区)加快发展的一个重要经验,就是对外开放,吸收外资和引进技术,承接国际产业转移,发展对外贸易,促进增长和就业,在国际竞争中提升竞争力。

实行对外开放的重大决策,是在国内要加快发展、外部有重要机遇、国际环境基本有利这三项根本判断的基础上形成的。这三项根本判断,是决策层对国内形势和国际形势判断的重大转变,是形成对外开放决策的根本基础。

邓小平同志在1977年就指出,苏美两国的全球战略部署还没有准备好,打世界大战也没有准备好,由此他提出了"抢时间"即抓住机遇搞现代化。1978年12月召开的党的十一届三中全会,是中国改革开放和现代化进程中的重要转折点、里程碑,全会明确提出全党工作重点要转移到社会主义现代化建设上来,启动了中国改革开放的历史进程。关于对外开放,指出要"在自力更生的基础上积极发展同世界各国平等互利的经济合作,努力采用世界先进技术和先进设备"①。

此后几年的实践表明,对外开放对现代化建设有多方面的推动作用,国内外各方面对对外开放的积极作用形成了高度共识。在这样的实践和认识的基础上,1984年10月召开的党的十二届三中全会通过了《中共中央关于经济体制改革的决定》,正式把对外开放确定为"长期的基本国策"。在1984年、1985年,邓小平同志进一步提出和平与发展已经成为"带有全球性、战略性的意义"的问题,"在较长时间内不发生大规模的世界战争是有可能的,维护世界和平是有希望的"。党中央认为邓小平同志的战略判断十分重要,在1987年召开的党的第十三次全国代表大会上,正式提出了"和平与发展"是当代世界主题的重要判断,为长期实行对外开放奠定了理念和认识基础。

可以看出,20世纪80年代开始的对外开放,与前30年相比有根本性不同。彼时两大阵营存在,高层决策者有对重大冲突的担忧,甚至有战争

---

① 《三中全会以来重要文献选编》(上),人民出版社1982年版,第6页。

危机感,因此当时的对外开放与引进,立足建设独立自主的国内经济体系,是一种进口替代型的对外开放。而后40年的对外开放,立足利用全球化带来的机遇,利用两种资源、两个市场促进国内发展,在内需与外需、进口替代与出口导向之间,以我们自己的发展为指向,寻求动态平衡,实行多层次、全方位的对外开放国策。

二、"小切口"的渐进式对外开放过程[①]

新的对外开放没有经验可循,经济上面对许多变化和不确定性,政治上面对许多质疑和担忧。因此,我们走的是渐进式开放道路,起步是一个小小的切口:建立经济特区,实验对外开放政策。[②]

1979年7月10日,党中央和国务院发出文件,决定在深圳、珠海、汕头、厦门四个市划出部分地区试办经济特区,利用它们地处沿海特别是毗邻香港、澳门的地域优势,先行对外开放试点,积累经验,探索道路。四个经济特区在经济活动中实行特殊政策,在对外贸易、利用外资、外汇使用、对外经贸管理体制等方面都享有优惠政策。在经济管理上实行特殊体制,允许采用市场调节手段。在社会主义公有制为主导的前提下,允许多种经济成分发展,对外商投资提供优惠待遇,企业所得税率减按15%征收。对特区政府授予相当于省级的经济管理权限。经济特区设立的意义十分重要,是对外开放进程迈出的第一步。特区在设立之后短短几年发生了巨大变化,成为全国瞩目的发展典范,为坚持和扩大对外开放提供了最有力的实践支撑。

此后,对外开放在区域和内容上逐渐推进。从区域上看,在设立经济特区并取得成功之后,享有优惠政策的对外开放区域逐步扩大,从沿海地区到沿江、沿边地区和内陆省会城市,再到中西部地区,逐步形成了区域上全方位的对外开放格局。从内容上看,对外贸易、利用外资等领域的改

---

① 关于对外开放过程的详细描述以及对外开放对改革的推动作用,可以参见本书第八章。

② 对外开放初期的决策过程,可以参见李岚清:《突围:国门初开的岁月》,中央文献出版社2008年版。

革也逐渐扩大和深化。例如外贸体制,改革开放之前实行国家垄断,实行指令性计划管理。改革首先从对外贸企业和地方政府放权让利开始,到实行外贸承包经营责任制,再到取消国家财政对出口的补贴,这些改革措施促使对外贸易更多地依照市场信号去运作,外贸企业自主经营、自负盈亏。再如吸收外资体制,对外开放初期,中国吸收外资限制较多,主要限于一些"三来一补"①项目,逐渐扩大至鼓励外资引进先进技术设备对现有企业进行改造,再逐步放宽到对外开放整个制造业。加入世贸组织以后,绝大多数服务业吸收外资也逐步放开。

经历了40年渐进式对外开放历程后,目前中国对外贸管理体制已经基本符合世界贸易组织多边规则的要求,货物贸易的自由化程度已经高出发展中国家的平均水平;对国外投资者的市场准入程度较高,管理体制和法律环境基本做到透明规范,国民待遇基本落实,实现了中国对外经贸体制与国际经贸规则的全面接轨。

三、对外开放的标志性成就

通过40年对外开放,中国经济的对外开放程度显著提高,发挥了多方面的重要作用。标志性成就主要有以下几个方面。②

(一)衡量对外开放程度的主要指标已经排名世界前列

改革开放之初,中国经济的对外开放度低。1978年中国对外贸易总额仅为206.4亿美元,居世界第22位,吸收外资和对外投资都不到2000万美元。改革开放以来,中国涉外经济快速发展,对外贸易增长速度均明显高出世界平均速度(见图1)。贸易总额超越传统贸易大国,跃升为世界第一,2018年对外贸易总额已达4.6万亿美元(见图2)。吸收外商直接投资和对外直接投资分别达到2018年的1390亿美元和1298亿美元,

---

① "三来一补"即来料加工、来件装配、来样加工和补偿贸易,是中国实行改革开放以后发展起来的对外贸易方式。来料加工等指由外商提供原材料、零部件或元器件,中方按对方要求进行加工或装配,成品交对方销售;补偿贸易即是由外商提供技术设备、原材料和服务,中方企业按照对等金额以产品或劳务偿还。

② 绪章各个图表资料来源:世界银行、联合国贸发会议、中国国家统计局、中华人民共和国商务部、新华社,之后不再逐一标注。

分别居世界第二位和第三位(见图3、图4)。

(单位：%)

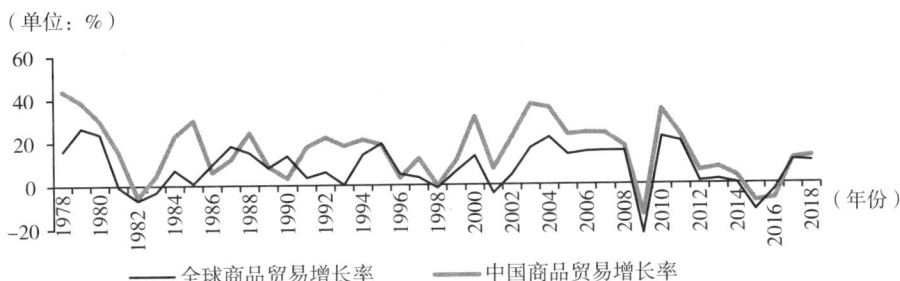

图1　1978—2018年中国外贸增长率与世界外贸增长率的比较

资料来源:世界银行。

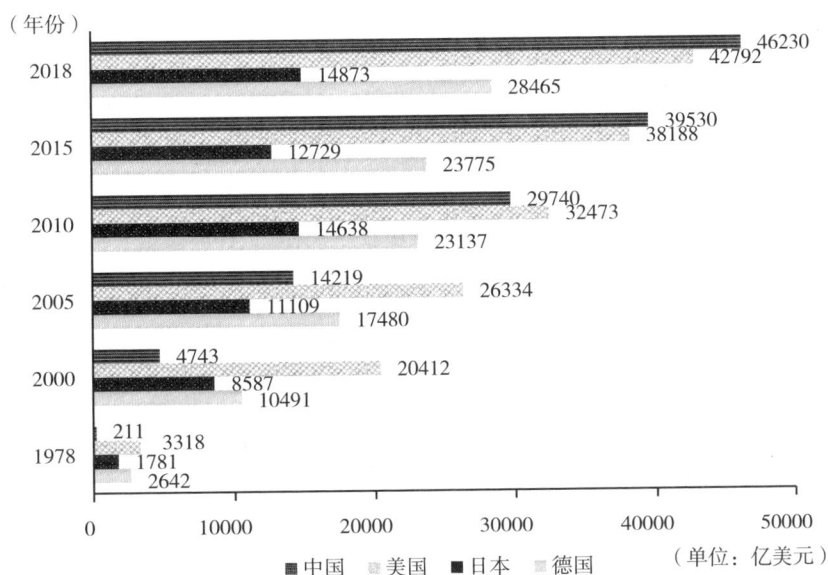

图2　1978—2018年中国对外贸易地位的国际比较

资料来源:世界银行。

(二)涉外经济增长快,对国民经济贡献突出

随着对外开放程度提高,涉外经济在中国经济各领域中的地位得到显著提升。1978年,中国对外贸易依存度(进出口占国民生产总值的比重)仅为9.75%,2017年达到33.6%。对外开放初期,外商投资企业仅有

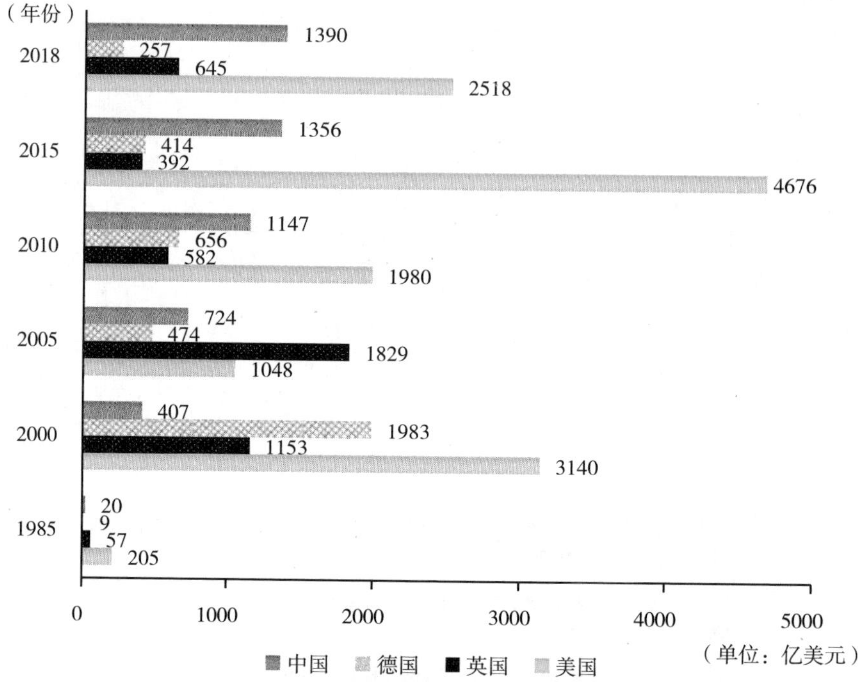

图3 1985—2018年中国吸收外资地位的国际比较

资料来源:联合国贸发会议。

少数几家,影响微乎其微,目前已经成为中国经济的重要组成部分。2015年,外商投资企业创造了中国近1/2的对外贸易、1/4的工业产值、1/7的城镇就业和1/5的税收收入,对经济社会可持续发展的促进作用进一步增强。①

对外开放领域主要增长指标不仅自身较高,而且均快于国内生产总值增长。1978—2018年,中国国内生产总值年均增长9.6%,同期对外贸易总额年均增长18.4%,出口年均增长18.8%,吸收外资年均增长10.7%,2003—2018年对外投资年均增长29.0%(见图5)。对外开放各项指标均保持高增速,表明对外开放是增长的重要源泉。

----

① 资料来源:新华网,http://www.xinhuanet.com/world/2016-01/22/c_128654886.htm。

（年份）

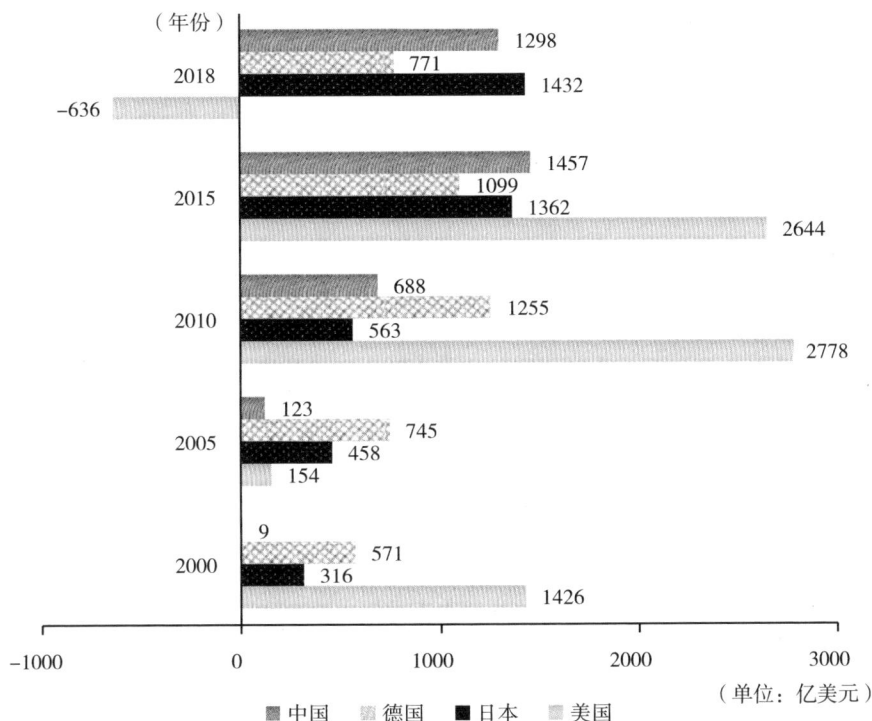

图 4　2000—2018 年中国对外投资地位的国际比较

资料来源:联合国贸发会议。

（三）吸收外资和引进先进技术,提升产业结构

外商投资企业相对集中在国内短缺的相对先进制造行业中。20 世纪 90 年代以来,外资主要集中于通信设备和计算机制造业、交通运输设备制造业,电气机械及器材制造业等资金技术密集型行业,促进了产业结构升级和出口商品结构升级。最近 20 年,外资密集进入高技术产业,2017 年高技术产业实际吸收外资同比增长 61.7%,占比达 28.6%,较 2016 年年底提高了 9.5 个百分点。高技术制造业实际使用外资 665.9 亿元,同比增长 11.3%。其中,电子及通信设备制造业、计算机及办公设备制造业、医疗仪器设备及仪器仪表制造业同比分别增长 7.9%、71.1% 和 28%。高技术服务业实际使用外资 1846.5 亿元,同比增长 93.2%。其中,信息服务、科技成果转化服务、环境监测及治理服务同比分别增长

（单位：%）

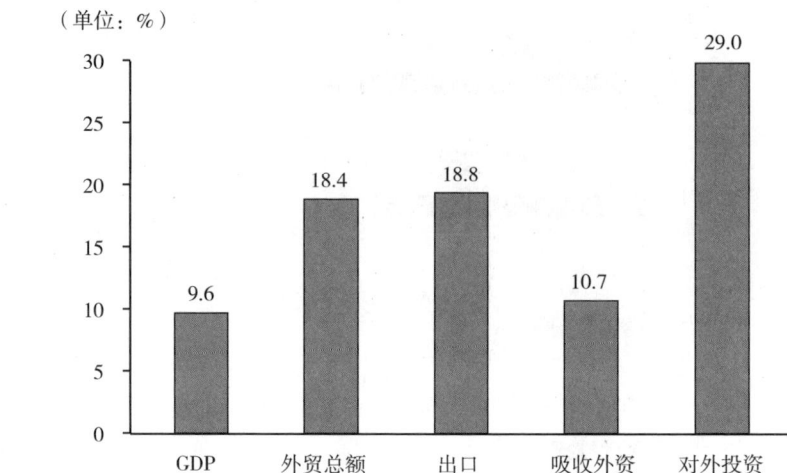

图 5　中国改革开放 GDP 增长率与主要涉外经济指标增长率的比较

资料来源：世界银行、联合国贸发会议。

162%、41%和 133.3%。通过对外开放，"中国制造"的质量和水平显著提高。"中国服务"也更多具备了全球眼光，竞争力不断增强。

（四）进口能源资源，支撑可持续发展

中国一些重要自然资源的禀赋条件与人力资源不匹配，进口是重要调节渠道。通过进口资源密集型产品，我们还间接进口了不可贸易的短缺资源，例如农产品进口可以看作是进口土地和淡水资源。据联合国粮农组织的测算，以粮食贸易为载体间接交易的淡水量，相当于全球粮食生产用水的 13%，日本通过农产品贸易进口的淡水量超过自身农作物灌溉用水。2018 年中国进口大豆 8803 万吨，如果在国内种植需要耕地 4633 万公顷，相当于黑龙江省大豆种植面积的 13 倍，这些耕地资源可用于种植其他农作物。进口资源密集型产品，显著缓解了中国短缺要素对发展的约束。

（五）多重外溢效应提升国内产业竞争力

对外开放从多方面产生外溢效应，促进国内产业整体提高竞争力。国内企业通过在出口市场上的竞争以及在国内市场与外商投资企业的竞争，及时把握了全球产业发展的新趋势，了解学习国外先进的经营理念、技术、管理和营销模式。改革开放前20年,国内企业人才大量流向外资企业;后20年则相反,大量人才流向国内企业,带动知识和技术流动,推动国内企业技术进步、深化改革和完善内部治理结构。一些外资较早、较为密集进入的行业,如家用电器、日用化工、汽车、工程机械、通信设备、计算机等行业中,已有许多国内企业成长起来,开始具有了全球竞争力和取得了重要的市场地位。这些企业的资源配置、股东和管理层结构、企业内部治理和经营理念等,都具有鲜明的国际化特征。

(六)进入对外投资大国行列

改革开放前20年,主要以引进外资为主。1998年召开的党的十五届三中全会上明确提出"走出去"。最近20年,中国对外投资迅速增长。2018年,中国非金融类对外直接投资1205亿美元,比2003年增长41.3倍,年均增长28.4%。对外投资的增加,是中国经济实力增强、比较优势变化的必然结果。特别是共建"一带一路"倡议提出后,为了促进设施联通和贸易畅通,中国增加了对"一带一路"沿线56个国家的非金融类直接投资,2018年为156亿美元,大大拓宽了对外投资的国别结构,在更大范围内促进了共同发展和互利共赢。

(七)推动国内体制改革

对外开放不仅成为中国现代化建设的重要动力,促进了中国综合国力的大幅提升;而且有力推动了思想解放和观念转变,促进了社会主义市场经济体制的建立和完善。改革初期,以经济特区、经济技术开发区、沿海对外开放地区等一系列区域对外开放政策为先导,进行了以开放促改革的试验和探索。同时,以引进外商投资为突破口,对政府宏观管理体制和市场主体微观运行机制逐步进行改革创新,形成了与国际市场相衔接的营商环境。对外开放领域的先行先试为市场化改革提供了重要经验和参考,让"摸着石头过河"式的改革路径找到了最佳场所。加入世界贸易组织推动了改革攻坚以及与国际通行规则的全面接轨,之前长达15年谈判为符合加入世界贸易组织标准而推动的改革,以及加入世贸组织后为了履行承诺而进行的多方面改革,是这个时期以开放促改革的新主线,推动了中国经贸体制与国际经贸规则的全面接轨。

(八)国际经济地位全面显著提升

新中国成立之初,除了与苏联和东欧国家开展引进技术和贸易之外,与世界其他国家交往较少,加之国力薄弱,对世界经济影响较小。改革开放以来,我们已经成为世界贸易与投资大国,并且全方向地积极融入国际经济社会,全面发挥重要的作用。1980年4月和5月,中国先后恢复了在国际货币基金组织和世界银行的合法席位;2001年加入世界贸易组织,积极参与以世界贸易组织改革为代表的国际经贸规则制定。2003年以来,中国与亚洲、大洋洲、拉美、欧洲等国家和地区先后建设自贸区,目前已达成了17个自贸区协定。2013年,习近平总书记提出"一带一路"倡议,赢得国际社会广泛响应。"共商、共建、共享"的合作理念和开放包容的合作模式,成为中国实践人类命运共同体、开展全方位国际经济的新标志。中国参与双边、区域合作和全球经济治理的方式从以往的被动参与向主动构建转变。

绪章的分析表明,得益于前30年的对外开放,我们引进大量先进设备和技术,在几乎一穷二白的基础上,建立起了新中国的现代产业体系和国防工业体系。工业尤其是重工业快速增长,形成了许多重要产品生产能力,对经济建设、人民生活和国防建设发挥了基础性支撑作用。

得益于40多年的对外开放,中国经济持续快速增长,人民生活水平显著提高,综合国力明显增强。在这40多年中,我们是全球表现最好的经济体之一。数据显示,1978—2018年,中国经济年均增长率为9.6%,明显高于世界同期2.9%的平均水平,也高于世界各主要经济体同期平均水平。经济总量在世界上的排名稳居第二位,已经成为世界经济大国,人均国民生产总值也达到了上中等收入国家,即将迈进人均GDP万美元的时代(见图6和图7)。

（单位：%）

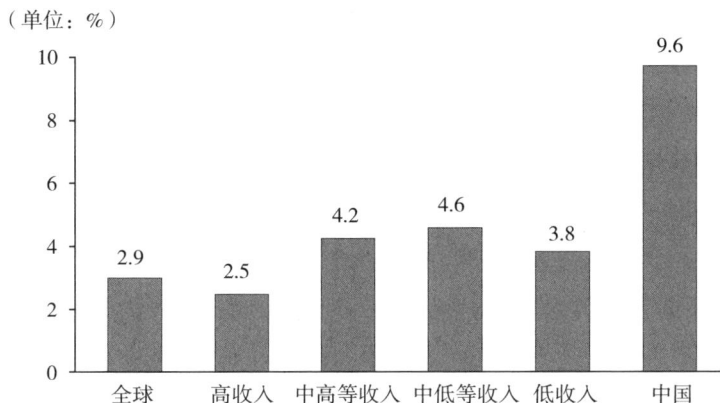

图6 1978—2018年各类国家经济年均增长率

注：低收入国家为1989—2018年数据。

资料来源：根据世界银行数据估算。

（年份）

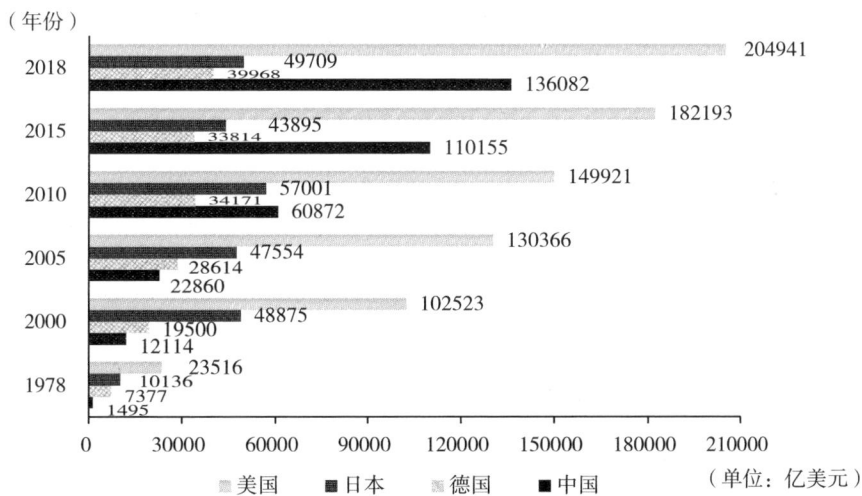

图7 1978—2018年中国经济总量与世界前三位的比较

资料来源：世界银行。

上　篇

新中国前30年的
对外开放与现代化建设

上篇是对新中国前30年对外开放与现代化建设关系的研究。新中国成立后，开始了既波澜壮阔又跌宕起伏的现代化建设征程。在前30年中，对外开放发挥了极为重要的作用，其间两轮大规模引进设备和技术，奠定了新中国的现代产业基础。本篇按时间顺序分三章分析对外开放的重点、特点和重要作用。

第一章 新中国成立初期引进项目与 大规模经济建设

新中国成立后,经过3年恢复时期的努力,抗战以来遭受严重破坏的民族工业得到恢复和发展,经济秩序得以恢复,可以从稳定局面为主转向推动建设与发展。从第一个五年计划时期开始,迅速推进中国工业化进程摆在了经济建设的首要地位,目标是建立起主要工业部门齐全的工业体系,实现主要工业产品的自给或基本自给。之所以能够在极为薄弱的基础上提出如此大规模的发展计划,很大程度上源自目光向外,高度重视引进国外设备和技术。在这一时期内,新建的重要工业部门都是以引进项目为核心展开的,并由此建立起了中国社会主义工业化的初步基础。

第一节 建设工业强国的目标与 工业基础薄弱的现实

从第一个五年计划时期开始,迅速推进中国工业化进程摆在了经济建设的首要地位,这个指导思想体现在这一时期若干最重要的历史性文献中。1953年《人民日报》元旦社论指出,今后经济建设的总任务,就是要使中国成为强大的工业国。要达到这个目的,必须首先发展冶金、燃料、电力、机械制造、化学等重工业。1954年9月,第一届全国人民代表大会第一次会议上指出:第一个五年计划之所以要集中主要力量发展重工业,即冶金工业、燃料工业、动力工业、机械制造工业和化学工业,这是因为只有依靠重工业,才能保证整个工业的发展。1956年9月,中国共产党第八次全国代表大会指出:旧中国工业结构不合理,生产资料工业的产值在全部工业产值中比重很低,这是中国生产力落后的标志,因此要加速重工业的发展。同年11月举行的党的八届二中全会提出,基本上完整的工业体系是说,我们能够生产足够的主要原材料,独立地制造机器,包括重型机器和精密机器,能够制造保卫自己的武器如原子弹、导弹、远程飞机,还要有相应的化学工业、动力工业、运输业、轻工业、农业等。从这些纲领性文件中可以看出,中国"一五"时期工业建设的主要指导思想,是建立起主要工业部门齐全的工业体系,实现主要工业产品的自给或基本自给。

但是,当时经济建设的物质和技术基础却十分薄弱。新中国成立后经过3年努力,到1952年,一些主要工业产品的产量已经达到或超过抗战前的最高水平,但中国工业的产出水平仍然很低。1952年,工业的固定资产原值只有148.8亿元;工业总产值只有343亿元,占社会总产值的34.4%;工业净产值只有115亿元,占国民收入的比重仅为19.5%;重工业总产值只有122亿元,占工业总产值的36%,作为一个近6亿人口的大国,中国当时的原煤产量只有0.66亿吨、原油产量只有44万吨、发电量只有73亿度、钢产量只有135万吨,人均产量非常低。[①]

中国工业的落后状况还表现在极端畸形的行业结构上。当时重工业内部,多数是在新中国成立前建立起来的采矿业和原料的初级加工业,以及一些能源和原材料工业,作为工业和国民经济装备供应部门的机械制造业,基础十分薄弱,主要以修理和装配为主,同时生产一些小型简单机床,成套设备的制造能力还谈不上。就是那些占较大比重的基础工业部门,品种规格也远远不能满足要求。例如,新中国成立初期钢材的自给率不到10%,化学工业中有机化工、农药工业、药品工业等基本上是空白,工业结构处在很低的档次上。

面对繁重紧迫的建设任务和极为薄弱的内部基础,新中国的决策者们将目光投向外部资源,当时无论是西方发达国家还是苏联和东欧国家,都有相当雄厚的物质基础和技术能力。

---

① 《中国工业经济统计资料(1949—1984)》,中国统计出版社1985年版,第1、2、13页。

第二节　引进设备和技术的重要作用

"一五"时期中国之所以能够在薄弱的国力和物质技术基础上从事大规模的经济建设,从苏联和东欧国家引进先进技术设备发挥了关键作用。当时两大阵营对峙的国际政治军事和经济背景,决定了中国只能以苏联和东欧国家为主要经济贸易伙伴,在这一时期内,所有新建的重要工业部门都是以引进项目为核心展开的,原有工业部门产量的迅速增长也与新建设的引进项目密切相关。这个指导思想在第一个五年计划中得到充分体现。"一五"计划指出,这一时期的基本任务,"是集中主要力量进行以苏联帮助中国设计的 156 项建设单位为中心的,由限额以上694 个建设单位组成的工业建设,建立中国社会主义工业化的初步基础。"①

从 1950 年开始,苏联就开始以贷款的形式向中国提供恢复生产急需的机器设备和工业原材料,以后苏联对中国每年都有新的援建项目,到1954 年 5 月,根据已经签订的协议,苏联将在 1959 年以前,帮助中国新建和改建 141 项规模巨大的工程,同年 9 月苏联政府代表团访问中国时,又签订了 15 个新的援助项目的协定书,至此,苏联帮助和准备帮助中国建设的共计有 156 项工程。到 1957 年年底,这 156 项工程中,有 135 项已经施工建设,其中有 68 个已经建成或基本建成投产。② 除苏联援建的项目外,民主德国、捷克斯洛伐克、波兰、匈牙利、罗马尼亚、保加利亚等国帮助中国建设了 68 个工程项目,到 1957 年年底,有 64 个已经施工建设,27个已经建成投产。③ 苏联和东欧的援建项目,大都是中国"一五"时期建设的核心项目,包括钢铁联合企业、有色冶金联合企业、大型煤矿、大型炼油厂、重型机器制造厂、汽车制造厂、大型水力火力发电站、电气技术和无线电技术企业等,其中有鞍钢的大型轧钢厂、无缝钢管厂、第一汽车制造

---

① 《人民日报》1955 年 4 月 7 日。
② 《中国工业经济统计资料(1949—1984)》,中国统计出版社 1985 年版,第 107 页。
③ 《中国工业经济统计资料(1949—1984)》,中国统计出版社 1985 年版,第 112 页。

厂、阜新矿务局的海州露天煤矿、吉林的三大化工厂、哈尔滨电机厂、哈尔滨重型机器制造厂等。这些国家还向其他经济建设项目提供各类机器设备和其他重要的建设物资。

除了提供成套设备、关键设备和其他建设物资外,苏联在技术指导方面也发挥了重要作用。对这些援建项目,苏联专家从选择厂址、供应设备、指导建筑安装和调试运转,一直到新产品试制、供给生产技术资料等,都给予了全面的帮助。1954年10月,中苏两国之间的科学技术合作协定在北京签订。协议规定,双方将无偿互相供应技术资料,交换有关情报,并派遣专家进行技术援助和交流科技成果。此后中苏两国又进行了大量的科学技术合作,例如在工业生产技术方面,中国无偿地供给苏联纺织、纸张、纸浆、钢筋混凝土管、某些食品及化学产品的技术资料,中国还接受苏联专家考察某些轻工业的生产经验。苏联无偿地供给中国建设煤矿、选矿厂、电站、机车制造厂、车辆制造厂、石油加工厂、玻璃厂、机车和车辆修理厂及其他建筑工程的技术资料,制造多种机器设备的工作图纸和多种产品的工艺资料,供给管理部门内部文献、教学计划、教学大纲、技术标准,并接受中国专家前往考察。1956年12月,中苏科技合作委员会第五次会议后,双方进一步扩大科技合作范围,苏联向中国提供关于建设电视中心和发展电视事业的技术资料、有关机器设备的图纸,提供关于建筑材料、汽车轮胎、绝缘品方面的技术资料等。中国转交给苏联关于锌的生产技术资料等。

苏联和东欧国家还协助中国培养技术人员,接受中国留学生、实习生到其大学学习,到企业进行技术实习,并协助中国进行从厂长、设计技术人员到技术工人的企业成套人员培训。"一五"期间,苏联、民主德国、捷克斯洛伐克等国共接受中国留学生和其他学习人员1万人左右。

第三节　引进基础上的工业化成就

经过"一五"时期的经济建设,奠定社会主义工业化基础的努力取得了巨大的成就。工业保持着较高的增长速度,其中重工业的增长速度更快,占工业总产值的比重从 1952 年的 35.6% 上升到 1957 年的 48.4%。一些主要产品产量也成倍增长,其中增长最快的是重化工业产品和机械工业产品,例如原油、钢、生铁、硫酸、化学肥料、机车、民用船舶、内燃机等产品均增长两倍以上。"一五"期间,中国建设了许多新的工业部门,生产出许多新的工业产品。据《今日新闻》1957 年 12 月报道,中国"一五"期间建立了以下六类新的工业部门。

一是某些重要机器设备制造业。新中国成立前,不能制造任何重要的机器设备,"一五"末期已经能够制造重型汽车、高效率机床、自动化高炉、平炉、联合采煤机、发电设备等几十类新产品,机器设备自给率由新中国成立初期的 20% 左右提高到 60% 左右。

二是建立了航空工业,已经能够批量生产喷气式飞机,并试制了多用途的民用飞机。

三是钢铁工业中有了制造合金钢、无缝钢管、大型钢材等行业,能够生产的钢材品种由 1952 年的 180 多种增加到 370 多种。钢材自给率由新中国成立初期不到 10% 上升到 80%。

四是有色金属工业中建立了铝及其他有色金属的冶炼和加工工业。

五是化学工业建立了生产高级染料、工业和航空油漆、塑料、磷肥、抗生素、飞机轮胎及特种橡胶制品等产品的部门,化工产品品种增加了近 1000 种。

六是无线电和有线电工业是新建立起来的重要工业部门,已经能够制造包括收发报机、自动电话交换机在内的电讯设备。

除了这些已经具备生产能力的新工业行业外,还有一大批企业正在建设中,这些工程投产后,中国将拥有拖拉机、自动控制仪表、石油机械、玻璃纤维、人造橡胶、合成纤维等新的工业。

所有这些新工业部门的建立,都和苏联及东欧国家的援建分不开,是以苏联和东欧国家的援建项目为核心进行的。到 1956 年年底,中国机械工业制造了几千种新产品,其中绝大多数是仿照苏联和东欧国家提供的图样制成的,例如,在 1957 年发展的 400 多种新产品中,有 300 多种是仿制品。因此,苏联和东欧国家对中国经济建设提供的援助的重要性是不言而喻的。如果没有这些援助和经济技术合作,中国的工业生产建设要取得如此巨大的进步是不可能的。

下面一组图片是"一五"时期若干引进的重要建设项目。

新中国第一炉铁合金诞生地吉铁一分厂

武钢的历史照片

南昌国营洪都机械厂

中国制造的第一架飞机

吉林铁合金厂生产场景

图 1-1　"一五"时期部分引进项目

资料来源:http://www.sohu.com/a/133914497_654535;

　　　　https://mp.weixin.qq.com/s?＿＿biz＝MzA4OTAzODA3OA＝＝&mid＝2653673110&idx＝

　　　　1&sn＝6c2a6e09b95998becab3ce4888c59643&chksm＝8bfe7b07bc89f211cb830832d1f8e0ce-

　　　　5433cb33b5afe07a8eadd707cf941a49645933e49f8f&scene＝21#wechat_redirect;

　　　　https://mp.weixin.qq.com/s?＿＿biz＝MzA4OTAzODA3OA＝＝&mid＝2653673143&idx＝

　　　　1&sn＝6cc7d2e9b550f78ba83c28f8bece08a7&chksm＝8bfe7b26bc89f230c105cf5ba6abf8e8fc-

　　　　4ff9061368ec9072c751666e645d0beb1fe779a657&scene＝21#wechat_redirect;

　　　　https://mp.weixin.qq.com/s?＿＿biz＝MzA4OTAzODA3OA＝＝&mid＝2653672519&idx＝

　　　　1&sn＝8d0ee428453bfd66480c48b0df192a73&scene＝21#wechat_redirect。

第四节　对外贸易与利用外资

　　与大量引进技术设备相关,这一时期中国对外贸易增长较快,表1-1是这一时期中国进出口贸易的概况。

表 1-1　1953—1957 年中国进出口贸易总额

年份	进出口总额			出口总额			进口总额			进出口总额占工农业总产值比重(%)
	金额(亿美元)	金额(亿元人民币)	比上年增长(%)	金额(亿美元)	金额(亿元人民币)	比上年增长(%)	金额(亿美元)	金额(亿元人民币)	比上年增长(%)	
1953	23.68	80.9	25.3	10.22	34.8	28.4	13.46	46.1	22.9	8.4
1954	24.33	84.7	4.7	11.46	40.0	14.9	12.87	44.7	-3.0	8.1
1955	31.45	109.8	29.6	14.12	48.7	21.8	17.33	61.1	36.7	9.9

续表

年份	进出口总额			出口总额			进口总额			进出口总额占工农业总产值比重(%)
	金额(亿美元)	金额(亿元人民币)	比上年增长(%)	金额(亿美元)	金额(亿元人民币)	比上年增长(%)	金额(亿美元)	金额(亿元人民币)	比上年增长(%)	
1956	32.08	108.7	-1.0	16.45	55.7	14.4	15.63	53.0	-13.3	8.7
1957	31.03	104.5	-3.9	15.97	54.5	-2.2	15.06	50.0	-5.7	8.4
1953—1957平均			10.94			15.46			7.52	8.7

资料来源:上篇3章中表格的数据,主要引自《中国对外经济贸易年鉴》相应年份版,《中国统计年鉴》相应年份版,《中国工业经济统计资料》相应年份版,少数数据经向当时的对外经济贸易部和国家统计局查询获取,部分数据由作者根据原始数据计算获得。如需要换算,人民币金额按当年汇率计算,计算增长率以人民币为准。在计算各个时期的平均增长速度时,为了避免基年选择不同产生的差异,采用报告期内各年增长速度的平均数作为该时期的平均增长速度。为了简化内容,上篇各章的表格不再逐一标注。

　　进口商品中,工业设备和原材料的进口对生产发展起了关键性作用。"一五"时期,在进口总额中生产资料占有高达92.4%的比重,占中国重工业产值的比重为21%,机器设备占进口比重为56%,是新中国前30年中比重最高的一段时期。这一时期中国引进的许多大型工业项目中大部分是重要的基础工业项目。据统计,"一五"时期技术引进项目的构成为:能源工业(包括煤炭、石油和电力)占36.8%、原材料工业(包括冶金、化学和建材)占31.1%、民用机械占11.3%、军事工业占11.8%①。在这些基础工业建设的基础上,才有可能大规模发展中国各类加工行业及国民经济其他部门。表1-2是这一时期进口商品结构。

---

① 汪海波主编:《新中国工业经济史》,经济管理出版社1986年版,第190页。

表 1-2　1953—1957 年中国进口商品结构

（单位:亿元人民币;%）

年份	进口总额	生产资料									农用物资		生活资料		进口生产资料占重工业产值比重
		总额	比重	工业生产资料							数额	比重	数额	比重	
				数额	比重	机器设备		工业原料							
						数额	比重	数额	比重						
1953	46.0	42.4	92.2	41.6	90.4	26.1	56.7	15.5	33.7	0.8	1.7	3.6	7.8	25.3
1954	44.6	41.2	92.4	39.8	89.2	24.2	54.3	15.6	35.0	1.4	3.1	3.4	7.6	20.9
1955	61.6	57.8	93.8	55.8	90.6	38.7	62.8	17.1	27.8	2.0	3.2	3.8	6.2	26.5
1956	53.1	48.6	91.5	45.6	85.9	28.4	53.5	17.2	32.4	3.0	5.6	4.5	8.5	17.8
1957	50.1	46.1	92.0	43.6	87.0	26.3	52.5	17.3	34.5	2.5	5.0	4.0	8.0	14.5
1953—1957平均			92.4		88.6		56.0		32.7		3.8		7.6	21.0

从表 1-3 可以看出,"一五"期间中国出口额增长较快,而且快于进口增长速度。这一时期出口增长是迫于支付进口的压力,是从供应紧张的国内市场上挤出来的。因此,这一时期工业品出口对工业发展所发挥的主要功能,并不是为了扩大市场,而是为了提供必要的进口能力。表 1-3 和表 1-4 是出口结构和出口占工业产值的比重。

表 1-3　1953—1957 年中国出口总额及结构

（单位:亿元人民币;%）

年份	出口总额	农副产品		轻工业		重工业	
		金额	总占额	金额	总占额	金额	总占额
1953	34.8	19.4	55.7	9.4	27.0	6.0	17.2
1954	40.0	19.3	48.3	12.9	32.2	7.8	19.5
1955	48.8	22.5	46.1	15.2	31.1	11.1	22.8
1956	55.7	23.7	42.5	19.7	35.3	12.3	22.1
1957	54.5	21.9	40.2	19.4	35.6	13.2	24.2
1953—1957平均			46.6		32.2		21.4

表1-4　1953—1957年中国出口工业品占工业产值比重

（单位：亿元人民币；%）

年份	出口工业品总额		出口轻工业		出口重工业	
	金额	占工业产值	金额	占轻工业产值	金额	占重工业产值
1953	15.4	3.4	9.4	3.3	6	3.5
1954	20.7	4	12.9	4.1	7.8	3.9
1955	26.3	4.9	15.2	4.8	11.1	5.1
1956	32	5	19.7	5.3	12.3	4.5
1957	32.6	4.6	19.4	5	13.2	4.2
1953—1957平均		4.4		4.5		4.2

　　由于进口的设备、技术和原材料主要来源于苏联和东欧国家，这一时期中国的对外贸易中，与苏联和东欧国家的贸易占有很高的比重，1952年已高达72%，1957年达80%左右。[①]

　　这一时期，随着工业技术设备的引进，中国也利用了一部分外资，主要是苏联提供的贷款。早在1950年2月，中苏两国就在莫斯科签订了《中苏友好同盟互助条约》。根据该条约，苏联政府将贷款3亿美元给中国，分5年交清，用于支付苏联交付给中国的机器设备和军事物资，以后又数次给中国共计数亿元卢布的长期贷款，总额为53.68亿元人民币，其中在"一五"时期交付的部分，构成中国该期国外贷款36.4亿美元的主要部分。"一五"时期国家财政总收入为1354.9亿元，工业基本建设投资250.26亿元，外债仅占财政收入的2.7%和工业基建投资的14.5%。[②] 由于苏联提供的贷款有一部分用于支付军事物资和其他非工业项目，因而工业基本建设投资总额中外债所占比例要小于这一数字。

---

①　汪海波主编：《新中国工业经济史》，经济管理出版社1986年版，第59页。
②　柳随年、吴群敢：《第一个五年计划时期的国民经济》，黑龙江人民出版社1984年版，第26、29页。

第五节　指令性计划为主的外贸管理体制

"一五"时期是中国进行大规模经济建设的时期,也是对外贸易和经济管理体制的形成时期。到"一五"末期,对外贸易和工业均已完成了社会主义改造,确立了以中央政府指令性计划为主的管理体制。当时的对外经济贸易和与此相关联的工业化模式对这种体制的形成有重要影响。

中华人民共和国成立以后,对外贸易逐渐由分散向集中、由私营向国家统制的方向转变。1949年11月,中国设立了中央贸易部,内设对外贸易司。1952年9月又成立了对外贸易部,负责领导和管理全国对外贸易。在国营对外贸易迅速发展的同时,中国对私营进出口企业进行了社会主义改造。1952年以后,国家采取委托经营和公私联营的办法,将私营进出口企业的经营纳入国家计划的轨道,1956年,私营进出口企业实行了全行业公私合营,合营公司已经基本上是社会主义性质的企业。1950年,国营对外贸易在整个对外贸易中的比重为66.8%,1953年上升到90%,到1957年,已经占到99.9%[①],占了绝对的统治地位,确立了中国对外贸易国家统制体制。

中国政府对进出口贸易的管理,除了坚持各国都具备的制定关税、稽查走私和进出口商品检验制度外,还对外贸进行中央集权式管理。一是进出口许可制度。这一制度从20世纪50年代初开始实行,凡国家控制进出口和禁止进出口的货物,要申请领取进出口许可证后,才能进出海关。二是进出口企业管理制度。由外贸部对经营进出口业务的各个企业实行统一计划管理。"一五"计划开始实施后,由于大多数出口商品国内市场也十分紧缺,为了确保外销任务的完成,外贸部不仅下达进出口任务计划,而且逐年下达国内市场上外贸收购计划。三是外汇管理制度。一切外汇资金都由国家管理,实行固定汇率政策,由国家指定的机构统一办

---

① 《中国对外贸易概论》编写组:《中国对外贸易概论》,对外贸易教育出版社1985年版,第30页。

理国际结算、国际汇兑、外汇贷款、外汇买卖等一切外汇业务。

中国实行对外贸易国家统制体制,从大环境考虑是社会主义管理体制在外贸部门的体现,从当时对外经济贸易的特点看也有其必然性。苏联和东欧各国对中国的经济技术援助,除了双方商议好无偿互相交流的部分外,中国是采用易货、记账和利用这些国家贷款的方式进口的。苏联和东欧各国对中国的贷款包括抗美援朝期间用来购买苏联军事装备物资的贷款在内,总额为 53.68 亿元人民币,支付利息 3.75 亿元,合计为 57.43 亿元人民币。这些贷款的偿还,以及其他贸易形式的支付,中国主要靠向这些国家出口矿产品和农副产品来实现的。中国向苏联提供的工矿产品主要有:钨、钼、锡、水银、绸缎、皮革制品、水泥、毛织品、手工艺品、呢绒、缝纫制品等,同时提供大量的农副产品。

“一五”期间,各项建设较大规模展开,中国的农副产品和大多数工矿产品国内市场供应状况已经比较紧张,绝大部分出口货物,是从国内市场上“挤”出来的。中国 1952 年就出现食油供应紧张的状况,但内销和外销需要量仍在增加,1952 年中国出口食油 29 万吨,1953 年增至 33.7 万吨,已占到当年收购量的 34%,而且苏联等国的需求还要增加。从 1954 年起,中国对城镇居民实行计划定量供应。其他一些基本生活用品的情况也与此类似,1953 年年底,中国开始实行粮食的统购统销,1954 年 9 月开始实行棉布计划收购和计划供应,在其后几年中,由于供应紧张,列入计划收购和供应的农副产品品种逐年增加,至 1957 年 8 月国务院通过《国务院关于由国家计划收购(统购)和统一收购的农产品和其他物资不准进入自由市场的规定》时,陆续规定的计划购销的商品物资已有:粮食、油料、棉花、棉布、烤烟、黄洋麻、苎麻、大麻、甘蔗、家蚕茧(包括土丝)、茶叶、生猪、羊毛(包括羊绒)、牛皮及其他重要皮张、土糖、土纸、桐油、楠竹、棕片、生漆、核桃仁、杏仁、黑瓜子、白瓜子、栗子、某些水果和渔产等,这些商品中的绝大部分因出口要货量大,只能以国家统购统销的形式减少国内市场供应量,保证出口需要,因此中央政府对外贸实行下达出口任务和国内市场货源收购任务的指令性计划。

当时以苏联和东欧国家为主要经济技术伙伴的对外贸易格局,对于

中国工业管理体制的形成也有重要影响。苏联对中国经济建设的影响是多方面的,不仅援建了许多大型工程项目,而且帮助和促进形成了工业计划管理模式。1951 年,当时的中央财经委员会准备着手编制第一个五年计划时,就邀请了苏联专家指导,"一五"建设期间,有大批苏联技术和管理专家在中国实际参与建设过程,中国有大批的企业管理和计划管理人员在苏联和东欧各国接受培训和实习,随着"156 项工程"的引进建设和中国社会主义改造任务的完成,中国仿照苏联模式建立起一整套工业管理体制和企业管理体制就成为必然。

第二章　引进受挫与经济发展的波动

1958—1972 年这一时期,是中国经济发展问题较多、波动较大的一段时期,先是三年的"大跃进",随后是五年的后退和恢复时期,紧接着是延续数年的"文化大革命"时期。这种状况的形成,与对外关系的变化有关,反过来又影响了对外经贸的发展。这段时期,对外开放对中国经济发展速度和结构变动的影响递减,在 20 世纪 70 年代初期达到了新中国历史上的最低点。

第一节　工业基础增强后的"大跃进"

一、经济发展的目标与实绩

从 1958 年开始,中国经济建设进入第二个五年计划时期。根据 1956 年召开的中国共产党第八次全国代表大会的建议,这一时期工业战线的基本任务是:(1)继续进行以重工业为中心的工业建设,特别是机器制造与冶金工业。这一时期机器设备的自给率要从"一五"末期的 60% 提高到 70% 左右,钢材自给率由 80% 左右达到基本自给。(2)通过对现有企业挖掘潜力和推进工业生产的专业化协作,充分发挥现有工业生产能力。(3)会议强调指出,经济建设不能急于求成,计划要积极稳妥、切实可行,要注意发展轻工业,适当放慢发展国防工业。概括起来讲,"二五"时期工业生产建设的目标是,在保持适当建设规模和发展速度的基础上,继续优先发展重工业,同时注意发展轻工业,继续建设基本上完整的工业体系。

但是,从 1958 年开始,"大跃进"实际上成为中国经济建设的指导思想。1958 年 8 月,中央北戴河政治局扩大会议批准了国家计委关于第二个五年计划的意见书,"二五"计划期间工业总产值年均计划增长速度为 53%,计划到 1962 年,钢产量达到 8000 万吨,原煤 9 亿吨,发电量 3000 亿度,棉纱 3600 万件,分别比 1957 年增长五六倍甚至十几倍。重大工业建设项目安排 1000 个以上,共需投资 3800 亿元,这个计划安排显然是实现不了的。这种脱离实际的严重冒进倾向,在 1958 年年底就已经被察觉,1958 年 12 月举行的党的八届六中全会,降低了北戴河会议确定的 1959 年的高指标,对各部门之间的关系进行了调整,强调抓轻工业和日用工业品生产,增加了煤炭、化工、轻工等部门的投资。

然而,1959 年 9 月"庐山会议"之后,要求继续跃进的压力回升,一度压缩的工业生产指标和工业基建投资又都重新回到高水平上,重工业尤其是钢铁工业继续孤军突进,国民经济及工业内部主要比例关系失调的情况日益恶化,从 1960 年第二季度开始,大多数主要工业产品开始完不成计划,包括钢在内的许多产品的日产量开始下降,因而保钢铁和重工业成为 1960 年下半年的中心任务。为此付出的代价是当年轻工业产值和农业产量分别比上年下降 9.8% 和 12.6%,实际状况则可能要严重得多。国民经济这种严重失衡的状况,特别是农产品产量剧减,使工业继续发展和人民生活陷入了极端困难的境地。这一时期工业生产概况见表 2-1。

表 2-1 1958—1960 年中国工业总产值及增长速度

(单位:亿元人民币;%)

年份	工业总产值		轻工业		重工业	
	总产值	比上年增长	产值	比上年增长	产值	比上年增长
1953—1957平均		15.4		11.9		21.0
1958	1083	47.4	503	30.0	580	83.0
1959	1483	36.9	616	22.5	867	49.5
1960	1637	10.4	547	−11.2	1090	25.7
1958—1960平均		31.6		13.8		52.7

二、与苏联及东欧关系的转变

这一时期,中国与苏联的经济贸易关系仍然在中国对外经济贸易中占主要地位。在这几年期间,苏联等国除了继续帮助中国完成在建的工程项目外,还继续向中国提供新的援建项目。1950年至1960年上半年,苏联等国援助中国的建设项目共304项,其中"一五"时期建成和部分建成的有68项,1958—1960年新建成35项,共计103项,还有201项正在建设中。这一时期,在"大跃进"思想的指导下,中国铺开的建设项目规模远远超过"一五"时期,施工中的大中型工业项目达2200个左右,其中完工和部分完工的约有1100个。与此相比,苏联援建项目只占较小比重,在整个建设安排中的影响明显下降。

但是,苏联等国援建的都是一些基础性的关键项目和空白项目,对中国工业发展的水平和质量至关重要,例如洛阳拖拉机制造厂、中国第一座实验性原子反应堆、保定胶片厂等。同时,苏联继续为中国提供各种技术指导和人员培训,1958年1月,中苏两国政府关于共同进行和苏联帮助中国进行重大科学技术研究的议定书在莫斯科签字,规定中苏两国在最近5年内(1958—1962年)将共同进行122项对中国具有重大意义的科学技术项目的研究工作和进一步加强两国科学机构之间的直接联系。

然而,1960年7月,苏联单方面决定在一个月内撤走全部专家,带走全部图纸资料,中止600个合同,停止或减少若干设备的供应,使201项在建的苏联援建项目和许多苏联提供帮助的科学技术研究工作面临困难,其中许多项目被迫停建或缓建。这一事件是中国对外经济贸易关系的重大转折点。

三、对外贸易作用的弱化

和"一五"时期相比,1958—1960年对外贸易的增长速度远远落后于工业的平均增长速度,进出口贸易总额占工农业总产值的比重有所下降,进口生产资料占重工业总产值的比重大幅度下降,由"一五"时期的21%

降为7.8%,这表明中国工业发展对进出口贸易的依赖性明显减轻。这一时期更多地依靠国内力量进行工业生产建设的原因有以下两点:第一,经过"一五"时期的建设,中国已经具有一定的工业基础,提供工业生产建设所需设备物资的能力明显增强。第二,中国"大跃进"时期的工业部门,特别是增长最快的钢铁等重工业部门,增长量的相当一部分,是在"全民大炼钢铁运动"中依靠设备简陋的小高炉、小煤窑等"土法上马"的生产能力来实现的。

这一时期进口的生产资料中,机器设备的比重下降,工业原料的比例上升,这种状况可能和"一五"期间机械工业超前发展、机械产品自给率上升快的特点有关,与此同时,除钢铁外本来就属薄弱的工业原材料生产,如铜、铝、石油、橡胶、木材等,生产增长相对较慢,短缺现象更加严重,只能增加进口加以弥补。这一时期的进出口总额和进口商品结构见表2-2、表2-3。

表2-2 1958—1960年中国进出口贸易总额

年份	进出口总额			出口总额			进口总额			进出口总额占工农业总产值比重(%)
	金额(亿美元)	金额(亿元人民币)	比上年增长(%)	金额(亿美元)	金额(亿元人民币)	比上年增长(%)	金额(亿美元)	金额(亿元人民币)	比上年增长(%)	
1953—1957平均			10.94			15.46			7.52	8.7
1958	38.71	128.8	23.2	19.81	67.1	23.1	18.9	61.7	23.4	7.8
1959	43.81	149.3	15.9	22.61	78.1	16.4	21.2	71.2	15.4	7.5
1960	38.09	128.5	-14.0	18.56	63.3	-19.0	19.53	65.2	-8.4	6.1
1958—1960平均			8.4			6.8			10.1	7.1

表 2-3　1958—1960 年中国进口商品结构

（单位:亿元人民币;%）

年份	进口总额	生产资料								生活资料		进口生产资料占重工业产值比重
		总额	比重	工业生产资料					农用物资			
				数额	比重	机器设备		工业原料		数额	比重	数额	比重
						数额	比重	数额	比重				
1953—1957 平均			92.4		88.6		56.0		32.7		3.8		7.6	21.0
1958	61.9	57.6	93.0	53.6	86.6	27.9	45.1	25.7	41.5	4.0	6.5	4.3	7.0	9.9
1959	71.2	68.1	95.6	64.8	91.0	37.6	52.8	27.2	38.2	3.3	4.6	3.1	4.4	7.9
1960	65.2	62.2	95.4	59.5	91.3	32.4	49.7	27.1	41.6	2.7	4.1	3.0	4.6	5.7
1958—1960 平均			94.7		89.6		49.2		40.4		5.1		5.3	7.8

这一时期中国出口商品增长缓慢,低于进出口贸易的平均增长速度,出口商品结构明显改变,农副产品比重明显下降,轻纺工业产品比重增加较多,见表 2-4。出口能力增长缓慢,主要是"大跃进"导致国内农业和轻工业生产受到严重损害,农副产品和轻工产品国内市场供应紧张,尽管采取了措施优先保证出口货源,但这些关系人民生活基本需求的商品,国内本来就已经低水准限量供应,压缩消费量的潜力是有限的。

工业产品的出口数量则较"一五"时期有较大幅度增加,在出口总额中所占比重由 53.6% 上升为 65.3%。出口工业品增长主要是为了弥补农副产品出口量的下降,并不表示中国工业产品的出口动力和出口竞争能力有了实在的增长。相反,绝大部分产品是从国内市场挤出来出口的。例如,纺织品的出口量大幅度增加,出口额由 1958 年的 12 亿元,增至 1960 年的 18.4 亿元,在出口总额中所占比重由 17.8% 上升为 29.1%。[①] 但是在同一时期,国内棉花、棉纱和棉布产量却出现较大幅度下降,国内棉花、棉布的供应已经非常紧张。1960 年 5 月,中国两次减少居民用布供应定量,仅仅保证最基本的消费需要。在这种情况下,纺织品出口量能实现较大幅度增长完全是迫于换汇的压力。

———————————

① 《中国对外经济贸易年鉴(1986)》,中国展望出版社 1986 年版,第 955 页。

表 2-4　1958—1960 年中国出口商品金额及结构

（单位：亿元人民币；%）

年份	农副产品		工业品			轻工业产品			重工业产品		
	金额	占出口总额比重	金额	占出口总额比重	占工业总产值比重	金额	占出口总额比重	占轻工业总产值比重	金额	占出口总额比重	占重工业总产值比重
1953—1957 平均		46.6		53.6	4.4		32.2	4.5		21.4	4.2
1958	23	35.5	43.3	64.5	4.0	28.0	41.7	5.6	15.3	22.8	2.6
1959	28	37.6	48.7	62.4	3.2	32.7	41.9	5.3	16.0	20.5	2.4
1960	14	31.0	43.8	69.0	2.7	46.2	29.4	5.4	14.4	22.8	1.3
1958—1960 平均		34.7		65.3	3.3			5.4		22.0	2.1

第二节　国民经济调整时期引进设备与对外贸易的辅助地位

一、进入调整时期的国民经济

从 1961 年开始，"大跃进"带来的严重后果，使经济继续高速增长难以为继。1961 年 1 月召开的党的八届九中全会决定，国民经济开始实行"调整、巩固、充实、提高"的方针。从 1963 年开始，国民经济进入恢复和发展阶段。1963 年 9 月召开的中央政治局工作会议确定，再用三年时间，继续贯彻"调整、巩固、充实、提高"的方针，进一步改善国民经济部门之间和各部门内部的结构状况。1963 年和 1964 年生产建设在上述方针指导下稳步回升，1965 年开始出现较大幅度增长，工业总产值比 1962 年增长 51.9%，其中轻工业增长速度更高，轻工业产值占工业总产值的比重自 1958 年以来第一次超过重工业，达到历史最高水平。这 5 年工业发展概况见表 2-5，分为 1961—1962 年和 1963—1965 年两个阶段，以显示不同时期的特征。

表 2-5　1961—1965 年中国工业总产值及增长速度

（单位：亿元人民币；%）

年份	工业总产值		轻工业		重工业	
	总产值	比上年增长	产值	比上年增长	产值	比上年增长
1958—1960平均		31.6		13.8		52.7
1961	1062	−35.1	451	−17.6	611	−43.9
1962	923	−13.1	434	−3.8	489	−20.0
1961—1962平均		−24.1		−10.7		−32.0
1963	993	7.6	445	2.5	548	12.1
1964	1164	17.2	516	16.0	648	18.2
1965	1402	20.4	723	40.1	679	4.8
1963—1965平均		15.1		19.5		11.7

二、对外贸易的规模缩减和结构变化

1961—1965 年间，中国对外贸易经历了前两年剧减和后三年稳步回升两个阶段，表 2-6 和表 2-7 是对外贸易总额和进口商品结构的概况。

可以看到，进口商品在数量下降的同时，结构也发生了显著变化，生产资料所占比重由 1958—1960 年的 94.7% 下降到 60% 左右，生活资料所占比重由 5.3% 上升到 40% 以上。进出口总额占工农业总产值的比重和进口生产资料占重工业产值的比重都有较大幅度下降，无论从总量还是从结构上看，对外贸易在工业生产建设中的作用已经比 20 世纪 50 年代相差甚远，造成这种变化的原因有以下几点：一是国内农副产品和轻工业产品供应严重不足，出口量锐减，无力维持以前的进口规模；二是国内生产建设规模大幅度压缩，对进口生产资料的需求相应减少；三是苏联大幅度削减对中国出口机器设备及某些工业原料，新的进口渠道尚未疏通；四是国内急需进口一些基本消费品特别是大批粮食，以维持人民群众最基本的生活需要。

表 2-6 1961—1965 年中国进出口贸易总额

年份	进出口总额			出口总额			进口总额			进出口总额占工农业总产值比重（%）
	金额（亿美元）	金额（亿元人民币）	比上年增长（%）	金额（亿美元）	金额（亿元人民币）	比上年增长（%）	金额（亿美元）	金额（亿元人民币）	比上年增长（%）	
1958—1960 平均			8.4			6.8			10.1	7.1
1961	29.36	90.8	−29.3	14.91	47.8	−24.5	14.45	43.0	−34.0	5.5
1962	26.27	80.9	−10.9	14.9	47.1	−1.5	11.37	33.8	−21.4	5.4
1961—1962 平均			−20.1			−13.0			−27.7	5.5
1963	29.15	86.2	6.6	16.49	50.5	7.2	12.66	35.7	5.6	5.2
1964	34.63	97.5	13.1	19.16	55.4	9.7	15.47	42.1	17.9	5.2
1965	42.45	118.4	21.4	22.28	63.1	13.9	20.17	55.3	31.4	5.3
1963—1965 平均			13.7			10.3			18.3	5.2

表 2-7 1961—1965 年中国进口商品结构

（单位：亿元人民币；%）

年份	进口总额	生产资料								生活资料		进口生产资料占重工业产值比重
		总额	比重	工业生产资料				农用物资				
				数额	比重	机器设备		工业原料		数额	比重	
						数额	比重	数额	比重			
1958—1960 平均			94.7		89.6		49.2		40.4		5.1	

（续表对齐见下）

年份	进口总额	总额	比重	数额	比重	数额（机器设备）	比重（机器设备）	数额（工业原料）	比重（工业原料）	数额（农用物资）	比重（农用物资）	数额（生活资料）	比重（生活资料）	进口生产资料占重工业产值比重
1958—1960 平均			94.7		89.6		49.2		40.4		5.1		5.3	7.8
1961	43.0	26.6	61.9	24.6	57.2	9.8	22.8	14.8	34.4	2.0	4.7	16.4	38.1	4.3
1962	33.8	18.7	55.3	16.8	49.7	4.9	14.5	11.9	35.2	1.9	5.6	15.1	44.7	3.8
1961—1962 平均			58.6		53.5		18.7		34.8		5.2		41.4	4.1
1963	35.6	19.9	55.9	16.8	47.2	3.4	9.6	13.4	37.7	3.1	8.7	15.7	44.1	3.6
1964	42.4	23.7	55.9	21.0	49.5	4.9	11.6	16.1	38.0	2.7	6.7	18.7	44.1	3.6
1965	55.3	36.8	66.5	31.9	57.7	9.7	17.5	22.2	40.1	4.9	8.9	18.5	33.5	5.6
1963—1965 平均			59.4		51.5		12.9		38.6		8.1		40.6	4.3

1961—1965 年,中国出口商品总额也经历了从剧减到回升两个阶段,出口商品结构发生明显变化,工业产品占出口总额比重有较大幅度上升。表 2-8 是中国这一时期出口商品尤其是出口工业品的概况。

表 2-8 1961—1965 年中国出口商品结构

(单位:亿元人民币;%)

年份	农副产品		工业品			轻工业产品			重工业产品		
	金额	占出口总额比重	金额	占出口总额比重	占工业总产值比重	金额	占出口总额比重	占轻工业总产值比重	金额	占出口总额比重	占重工业总产值比重
1958—1960 平均		34.7		65.3	3.3		43.3	5.4		22.0	2.1
1961	9.9	20.7	37.9	79.3	3.6	25.4	53.1	5.6	12.5	26.2	2.0
1962	9.1	19.4	38.0	80.6	4.1	25.1	53.3	5.8	12.9	27.3	2.7
1961—1962 平均		20.1		80.0	3.9		53.2	5.7		26.8	2.4
1963	12.1	24.2	37.9	75.8	3.8	25.7	51.4	5.8	12.2	24.4	2.2
1964	15.5	28.0	38.7	72	3.4	26.4	47.6	5.1	12.3	24.4	2.1
1965	20.9	33.1	42.2	66.9	3.0	27.4	43.5	3.8	14.8	23.4	2.2
1963—1965 平均		28.4		71.6	3.4		47.5	4.9		24.1	2.2

1961 年和 1962 年出口总额的锐减,主要受国内市场供应极度紧张的影响,无法再挤出更多的货源出口。1961 年,全国人均消费粮食只有 159 公斤,食油 1.4 公斤,棉布人均供给量只有 8.6 尺。由于大宗出口农副产品的出口量大幅度下降,农副产品在出口总额中所占比重明显降低,工业品占出口总额的比重由 1958—1960 年平均 65.3% 上升为 1961—1962 年平均 80% 左右。其后 3 年,随着国内农业生产的恢复和发展,农副产品的出口比例有所回升,但工矿产品所占比例仍较 20 世纪 50 年代明显升高。

轻工业产品在出口总额中所占比重有较大幅度上升。当时虽然绝大部分轻工业产品国内市场货源十分紧缺,但为了维持一定的出口换汇能力,不得不挤出一部分出口。

与农副产品和轻工业产品受国内货源短缺限制的情况相比,国内重工业特别是前几年发展较快的几种产品,因国内工业生产和基本建设规模大幅度压缩,生产能力相对过剩,出口货源相对充裕,并且有了以出口扩大销路的内在压力。其中钢材、水泥、机床、工具等产品的出口额增长较多,例如钢材出口量,由1960年占国内产量不足1%,上升到1962年的7.1%。1963年以后,随着国内工业生产建设的回升,出口所占比例又相对下降。表2-9是几种重工业产品的出口量以及与国内产量的比例关系。

表2-9　1960—1965年几种重工业产品出口量及占国内产量比重

年份	钢材		水泥		机床	
	出口量（万吨）	占国内产量（%）	出口量（万吨）	占国内产量（%）	出口量（台）	占国内产量（%）
1960	8.43	0.76	88.6	5.7	863	0.56
1961	18.72	3.1	98.5	15.9	930	1.6
1962	32.5	7.1	124.9	20.8	1864	8.3
1963	36.29	4.8	112.05	13.9	1713	7.7
1964	39.97	4.2	99.78	8.3	1347	4.8
1965	47.19	3.8	102.17	6.3	1688	4.3

第三节　与发达国家经贸关系的发展

1960年7月苏联中止了同中国的大多数合作项目,迫使中国开始转向寻求从其他国家引进设备和发展贸易。由于渠道才开始疏通建立,国内生产建设又处于萎缩时期,加之西方各国对中国的政治态度,使中国大型技术项目的引进工作基本中断达两年之久。1962年9月,中国从日本引进了第一套维尼纶设备,开始了中国向发达国家引进先进技术设备的时期。1963—1966年,中国与日本、英国、法国、意大利、联邦德国等国签订了80多项引进合同,用汇2.8亿美元。同一时期,中国还从东欧各国引进成套设备和单项设备,用汇2200万美元,两者合计用汇约3亿美元,其中成套设备 2.8 亿美元,占 90%。

20 世纪 50 年代中国从苏联引进的成套项目中,大型成套项目占绝大部分。60 年代以后,随着国内外环境的变化,中国技术引进的方针有较大改变,引进工作呈现出一些新特点。

一、成套设备项目中中小型居多,主要用于现有企业的技术改造

这一时期,中国生产建设的总方针是改善产业结构,对已经形成的生产能力填平补齐,使其充分发挥效益和提高产品质量以及提高现有企业的生产技术水平。中国这一时期的技术引进工作遵循这个总方针,在引进的成套设备中,中小型项目的比例明显提高。这一时期的引进项目中,规模稍大的只有北京维尼纶厂、兰州化学工业公司和太原钢铁公司三个新建、扩建工程,各支付外汇约 4000 万美元,合计共占全部用汇的 39%。此外还有几项用汇各 1000 多万美元的项目,合计共占外汇的 15%。其余的项目都是用汇 1000 万美元以下的中小型项目,约占这一时期用汇总额的一半。

二、重视引进支农项目和轻工业原料项目

1962 年 9 月,中国从西方发达国家引进技术的工作开始后,第一个项目就是从日本引进维尼纶设备。1963 年,中国同英国签订的第一个引进成套设备合同,是合成氨项目,以后又向英国订购了生产聚乙烯的成套设备。中国首次从意大利引进的技术项目,是两套化肥生产设备和一套石油加工联合装置成套设备。中国还从联邦德国和法国引进了化工生产的成套设备。与 20 世纪 50 年代相比,在成套项目引进金额中,化学工业的比重由 6% 上升到 28%,纺织工业的比重由 1.5% 上升到 11%。

三、配合国内生产建设的发展,引进国内空白的关键技术

如基础化学工业、合金钢冶炼、特种钢材轧制等是中国工业生产技术

中明显的薄弱环节。在这一时期,中国集中引进了合成 Y 纤维、乙烯和以油、气为原料的合成氨等基础化工技术,顶吹氧气转炉炼钢、大型电炉炼钢、合金钢冶炼乳制等金属冶炼和加工技术,新型建筑材料、半导体材料的制造技术,以及 24 吨柴油载重卡车的制造技术等。这些项目有些填补了中国产业中的空白,有些明显提高了相应行业的生产技术水平。经过这一时期的技术引进工作,中国石油化工和其他化学工业的生产能力有了迅速的发展,冶金工业的某些关键生产技术也有明显提高,半导体、原子能也得到较快发展。

从出口方面看,由于发展同西方国家的贸易关系,出口商品的品种和质量等问题开始得到重视。西方发达国家和其他进口国对中国出口商品的档次、质量、品种、花色等许多方面提出更高要求。1963 年 9 月召开的全国对外贸易计划会议,确定中国外贸工作的指导思想应该修改,要大力发展适合对资本主义市场出口的商品的生产,从各方面适应资本主义市场的特点。中国从 20 世纪 60 年代初开始设想试办出口商品基地和生产厂矿,按照国际市场的要求,有针对性地扶持某些出口商品的发展,不断改进某些出口商品的质量档次和花色品种,使出口货源从质和量两方面都有可靠的保证。

从建设资金的来源看,中国进入依靠自己的建设阶段,并开始对外提供经济技术援助。从 1960 年开始,中国没有新发生的外债,全部依靠自己的财力进行生产建设。20 世纪 60 年代上半期,是 50 年代苏联贷款的还本付息高峰期,1958—1965 年,共计还本付息 38.6 亿元人民币。除了不借外债、偿还旧债以外,中国还对其他一些社会主义国家和第三世界国家提供经济技术援助。仅 1964 年和 1965 两年,对外援助额分别为 12.4 亿元和 20.8 亿元,占当年财政支出的 3.1% 和 4.5%。中国对外经济技术援助,大部分采取提供低息或无息贷款的方式,用来支付中国援建项目和从中国进口机器设备的费用。总之,60 年代以后,随着债务偿还和对外援助的增加,中国成为资金净流出国。

表 2-10 是 20 世纪 60 年代中国从发达国家引进的部分设备和装置。

表2-10 20世纪60年代中国从发达国家引进的部分设备和装置

项目名称	规 模	进口国别	建设地点	金额（万美元）
1. 第一套维尼纶设备	年产1.1万吨	日本	北京	2309
2. 以天然气为原料的合成氨设备	年产合成氨10万吨	英国	泸州	810
3. 全循环法尿素设备	年产尿素16万吨	荷兰	泸州	607
4. 催化重整—芳烃抽提联合装置	年处理原料油10万吨	意大利	抚顺	528
5. 丁醇、辛醇成套设备	年产7500吨丁醇、辛醇	法国	吉林	267
6. 干式乙炔发生器	每小时产乙炔1100立方米	日本	北京	25
7. 原油裂解和烯烃分离装置	年产乙烯3.6万吨、丙烯2.2万吨	联邦德国	兰州	1144
8. 聚乙烯设备	年产2.8万吨	英国	兰州	1213.5
9. 第二套维尼纶设备	年产1.8万吨	日本	贵州	2650
10. 聚丙烯设备	年产5000吨（塑料3000吨、纤维2000吨）	英国、联邦德国	兰州	655
11. 丙烯腈设备	年产1万吨	英国、法国	兰州	1328
12. 聚丙烯腈纤维厂	年产8000吨	英国	西北	1000
13. 硝酸磷肥设备	年产13万吨	法国	四川	366
14. 五千米深井钻机	2套	法国	四川和华北	330
15. 磁带地震勘探仪	磁带地震仪13套,磁带地震资料自动解释回放中心装置1套,特种轻型钻机6台及其附属设备	法国	华北、四川	230
16. 第一套顶吹氧气转炉炼铜	容量50吨的2座	联邦德国、奥地利、法国、日本	太原	1300
17. 大型电炉炼钢	容量50吨、60吨各1座	日本	太原	300
18. 铜矿井下采矿设备	日采矿量2000吨左右	瑞典	大冶铜山口	700
19. 稀有金属材料厂	年产钽、铌、钨、钼、锆及其合金1000吨和管、板、丝、箔加工能力2000吨	日本	北京、陕南	600
20. 精密线绕电阻及电位器制造设备	年产各种功率阻值的电阻器1000万只,各种电位器100万只	英国、法国	咸阳	44

续表

项目名称	规　　模	进口国别	建设地点	金额（万美元）
21. 实心电阻、实心电位器制造设备	年产各种功率阻值的电阻器 3000 万只、电位器 1500 万只	法国	咸阳	30

资料来源：http://www.globalview.cn/html/history/info_13756.html。

图 2-1　从日本引进的第一项成套设备：维尼纶设备

资料来源：https://tv.sohu.com/v/dXMvMzE4NTEwMTEyLzk3MDM0ODU3LnNodG1s.html。

第四节　"文化大革命"期间对外开放的后退与下行

一、国民经济的特点

经过 1963—1965 年三年调整以后，国民经济失调状况得到明显改善，中国经济已经具备再次较快发展的基础。

然而就在这时，经济发展的指导方针发生了根本变化，备战成为居首位的任务。1963 年在考虑着手制定第三个五年计划时，党中央和国务院曾经确定把"解决吃穿用、加强基础工业、兼顾国防和突破尖端"作为经济工作的指导方针。1964 年 2 月召开的工交长期规划会议，基本上围绕上述方针，确定了以化肥、化纤、采掘、采伐工业为中心，大力发展支农工业、基本消费品工业和国防工业的具体规划。但是，这个规划没有得到贯彻执行，1964 年 8 月毛泽东同志指出，要准备帝国主义可能发动的侵略战争,要抢时间抓紧内地建设,当时召开的中央书记处会议决定,今后要首先集中力量建设内地,在人力、物力、财力上给予保证新建的项目都要摆在内地,沿海能搬迁的项目要搬迁。中国经济建设和生产的指导思想和具体规划转到了以备战为中心、以"三线"[①]建设为重点的轨道上。

1970年2月,全国计划会议提出的"四五"计划纲要,除了继续进行"三五"计划拟定的"三线"建设外,还提出了按照备战的要求,建立不同水平、各有特点、各自为战、大力协同的经济协作区的设想。1966—1972年间,中国生产建设基本上按照上述规划进行,主要以西南地区为重点开展"三线"建设,修筑西南地区几条铁路干线。建设若干钢铁、煤炭、电力、机械、化工等行业的骨干企业。1966—1972年,内地建设累计投资达到611.5亿元,占全国基本建设投资的66.8%,其中"三线"地区12个省、自治区的投资为482.43亿元,占基本建设投资总额的52.7%。[②]

由于建设重点再次转向以国防工业为中心的若干重工业部门,经过3年调整后轻重工业比较协调的关系很快就被再次打破。1966—1972年间,重工业平均增长速度明显快于轻工业。此外,在这一时期中,由于"文化大革命"的影响,工业生产在前几年出现负增长。表2-11是这一时期工业发展的概况。

表2-11　1966—1972年中国工业总产值及增长速度

（单位:亿元人民币;%）

年份	工业总产值		轻工业		重工业	
	总产值	比上年增长	产值	比上年增长	产值	比上年增长
1963—1965平均		15.1		19.5		11.7

①　所谓"三线"建设,是按照中国地理区域划分的,沿海地区为一线,中部地区为二线,后方地区为三线。三线分两大片、一是包括云、贵、川三省的全部或大部分及湘西、鄂西地区的西南三线;二是包括陕、甘、宁、青四省区的全部或大部分及豫西、晋西地区的西北三线。三线又有大小之分,西南、西北为大三线,中部及沿海地区省的腹地为小三线。参见薄一波:《若干重大决策与事件的回顾》(修订本)下卷,人民出版社1997年版,第1237页。

②　汪海波主编:《新中国工业经济史》,经济管理出版社1986年版,第348页。

续表

年份	工业总产值		轻工业		重工业	
	总产值	比上年增长	产值	比上年增长	产值	比上年增长
1966	1624	15.8	796	10.1	828	21.9
1967	1382	-14.9	733	-7.9	649	-21.6
1968	1285	-7.0	690	-5.9	595	-8.3
1969	1665	29.6	837	21.3	828	39.2
1970	2080	24.9	960	14.7	1120	35.3
1971	2375	14.2	1020	6.3	1355	21.0
1972	2517	6.0	1079	5.8	1438	6.1
1966—1972平均		9.8		6.3		13.4

二、引进基本停止,对外贸易发展受挫

1966—1972 年,受到"文化大革命"中一些排斥与国外交往观点的影响,也受建设方针改变的影响,中国基本上停止了从国外引进设备和技术,对外贸易总额从 1966 年开始连续 3 年持续下降。1970 年以后对外贸易虽然略有增长,但占工农业总产值的比重一直低于 1966 年的水平,是新中国成立以后各个时期中比重最低的(见表 2-12)。

表 2-12 1966—1972 年中国进出口贸易总额

年份	进出口总额			出口总额			进口总额			进出口总额占工农业总产值比重(%)
	金额(亿美元)	金额(亿元人民币)	比上年增长(%)	金额(亿美元)	金额(亿元人民币)	比上年增长(%)	金额(亿美元)	金额(亿元人民币)	比上年增长(%)	
1963—1965平均			13.7			10.3			18.3	5.2
1966	46.14	127.1	7.3	23.66	66.0	4.6	22.48	61.1	10.5	5.0
1967	41.55	112.2	-11.7	21.35	58.8	-10.9	20.2	53.4	-12.6	4.9

续表

年份	进出口总额			出口总额			进口总额			进出口总额占工农业总产值比重（%）
	金额（亿美元）	金额（亿元人民币）	比上年增长（%）	金额（亿美元）	金额（亿元人民币）	比上年增长（%）	金额（亿美元）	金额（亿元人民币）	比上年增长（%）	
1968	40.48	108.5	-3.3	21.03	57.6	-2.0	19.45	50.9	-4.7	4.9
1969	40.29	107.0	-1.4	22.04	59.8	3.8	18.25	47.2	-7.3	4.1
1970	45.86	112.9	5.5	22.6	56.0	-5.0	23.26	56.1	18.9	3.6
1971	48.41	120.9	7.1	26.36	68.5	20.6	22.05	52.4	-6.6	3.5
1972	63.01	146.9	21.5	34.43	82.9	21.0	28.58	64.0	22.1	4.0
1966—1972平均			3.6			4.6			2.9	4.3

这一时期进出口贸易增长缓慢甚至下降的原因有以下几方面：一是由于"文化大革命"，国民经济计划的制定基本中断，外贸部门情况相似，导致了外贸收购秩序混乱，数额下降。二是内地进行大规模建设，导致国民经济发生了"三大突破"的问题，即职工人数突破5000万人，工资支出突破300亿元，粮食销售量突破800亿斤，农副产品供应再度告急，维持较多出口很困难。三是经济工作指导思想过分强调独立自主、自力更生，对与外国特别是与西方国家的经济贸易往来，基本上持否定排斥的态度。

这一时期生产资料占进口总额比重较高，其中，机器设备和工业原料的比重分别为18.2%和50.7%，以原材料进口为主。而此前时期是以机器设备为主。这种变化受这一时期建设方针的影响。内地大规模的建设，相当程度上依靠的是沿海老工业基地的企业向"三线"地区搬迁，对进口机器设备的依赖性较前减小，是各个时期中最低的。

表 2-13 1966—1972 年中国进口商品结构

（单位：亿元人民币；%）

| 年份 | 进口总额 | 生产资料 | | 工业生产资料 | | 机器设备 | | 工业原料 | | 农用物资 | | 生活资料 | | 进口生产资料占重工业产值比重 |
		总额	比重	数额	比重	数额	比重	数额	比重	数额	比重	数额	比重	
1963—1965 平均			59.4		51.5		12.9		38.6		8.1		40.6	4.3
1966	61.1	44.1	72.2	38.6	63.2	13.6	22.3	25.0	40.9	5.5	9.0	17.0	27.8	5.3
1967	53.4	40.6	76.0	35.3	66.1	10.7	20.0	24.6	46.1	5.3	9.9	12.8	24.0	6.3
1968	50.7	39.1	77.1	32.6	64.3	7.9	15.6	24.7	48.7	6.5	12.9	11.6	22.9	6.6
1969	47.2	38.9	82.4	32.6	69.1	5.6	11.9	27.0	57.2	6.3	13.3	8.3	17.6	4.8
1970	56.1	46.4	82.7	41.1	73.2	8.9	15.9	32.2	57.4	5.3	9.5	9.7	17.3	4.1
1971	51.9	43.5	83.8	39.2	75.5	11.5	22.2	27.7	53.4	4.3	8.3	8.4	16.2	3.2
1972	64.0	50.8	79.4	45.2	70.6	12.5	19.5	32.7	51.1	5.6	8.8	13.2	20.6	3.5
1966—1972 平均			79.1		68.9		18.2		50.7		10.2		20.9	4.8

然而，中国基础原材料工业支持这一时期工业生产建设的能力有限。首先，无论是新建、搬迁的"三线"建设项目，还是地方经济的发展，都需要有基础设施和厂房等土建工程，对建筑材料的需求量很大。生产和建设两方面对原材料和建筑材料的压力导致进口原材料的增加。这一时期，工业原材料的进口占到进口总额的一半以上，其中有些品种的进口数量增加很快，表 2-14 是 1965—1972 年几种重要工业原材料的进口增长情况。

表 2-14 1965—1972 年几种重要工业原材料的进口增长情况

年份	钢材 （万吨）	有色金属 （万吨）	生铁 （万吨）	废钢 （万吨）	化工原料 （万美元）
1965	75.9	11.5	1.6	0.2	4303
1966	141.0	17.5	5.2	1.8	4695
1970	266.7	35.4	18.4	25.2	10248
1972	235.8	26.6	98.9	57.2	12361
1972 年占 1965 年的百分比%	310.7	231.3	—	—	287.3

注：生铁和废钢由于基数太小，没有计算增长指数。

综合上述分析，这个时期是新中国成立以后对外开放对国内建设发展影响最弱的时期。

第三章　再次引进高峰及现代化建设加速

20世纪70年代初期,国内外形势出现了有利的变化。国内纠正了以"三线"建设为中心的指导思想,新产业建设发展和新技术新设备采用得到重视;国际关系也出现许多有利的新变化,拓宽了中国对外开放的空间,中国及时把握住这个有利时机,分两批集中引进了一批国内急需的重要项目,这次引进对于20世纪70年代中后期以及80年代中国经济发展产生重要影响。

第一节　20世纪70年代初期的第二轮引进高潮

一、国内经济建设方针和国际形势的变化

1972年以后,以"三线"建设为中心的过热建设势头得到控制,经济建设不再以此为中心展开。同时,尽快发展一些中国十分薄弱的经济部门和提高某些关键行业的技术设备水平的问题受到特别重视,这是因为,20世纪50—60年代是世界科学发展和产业技术进步加快的时期,到70年代初期,中国50年代以苏联技术为基础形成的工业生产技术与世界先进水平的差距明显加大。例如,国外已经能够批量生产50万—80万千瓦机组的火电设备,最大的为130万千瓦机组,中国只能批量生产12.5万千瓦的机组,最大的为双轴30万千瓦机组。另一个重要原因是中国石

油工业在60年代和70年代初期有了突破性发展,原油产量1960年为520万吨,1965年为1131万吨,1975年达到7706万吨,使中国大规模发展现代化石油化学工业具备了基础。然而中国石化工业基础十分薄弱,一方面出口原油,一方面大量进口石化产品,尽快发展石油化工产业很有必要。因此,争取从发达国家引进先进技术设备,成为推进新一轮经济建设和加快发展的重要因素。

在20世纪70年代初期,这种思路具备了现实可能性。在此之前,西方国家对于包括中国在内的各社会主义国家一直采取强硬的贸易限制政策。从70年代初开始,国际形势发生了有利于中国与西方国家发展经济技术关系的变化。1971年10月,中国恢复了在联合国的合法席位;1972年2月,中美两国在上海发表联合公报,同意为逐步发展两国之间的贸易关系提供便利;同年10月,中国和日本两国政府在北京发表联合声明,两国决定建立外交关系,并同意开始以缔结贸易等协定为目的的谈判。这一系列事件标志着中国和西方世界在对抗了二十多年之后,开始走向关系正常化。这些国家有关不许向中国出口高技术设备的禁令和各种歧视性的贸易政策也逐步放松,为中国迅速发展与发达国家之间的经济贸易关系提供了有利的国际政治环境。

二、"四三方案"的制定和实施

20世纪70年代初期,中国开始部署从发达国家引进先进成套技术设备的工作。以1972年8月国务院批准从联邦德国、日本引进一米七轧机为开端,70年代中后期成为中国引进大型成套设备和先进技术的又一个高峰期。1973年1月,国家计委向国务院提交了《关于增加进口设备、扩大经济交流的请示报告》,提出从国外进口价值43亿美元的成套设备和单机的方案,即"四三方案",之后又陆续追加了若干项目,总额达到51.4亿美元。到1977年,实际对外签约成交额达39.6亿美元。引进的项目包括:十三套以天然气或轻油为原料的年产30万吨合成氨和48万吨尿素的大型化肥成套设备装置、四套大型化纤设备、三套大型石油化工设备、一套烷基苯工厂、三个大电站、四十三套综合采煤机组、武钢一米七轧机,以及透平压缩机、燃气轮机、工业汽轮机工厂等。这批引进项目全部是中国经济建设和生产中急需并有原料基础的薄弱环节,绝大多数为基础工业项目,生产技术也大都是当时世界较为先进的水平。

三、引进设备在现代化建设中的重要作用

这一时期是中国第一次较大规模地从发达国家引进成套技术设备,引进规模在中国同期建设规模中占有很大比重,把"四三方案"中1977年以前对外签约的项目全部建起来,共需投资260亿元人民币,相当于"四五"时期工业建设投资总额978亿元的四分之一,还不包括大量间接配套建设的费用。1975年和1976年,进口项目的投资分别占当年国家预算投资的14%和21%,使中国这一时期的工业大型项目建设中再一次以引进项目为中心铺开。这些项目中的一部分在1976年以前建成,到1979年年底,绝大部分建成投产,在中国石化、钢铁、机械和能源等基础工业中新增了一批关键骨干企业,使一些国内急需的产品产量成倍增加。例如,十三套大型化肥成套设备项目,1974年以后陆续建成投产,到1976年,中国合成氨新增生产能力558.4万吨,当年化肥产量达到524.4万吨,比1970年增长1.2倍。乙烯产量1970年为1.51万吨,1976年已经增加到13.35万吨。

四、大规模引进对进出口的影响

受大规模集中引进成套设备的影响,从1973年起,中国的进出口贸易总额有较大幅度的增长。这一时期是签约项目机器设备的集中到货期,进口数量骤增,国内相应的基建工程也需要进口一定的基建材料以补充国内供应能力的不足,因此进口总额增加较多。为了支付较大规模的进口,出口数额必须相应增长,其中使用进口原材料生产的出口商品的增加,反过来又带动进口规模的进一步扩大。这个时期对外贸易总额占工农业总产值的比重有较大幅度的上升。

表 3-1 1973—1976 年中国进出口贸易总额

年份	进出口总额			出口总额			进口总额			占工农业总产值比重（%）进出口总额
	金额（亿美元）	金额（亿元人民币）	比上年增长（%）	金额（亿美元）	金额（亿元人民币）	比上年增长（%）	金额（亿美元）	金额（亿元人民币）	比上年增长（%）	
1966—1972 平均			3.6			4.6			2.9	4.3
1973	109.8	220.5	50.1	58.2	116.9	41.0	51.6	103.6	61.9	5.6
1974	145.7	292.2	32.5	69.5	139.4	19.2	76.2	152.8	47.5	7.3
1975	147.5	290.4	-0.6	72.6	143.0	2.6	74.9	147.4	-3.5	6.5
1976	134.4	264.1	-9.1	68.6	134.8	-5.7	65.8	129.3	-12.3	5.8
1973—1976 平均			18.2			14.3			23.4	6.3

从表 3-1 可以看出，这一时期中国进口商品总额增长很快，年均增长速度高达 23.4%，与前一时期年均 2.9% 的增长速度形成鲜明对比。进口商品结构也发生显著变化。

从表 3-2 可以看出，进口生产资料比重呈上升趋势，特别是 1975 年和 1976 年，进口生产资料所占比重高达 85% 以上，是 1960 年以后未曾有过的高比例，进口生产资料占国内重工业产值的比重也由 1966—1972 年的平均 4.8%，上升到 6.6%。由于大规模引进设备，机器设备在各类进口商品中增长幅度最大，占进口总额的比重由前一时期的 18.2% 上升为 24.8%，其中 1975 年和 1976 年分别高达 32.1% 和 30.9%，也是 1960 年以来的最高比例。

表 3-2　1973—1976 年中国进口商品结构

（单位：亿元人民币；%）

年份	进口总额	生产资料								农用物资		生活资料		进口生产资料占重工业产值比重
		总额	比重	工业生产资料						数额	比重	总额	比重	
				数额	比重	机器设备		工业原料						
						数额	比重	数额	比重					
1966—1972平均		79.1		68.9		18.2		50.7		10.2		20.9		4.8
1973	103.6	79.2	76.4	72.7	70.2	15.9	15.3	56.8	54.8	6.5	6.3	24.4	23.6	5.1
1974	152.8	115.7	75.7	107.9	70.6	31.8	20.8	76.1	49.8	7.8	5.1	37.1	24.3	7.6
1975	147.4	125.9	85.4	114.7	77.8	47.3	32.1	67.4	45.7	11.2	7.6	21.5	14.6	7.2
1976	129.4	112.3	86.8	104.9	81.1	40.0	30.9	64.9	50.2	7.4	5.7	17.1	13.2	6.4
1973—1976平均		81.1		74.9		24.8		50.1		6.2		18.9		6.6

五、出口压力和出口基地的批量设置

　　这一时期进口量的大幅度增加,除了单机按现汇交易支付外,成套设备项目大部分采用延期付款的方式,但是这种优惠是对方以出口信贷的方式提供的,属于短期融资方式,因此仍然对出口形成较强压力。经过努力,这一时期出口总额的年均增长率达到14.2%。这样大幅度的增长,不是仅仅靠某类产品的出口增长能够支持的。因此,各类产品出口数额在出口总额中所占比重虽然有升有降,但绝对数都有较大幅度的增长。表3-3是这一时期出口商品结构及其变化情况。

表3-3　1973—1976年中国出口商品结构

（单位:亿元人民币;%）

年份	农副产品		工业品			轻工业产品			重工业产品		
	金额	占出口总额比重	金额	占出口总额比重	占工业总产值比重	金额	占出口总额比重	占轻工业产值比重	金额	占出口总额比重	占重工业产值比重
1966—1972平均		36.7		63.3	2.3		43.7	3.2		19.6	1.4
1973		35.8	75.0	64.2	2.7	56.8	48.6	4.8	18.2	15.6	1.2
1974		36.4	88.6	63.6	3.3	56.0	40.2	4.6	32.6	23.4	2.2
1975		29.6	100.7	71.4	3.3	59.8	41.8	4.3	40.9	28.6	2.3
1976		28.4	96.6	71.6	3.1	59.9	44.4	4.3	36.7	27.2	2.1
1973—1976平均		32.5		67.5	3.1		43.8	4.5		23.7	2.0

资料来源:《中国对外经济贸易年鉴》,中国展望出版社1986年版,第955页;《中国统计年鉴》,中国统计出版社1984年版,第23页。

这一时期出口达到较高的增长速度是经过很大努力的。当时国内由于生产建设和职工队伍扩展较快,生产生活需求两旺。因此,无论是农副产品还是工业产品都供应趋紧,增加出口并非易事。为了在短时期内使出口工业品供货能力有较快增长,政府采取了一些特殊措施,主要有以下几点。

一是兴办出口商品生产基地和生产厂。1973年年初开始,选择了部分企业和地方,试办了出口工业品专厂、专车间和出口农副土特产品生产基地。具体做法是,凡使用外汇贷款进口原料进行加工的产品,全部出口;按国外特殊规格要求生产的产品,除供应特需外,全部出口;国内外都适销的产品,按外贸收购计划确定出口数量,不能出口的转内销,内销不出去的加工改制,其费用和损失由外贸部承担;等等。在办这些出口专业厂和车间时,如有困难可由外贸部扶持。在当时的条件下,这些出口专业厂和车间对于保证出口货源的稳定起了良好作用。

二是大力促进工艺美术品的出口。为了尽快增加创汇价值较高的工艺美术品的出口,1973年3月,国务院批转外贸部、轻工业部《关于发展工艺美术生产问题的报告》，要求力争 1975 年工艺美术品出口创汇达到 8 亿美元。实现这个规划所必需的原材料、设备和投资，各地区和各部门要认真落实；工艺美术生产所需的主要原材料要纳入计划，专料专用，保证出口生产所需；工艺美术品的创造设计人员和艺人要归队，一些工艺美术院校和科研机构也得以恢复。

三是为出口提供外汇支持。1973 年 5 月，国务院批准《短期外汇贷款试行办法》，决定为了促进出口商品生产，利用中国银行吸收的外币存款，发放短期外汇贷款。贷款的使用范围，主要用于进口国内短缺的原材料和某些关键设备，以增加出口产品生产。这些贷款都是短期的，用于进口原材料的贷款，还贷期一般不超过一年，用于进口设备的部分，还贷期一般不超过一年半。

这个时期还有一个很有利的因素，即国际市场石油价格涨幅很大，我们尽可能压缩国内消费扩大出口，中国原油和成品油的出口逐年增加，原油出口由 1972 年的 63.6 万吨增至 1976 年的 850 万吨，成品油由 89 万吨增至 195 万吨。石油的创汇能力增长很快，是重工业出口额增加部分的主要来源。

采取上述措施后，出口额出现较快增长。但是收汇增长仍然没有用汇增长快，外汇平衡一直出不抵入。出口和外汇收入不足的问题变得十分突出。

表 3-4 是"四三方案"中的部分成套项目。

表 3-4 "四三方案"中的部分成套项目

类别	项目名称	年生产规模	累计投资（亿元）	建设地址	引进国	签约时间	立项时间	建成投产时间
大化纤	天津石油化纤厂	对二甲苯 6.4 万吨、苯 2 万吨、对苯二甲酸二甲酯 9 万吨	10.37	天津	日本、联邦德国	1975 年	1977 年 9 月	1981 年 8 月
	辽宁石油化纤总厂	化纤原料 13 万吨	24.15	辽宁辽阳	法国、意大利、联邦德国	1973 年	1974 年 8 月	1981 年 9 月

续表

类别	项目名称	年生产规模	累计投资（亿元）	建设地址	引进国	签约时间	立项时间	建成投产时间
大化纤	上海石油化工总厂	化纤原料10.8万吨、化纤5.2万吨	20.79	上海金山卫	日本、联邦德国	1973年	1974年1月	1978年5月
	四川维尼纶厂	化纤4.5万吨、醋酸乙烯9万吨、甲醇9.5万吨、乙炔2.6万吨	7.2	四川长寿	法国、日本	1973年	1974年8月	1979年12月
石化	北京石油化工总厂	乙烯30万吨、高压聚乙烯18万吨、聚丙烯8万吨	23.7	北京房山	日本、联邦德国、美国	1972年	1973年8月	1976年12月
	吉林化学工业公司	乙烯11.5万吨、乙醇10万吨、丁苯橡胶8万吨、辛醇5万吨、正丁醇6590吨	2.09	吉林	日本、联邦德国	1975年	1976年12月	1983年12月
	北京化工二厂	氯乙烯8万吨、聚氯乙烯2.5万—7.5万吨	1.39	北京九龙山	联邦德国	1973年	1974年10月	1977年7月
大化肥	沧州化肥厂	合成氨30万吨、尿素48万吨	2.39	河北沧州	美国、荷兰	1973年	1973年7月	1977年12月
	辽河化肥厂	合成氨30万吨、尿素48万吨	3.48	辽宁盘山	美国、荷兰	1973年	1974年6月	1977年12月
	大庆化肥厂	合成氨30万吨、尿素48万吨	2.43	黑龙江大庆	美国、荷兰	1973年	1974年5月	1977年6月
	湖北化肥厂	合成氨30万吨、尿素48万吨	2.45	湖北枝江	美国、荷兰	1973年	1974年10月	1979年8月
	洞庭湖化肥厂	合成氨30万吨、尿素48万吨	2.50	湖南岳阳	美国、荷兰	1973年	1974年4月	1979年7月
	泸州天然气化工厂	合成氨30万吨、尿素48万吨	2.40	四川泸州	美国、荷兰	1973年	1974年4月	1977年3月
	赤水河天然气化工厂	合成氨30万吨、尿素48万吨	2.73	贵州赤水	美国、荷兰	1973年	1976年1月	1978年12月
	云南天然气化工厂	合成氨30万吨、尿素48万吨	2.77	云南水富	美国、荷兰	1973年	1975年1月	1977年12月
	栖霞山化肥厂	合成氨30万吨、尿素52万吨	2.98	江苏南京	法国	1974年	1974年9月	1978年10月

续表

类别	项目名称	年生产规模	累计投资（亿元）	建设地址	引进国	签约时间	立项时间	建成投产时间
大化肥	安庆化肥厂	合成氨30万吨、尿素52万吨	3.01	安徽安庆	法国	1974年	1974年3月	1978年12月
	广州化肥厂	合成氨30万吨、尿素52万吨	3.14	广东广州	法国	1974年	1974年12月	1972年10月
	齐鲁第二化肥厂	合成氨30万吨、尿素48万吨	2.47	山东淄博	日本	1973年	1974年4月	1976年7月
	四川化工厂	合成氨30万吨、尿素48万吨	2.61	四川成都	日本	1973年		
大型电站	大港电厂	2×25万千瓦	4.50	天津北大港	意大利	1973年	1974年12月	1979年10月
	唐山徒河电厂	2×32万千瓦	5.30	河北唐山	日本	1973年	1973年12月	1978年3月
	元宝山电厂	1×30万千瓦	3.92	内蒙古赤峰	法国、瑞士	1973年	1974年9月	1978年12月
钢铁	武汉钢铁公司一米七轧机	冷轧板100万吨、热轧板100万吨、硅钢7万吨	38.9	湖北武汉	日本、联邦德国	1974年	1972年3月	1978年12月
	南京钢铁公司氯化球团	30万吨硫酸渣氯化球团	1.00	江苏南京	日本	1976年	1978年1月	1980年12月
	南京烷基苯厂	正构烷烃5万吨、直链烷苇烃5万吨	2.21	江苏南京	意大利	1975年	1976年10月	1981年12月

资料来源：陈东林：《20世纪50—70年代中国的对外经济引进》，《上海行政学院学报》2004年第6期。

第二节　20世纪70年代后期再次大规模引进

一、再次大规模建设与大规模引进

1976年10月，中国结束了长达十年之久的"文化大革命"，各方面要求加快经济发展的愿望强烈，政治压力很大。1977年11月召开的全国计划工作会议，提出中国经济发展的设想，到21世纪末，工业主要产品产量分别接近、达到或超过世界先进国家，工业生产的主要部分实现自动

沧州化肥厂

斯贝发动机项目

武钢一米七轧机工程冷轧薄板厂

图 3-1　"四三方案"中的几个项目

资料来源：http://blog. sina. com. cn/s/blog＿488846890100ewty. html；http://news. 163. com/09/0719/
23/5EKFO7N300011MTO＿2. html；http://www. sohu. com/a/240726172＿651160。

化、主要产品的各项经济技术指标接近或达到世界先进水平。1978 年 2
月召开的五届人大一次会议,提出了 1978—1985 年的具体规划,计划在
能源、基础原材料和交通运输等方面,新建和续建 120 个左右的大项目,
包括 30 个大电站、8 个大煤炭基地、10 个大油田、10 个钢铁基地、10 个大
化纤厂、10 个大石油化工厂、十几个大化肥厂以及新建续建六条铁路干
线和几个大港口等。

　　当时中国的财力、物力特别是技术力量都很有限,仅仅靠本国能力,
显然不具备将如此规模庞大的建设规划付诸实践的条件。能够提出上述
规划的依据是准备大量利用外国资金和大批引进国外成套技术设备。
1977 年 7 月,国家计委向国务院提出今后八年引进新技术和成套设备的
规划,中共中央政治局原则批准了这个规划。规划提出,在"五五"后 3
年和"六五"计划期间,除抓紧把"四三方案"项目尽快建成投产外,再进

口一批成套设备、单机和技术专利,其中包括支农工业方面的化肥农药生产设备,轻工业所需的石化、乙烯、化纤、合成洗涤剂原料设备,燃料、动力、原材料工业的新技术和成套设备,等等。汇总这些项目,8 年中共需外汇 65 亿美元,国内配套投资 400 亿元人民币。当时预计,在 20 世纪 70 年代末 80 年代初引进项目建设高峰期间,每年约需基建投资 80 亿—90 亿元,占年度基建总投资的五分之一左右,规模已不算小。

然而此后引进规划仍在进一步膨胀,当时被列为重点建设行业的煤炭、冶金、化工等工业部门,都提出了以引进项目为重要内容的高指标规划,结果是仅 1978 年内,中国就签约了 22 项大型引进项目,它们是:投资 48 亿美元和 70 亿元人民币的上海宝山钢铁厂,大庆石油化工厂、山东石油化工厂、北京东方红化工厂各一套 30 万吨乙烯生产装置,南京石化总厂两套 30 万吨乙烯装置,吉林化学工业公司一套 11 万吨乙烯关键设备,浙江化肥厂、新疆化肥厂、宁夏化肥厂各 1 套 30 万吨合成氨装置;山西化肥厂 30 万吨合成氨装置,100 套综合采煤机组、德兴铜基地、贵州铝厂、上海化纤二期工程、仪征化纤厂、平顶山帘子线厂、山东合成革厂、兰州合成革厂、云南五纳厂、霍林河煤矿、开滦煤矿、彩色电视机制造项目等。

就这些项目本身看,都是中国急需发展的基础产业部门,加上 1973 年以后引进的一些大型项目,建成后将大大提高中国不少重要短线产品的产量,其中包括:化肥 1700 万吨、化工原料 122 万吨、塑料 135 万吨、合成橡胶 16 万吨、热轧钢板 200 万吨、冷轧钢板 100 万吨、发电能力 420 千瓦、采煤能力 1 亿吨、彩色电视显像管 97 万只、集成电路 2600 万块。进口的氨基苯设备,建成后年产 5 万吨,可制洗衣粉 20 万吨,相当于以前洗衣粉总产量的一半,基本上能缓解中国洗涤用品长期短缺的局面。

但是,短时期内引进建设多项大型成套设备项目,是中国当时的经济状况所不能承受的。特别是前期已经有"四三方案"设定的许多项目。过高的建设指标产生的问题在当年已经表现出来,由于基本建设新开工项目和在建项目过多,这一年完成的投资额是历史上最多的一年,但全部建成的大中型项目只有 99 个,投产率仅为 5.8%,是十几年中最低的。

1979年总结了上一年的经验教训,生产建设的指导思想有了重大转变。1978年12月,党的十一届三中全会制定了对国民经济实行"调整、改革、整顿、提高"的方针。在建设项目方面,停建缓建了一批建设项目,其中包括一些引进项目,但由于已展开了庞大的建设规模,1979年的投资仍然保持了较大规模。

二、外贸的高速增长及其结构变化

这一时期,受大规模引进技术设备的影响以及"文化大革命"结束后人民生活水平急需较快提高的压力,进口生产资料和生活资料都增长很快,进出口贸易总额的增长速度达到20%以上。特别是进口总额的增长速度,1978年和1979年分别高达41.1%和29.6%。表3-5是这一时期进出口贸易概况。

表3-5　1977—1979年中国进出口贸易总额

年份	进出口总额			出口总额			进口总额			进出口总额占工农业总产值比重(%)
	金额(亿美元)	金额(亿元人民币)	比上年增长(%)	金额(亿美元)	金额(亿元人民币)	比上年增长(%)	金额(亿美元)	金额(亿元人民币)	比上年增长(%)	
1973—1976平均			18.2			14.3			23.4	6.3
1977	148.00	272.5	3.2	75.9	139.7	3.6	72.1	132.8	2.7	7.6
1978	206.40	355.1	30.3	97.5	167.7	20.0	108.9	187.4	41.1	8.7
1979	293.30	454.6	28.0	136.6	211.7	26.2	156.7	242.9	29.6	10.1
1977—1979平均			20.5			16.6			24.5	8.8

面对急剧扩张的进口规模,这一时期出口能力的增长明显不足。前一时期"四三方案"的实施,已经过度从国内市场上挤占出口货源,这一时期再继续以与进口匹配的速度增加出口十分困难。1978—1980年,中国对外贸易连续3年出现赤字,累计入超达44.4亿美元,除一部分进口货物采取延期付款的方式外,基本上靠国家外汇储备弥补。

　　由于连年出现贸易逆差,如何扩大出口的问题得到进一步重视。这一时期,中央政府已经采取了若干措施,如重点发展某些主要换汇行业、向出口生产企业发放短期外汇贷款、建立出口商品生产基地、压缩国内消费增加出口等,但是增加的换汇能力仍然不能满足进口需要。1979年8月,国务院颁发了《关于大力发展对外贸易增加外汇收入若干问题的规定》,采取了若干重要的体制改革措施和其他措施,调动各方面的积极性,主要有:实行出口商品的分级管理,扩大地方经营范围;大力组织商品对外销售,完成国家出口收汇计划;加强技术和设备的引进工作;成立专

上海宝山钢铁厂　　　　　　　　　　　大庆石油化工厂

山西化肥厂　　　　　　　　　　　　北京东方化工厂

图3-2　20世纪70年代末期部分引进项目

资料来源：http://dy. 163. com/v2/article/detail/DMTK8FTO05430KNL. html；http://www. cssn. cn/ddzg/xsdt/2y5r/；http://cz. sxgov. cn/content/2014－10/23/content _5149078. htm；http://www.lianhekj.com/question/394746515606247045. html。

业进出口公司;增加外贸口岸,广开出口门路;实行贸易和非贸易外汇留成;对以进养出的物资实行优惠税率;扩大生产企业办外贸的权限,简化审批手续;改变出口贸易收汇结算办法和兑换牌价;试办出口特区;等等。这些政策措施表明,传统的中央高度集权的对外贸易体制已经不能适应经济发展对增加出口的要求。

第三节　对外开放中存在的问题

一、短期内大规模引进影响建设效果

20世纪70年代的第二次引进高潮是从西方国家引进先进技术设备,中国对于这种纯商业性质的引进过程尚不熟悉,当时国内又已经存在着过大的建设规模,因此引进中出现了一些问题。

第一是引进规模偏大,投资高峰期错不开,对国内建设规模形成很大压力,只能压缩没有引进项目的地区和部门的投资。在"三五"时期,由于集中力量搞"三线"建设,经济建设和生产中缺煤、缺电和运输能力紧张的状况已经很明显,"四五"时期大型进口项目的建设挤占了这些基础行业的资金物资,项目本身又大部分是冶金、化学等高耗能工业,更加重了产业内部结构失调的矛盾。

第二是国内资金、资源和配套工程没有完全落实,就急于成交进口,致使建设周期拖长,效益长期不能发挥。以武钢一米七轧机为例,这是新中国成立以来最大的引进项目之一,技术是20世纪70年代初的国际先进水平。决定引进时对外部协作条件和配套工程的安排考虑得不是很周到,原料供应各环节不平衡,矿不保铁、铁不保钢、钢不保材,电力供应一直严重不足。项目于1978年建成后,长期达不到设计能力,直到1980年,热轧、冷轧、硅钢和连铸的产量,仅分别达到设计能力的29%、26%、18%和40%。这类由于配套工程不落实和设计施工中存在的一些问题,使引进项目建设周期拖长、投产后又达不到设计能力的现象较为普遍。

第三,重复进口成套设备,没有掌握制造技术,不注意对引进技术设备的消化、吸收和仿制工作。例如大型化肥成套设备装置进口了13套,却未购买制造技术,以后每年不得不花上千万美元进口配件。同时,在进口先进技术装备的同时,没有注意学习相应的操作技术和生产管理方法,效益发挥不够理想。例如,有些煤矿使用进口综合采煤机组后,由于技术操作水平和生产管理水平落后,在提高产量、提高劳动生产率方面没有取得预期效果。

第四,短期集中成交进口,对出口形成过强压力。例如,石油出口量的增长依靠强化开采,产量增长大大超过生产能力和可采储量的增长,影响了增长后劲。国内市场紧缺的农副产品和轻工业产品也被迫增加出口量,在一定程度上影响了人民群众的生活需要。

二、对外经济援助款项快速增加

新中国成立后的前15年,中国基本上是设备、技术和资金的单向流入国,出口只是为了换取外汇支持进口,资金和设备对外流出的很少,唯一的渠道是基于国际上"两个阵营"的存在而实施的对外援助。"一五"和"二五"时期,中国援外占财政支出的比例仅为1%左右。

20世纪60年代中期中国渡过了三年困难时期后,开始较大数额地向第三世界国家提供经济援助。1964年,中国当年的对外援助财政拨款为12.4亿元,占国家财政支出的比例骤增为3.1%,1965年这一比例又上升到4.5%,"文化大革命"前期中国的对外援助时高时低,然而从70年代初期开始,中国的对外援助款项和占财政支出的比例又有较大幅度的上升。1973年和1974年,中国对外援助支出分别为58亿元和51亿元,占当年财政支出的7.2%和6.3%。1950—1978年,中国对外援助支付的总金额达470多亿元,远远超出同一时期中国得到的外援数额,中国向70多个国家建成移交了成套项目884个,其中工业项目涉及轻工、纺织、食品、冶金、电力、机械、化工等部门,这样大规模的对外援助成为中国的沉重负担。实际上,许多受到中国经济技术援助的国家,国民收入水平比中国还高。1975年1月,中央决定调整中国对外援助方针,考虑到一些主要受援国的经济已有一定的基础,中国国内建设也需要加强,决定适当压缩对外援助占国家财政支出的比例,当时决定,"五五"计划期间,将对外援助占财政支出的比例由原定的 6.3%降至 5%以内,以后几年的对外援助比例有所降低,但整个时期,对外援助仍然是国民经济发展的一个约束因素和财政的明显负担。

中 篇

对外开放40年:
促进发展与改革

20世纪70年代末期以来的40年,被称为改革开放的40年。作出对外开放的重大决策,是在国内要加快发展、外部有重要机遇、国际环境基本有利这三项根本判断的基础上形成的。与新中国前30年相比,这是一个全新的对外开放过程。"新"字体现在开放理念、开放目标、开放方式、开放范围和开放效果等各个方面。此时的对外开放,已经从新中国前30年主要大量引进设备和技术、加快国内现代化建设,转向了更为开阔眼界和目标:利用两种资源、两个市场提升各类资源的配置效率,推动国内企业深度参与全球分工体系,参与重构国际经济格局。对外开放还对思想解放和体制改革产生了重要推动作用。本篇从对外贸易、服务贸易、吸收外资、对外投资和对外开放推动改革几个方面,分析对外开放对中国经济发展、结构升级、技术进步和体制改革的重要影响。

第四章　对外贸易快速增长及 贸易大国地位形成

　　1976 年,历时十年的"文化大革命"结束,如何加快经济发展和提高人民生活水平的问题受到举国关注,形成很强的政治压力。当时,中国的国际环境明显改善,与西方发达国家的往来和交流增多。1978—1979 年间,中央派出多个高级代表团赴国外考察,受到了很大震动。这些国家经济持续发展,人民生活水平较高、城乡环境优美、科技发达。人们还发现,在 20 世纪 60—70 年代,亚洲和拉丁美洲有若干发展中国家(地区)的工业化进程迅速,日本已经进入世界上最发达的少数国家之列,其余国家和地区被称为新型工业化国家,标志着它们已经迈进了发达国家的边缘,发展成就斐然。对外贸易和吸收外资的重要作用,是这些国家(地区)工业化过程的显著特征。

　　我们在同一时期,失去了这轮重要发展机遇。20 世纪 60 年代和 70 年代,发展中国家面临有利的国际环境:第一,世界经济和国际贸易处于第二次世界大战后高速增长时期,世界市场不断扩大,为新兴工业化国家(地区)的出口商品提供了较易进入的国际市场。一些新兴工业化国家和地区正是在这个时期获得快速发展的。第二,第二次世界大战后成立的一系列国际经济组织,如世界银行、国际货币基金组织等,借助世界经济高涨时期的投资信心和它们的有利地位,为发展中国家提供了国际融资的便利条件。① 第三,欧美发达国家工人工资增长很快,工资成本大幅

---

① 据笔者此前的一项研究,1966—1978 年,国际间贷款扩张了 50 余倍,其中一半以上进入发展中国家。

度上升,因此在 60 年代和 70 年代,产生了较大范围的生产由发达国家转移到发展中国家的全球产业链的分解重组。第四,跨国公司的活动范围迅速扩展,成为资本技术在国际转移的主要载体。在那些新兴工业化国家和地区,由这些跨国公司生产和出口的产品在出口总额中所占的比重较高。①

在当时,中央开了多次务虚会,研究国外经济发展的成功经验,特别对如何加强技术引进、扩大外贸出口、采用灵活方式利用国外资金等问题,进行了全面的探讨。当时有共性的观点是:这些国家和地区抓住了第二次世界大战后世界经济和国际贸易快速增长的时机,发展劳动密集型产品出口,获得了大量外汇,引进了先进技术设备,加快了工业化进程,提高了人民生活水平。

我们意识到在这方面有独特优势,就是毗邻香港、澳门地区,当时港澳面临本地劳动力成本快速上升的挑战,劳动密集型出口加工企业面临较大压力,中国改革开放以后,一些港澳企业家将目光投向内地,纷纷建言献策,希望能在内地特别是相邻的广东省兴办加工企业。1979 年 4 月,广东省向中央提出在广东沿海地区设立出口加工基地,利用靠近港澳地区的优势实行特殊优惠政策,加快经济发展。1979 年 7 月,中央作出设立经济特区的重大决策,开启了出口快速增长、促进外向型发展的新阶段。

第一节　对外贸易地位上升及发展阶段②

一、对外贸易发展概况

改革开放 40 年来,中国对外贸易发展迅速,40 年的平均增长速度达到 14.5%,2018 年,中国进出口总额已经达到 5.4 万亿美元,是世界第一贸易大国。表 4-1 是中国 1982—2018 年对外贸易情况。

---

① 据笔者此前的一项研究,这个比重在韩国 1974 年是 31%、新加坡 1975 年是 84%、巴西 1975 年是 51%、墨西哥 1974 年是 34%。

② 本节中,如无特别说明,贸易总额=货物贸易+服务贸易。

表 4-1　1982—2018 年中国对外贸易情况　（单位:亿美元）

年份	进出口总额	出　口	进　口	贸易差额
1982	460.1	248.2	211.9	36.3
1983	479.2	247.3	231.9	15.4
1984	589.5	289.4	300.1	−10.7
1985	748.0	302.5	445.5	−143.0
1986	794.4	345.4	449.0	−103.6
1987	891.6	436.4	455.2	−18.8
1988	1107.9	522.2	585.7	−63.5
1989	1197.9	570.4	627.5	−57.1
1990	1252.4	677.9	574.5	103.4
1991	1465.0	788.1	676.9	111.2
1992	1838.3	940.4	897.9	42.5
1993	2183.0	1027.4	1155.6	−128.2
1994	2688.2	1374.1	1314.1	60.0
1995	3238.6	1671.8	1566.8	105.0
1996	3328.8	1716.5	1612.3	104.2
1997	3773.6	2072.9	1700.7	372.2
1998	3743.5	2076.1	1667.4	408.7
1999	4178.3	2211.3	1967.0	244.3
2000	5403.0	2793.0	2610.0	183.0
2001	5815.5	2990.0	2825.5	164.5
2002	7062.7	3650.0	3412.7	237.3
2003	9522.9	4846.3	4676.6	169.7
2004	12882.5	6554.2	6328.3	225.9
2005	15790.0	8358.5	7431.5	927.0
2006	19521.1	10603.5	8917.6	1685.9
2007	24248.4	13397.2	10851.2	2546.0
2008	28676.5	15770.9	12905.6	2865.3
2009	24942.3	13302.1	11640.2	1661.9
2010	33436.3	17551.3	15885.0	1666.3
2011	40889.3	20986.7	19902.6	1084.1
2012	43479.7	22493.0	20986.7	1506.3

续表

年份	进出口总额	出 口	进 口	贸易差额
2013	46941.9	24147.8	22794.1	1353.7
2014	49504.8	25603.8	23901.0	1702.8
2015	46035.8	24910.4	21125.4	3785.0
2016	43431.0	23059.5	20371.5	2688.0
2017	47976.8	24897.6	23079.2	1818.4
2018	54149.1	27542.4	26606.7	935.7

资料来源:WTO。

在快速增长的同时,中国对外贸易增长速度有明显波动,1982 年以后,增长速度最快的五年为 2001—2005 年,达到 23.9%;最低的为 2016—2018 年,为 5.6%。总体上看,中国对外贸易竞争力逐渐增强。

表4-2　1982—2018 年中国外贸增长速度　　　　（单位:%）

年份	贸易总额增速	出 口	进 口
1982—1985	17.6	6.8	28.1
1986—1990	10.9	17.5	5.2
1991—1995	20.9	19.8	22.2
1996—2000	10.8	10.8	10.7
2001—2005	23.9	24.5	23.3
2006—2010	16.2	16.0	16.4
2011—2015	6.6	7.3	5.9
2016—2018	5.6	3.4	8.0

资料来源:WTO。

40 年中,前半期中国对外贸易有顺差也有逆差,20 世纪 90 年代初期是一个转折点,此后一直为顺差。在 2005 年以前,贸易顺差在 100 亿—400 亿美元左右;2005 年以后开始超过 1000 亿美元,外汇储备快速增长;2015 年以后贸易顺差逐年降低,2018 年贸易顺差降低到 1000 亿美元以下(见图 4-1)。

（单位：亿美元）

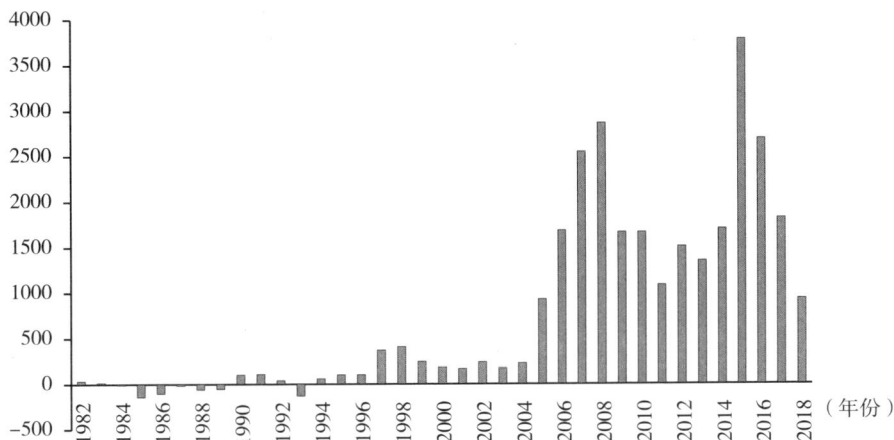

图 4-1　1982—2018 年中国贸易差额情况

资料来源：WTO。

二、对外贸易发展的四个阶段

从增长速度、进出口差额、贸易体制和国际环境等因素看,中国对外贸易总额的增长可以划分为四个阶段。

（一）外贸增长环境变化和竞争优势形成阶段（1978—1993 年）

在这个阶段,中国对外贸易发展的体制和政策环境有较多变化:中央集中统一的外贸管理体制逐步改革,从对企业放权让利、企业实行承包经营责任制再到出口补贴和外汇留成制,鼓励企业增加出口;人民币汇率实行双轨制和处于缓慢贬值之中;进口还受到较多管制,进口关税较高,非关税措施较多;外商投资企业的产品出口比重高,但总量较小;国内企业适应国内外各方面环境的变化,竞争力逐步提高。① 在这种大环境中,中国对外贸易总额持续增长,从 1978 年的 460 亿美元增加到 1993 年的2183 亿美元,对外贸易依存度（货物贸易总额/GDP）从 14%上升到 44%。这个阶段,顺差和逆差交替出现,前半期逆差较多,后半期顺差较多。

---

① 关于这个阶段鼓励出口的政策措施,更多情况可以参见本书第八章。

从图 4-1 中可以看到,1989 年,中国对外贸易还存在 57.1 亿美元的逆差,1990 年突然转为 103.4 亿美元的顺差并保持三年。这并不是贸易竞争力的变化,主要是由国内经济环境变化所导致的。1988 年年初,基于前期许多产业的快速发展、商品供应丰富、价格放开的实践以及某些现实因素的压力,中央决定实行"价格闯关",即放开对大多数产品的价格管制,实现市场定价。由于许多产能有限,短期增产幅度有限,引发了国内市场的抢购潮,各种食品、日用品被一抢而光,许多人家中成了小仓库。1988 年 9 月举行的党的十三届三中全会提出要治理经济环境,主要是压缩社会总需求,抵制通货膨胀。1988 年和 1989 年两年间出台了多项紧缩政策,多项政策重合发力,经济增长速度从 1987 年的 11.69% 和 1988 年的 11.23% 猛降至 1989 年的 4.19% 和 1990 年的 3.91%。如此大起大落的增长速度,使得前几年急剧扩张的生产能力碰到严峻的市场约束,许多企业甚至整个行业陷入经营困境。面对国内市场的突然萎缩,减少进口和扩大出口就成为企业的主要应对之策,从而造成这三年较多的贸易顺差。

(二)市场化改革和竞争优势增强阶段(1994—2001 年)

这个阶段国内有两个事件对进出口及外贸体制产生较大影响。一是 1992 年邓小平南方谈话后,改革开放再次加速,对外贸易陆续出台改革措施;二是中国在 1986 年提出加入世贸组织(当时叫恢复关贸总协定缔约国的地位,即"复关"),为达到世贸组织要求的贸易体制,推动了多项改革措施。第一,中国分别于 1992 年年底、1993 年年底和 1995 年年底,较大幅度降低进口关税水平,并大规模减少非关税措施。三次调税使中国关税总水平分别下降 7.3%、8.8% 和 23%,使进口关税总水平从 1996 年起降至 23%。关税水平降低有利于扩大进口,也使国内企业要与国外进口商品竞争,促进了新产品开发和新技术应用,增强了竞争力。第二,是汇率制度改革,1994 年进行了外汇管理体制改革,取消官方牌价与外汇调剂价并存的双重汇率,实行人民币官方汇率与外汇调剂市场汇率并轨。取消外汇收支指令性计划和外汇留成制度。同时,一次性将人民币贬值33%,汇率定为 1 美元兑 8.7 元人民币,此后人民币汇率一直保持基本稳定。1996 年 12 月 1 日起,中国实行人民币经常项目下可兑换。第三,是出口体制改革,陆续取消对外贸企业的财政补贴,给外贸企业更多自主权,实行出口退税政策,等等。在上述改革推进的同时,中国国内企业的竞争力不断增加,外商投资企业规模扩大、出口增加,这些因素共同存在,中国对外贸易持续增长并保持持续顺差。

(三)加入世贸组织后出口高速增长和外汇储备大幅度增加阶段(2002—2007 年)

2001 年加入世贸组织以后,中国全面履行加入世贸组织的承诺,取消了大多数非关税措施,中国关税总水平也由 10.4% 降至 9.9%,人民币汇率形成机制从单一盯住美元改为盯住一揽子货币并放大人民币汇率浮动区间。2004 年通过新的《中华人民共和国对外贸易法》,取消对货物和技术进出口经营权的审批。这些改革进一步增强了市场机制在对外贸易领域的引导作用。国内企业经过多年改革发展,产品质量、技术水平和综合竞争力持续提升,出口比重高的外资企业也达到了一定规模。

种种因素共同发挥作用,中国对外贸易的高速增长势头在这个阶段表现得更加明显。对外贸易总额每年增加 3000 亿美元以上,出口增长更为迅猛,2005 年贸易顺差首次接近 1000 亿美元。为了解决顺差过大给宏观调控带来的压力,2005 年 7 月 21 日进行了人民币汇率形成机制改革,人民币兑美元汇率一次上调 2 个百分点。此后人民币汇率持续缓慢上升,到 2008 年 4 月 30 日累计升值 15.5%。同时,还分批下调或取消了许多商品的出口退税政策。但是,出口增长态势依然迅猛,2006 年和 2007 年出口增速分别达到 26.9% 和 26.3%,外贸顺差分别达到 1685.9 亿美元和 2546 亿美元。从 2004 年到 2007 年,短短 3 年中国对外贸易额就增加了 1.1 万亿美元。

(四)增长趋缓的外贸和外汇(2008—2018 年)

2008 年的全球金融危机,中国出口竞争力并未受到明显影响,国内较高增长速度也对进口产生持续较强需求。因此,对外贸易继续较快增长,不过增速较前一阶段有所放缓,外贸顺差增长也趋缓。

这个时期,更多服务领域按照承诺的时间逐步开放。中国在加入世贸组织时对服务贸易对外开放做了广泛而深入的承诺。加入世贸组织以来,中国在包括银行、保险、证券、电信、建筑、分销、法律、旅游、交通等在内的众多服务部门,修改和新制定了一系列进一步对外开放的法规和规章,服务贸易领域的承诺得到了切实的落实。

前一阶段出口增长较快,外汇储备迅速增加,既加大了国内宏观调控的难度,在国际上也受到较大压力,因此,扩大进口问题在这个阶段更加受到重视。党的十八大报告指出,坚持出口和进口并重,推动对外贸易平衡发展。我们比以往任何时候更加重视扩大进口的作用。2017年,习近平主席在"一带一路"国际合作高峰论坛上表示,中国将从2018年起举办中国国际进口博览会,进一步推动人类命运共同体建设。这一时期,中国的对外贸易进出口总额从2008年的近2.9万亿美元增长到2014年的近5.0万亿美元。此后,经过2015年和2016年两年的下降之后,中国的对外贸易又重回增长轨道。到2018年,中国对外贸易总额已达5.4万亿美元,十年间外贸顺差累计达到2.1万亿美元。

第二节　对外贸易结构变化①

一、货物贸易是中国对外贸易的主要部分

中国对外贸易总额中,货物贸易占有较高比重。这种状态与全球货物贸易占贸易较高比重的趋势一致。2018年,世界贸易总额中,货物贸易所占比重为77.8%,中国这一比重高达90.3%。中国货物贸易所占比重高,既符合中国制造业在国民经济中比重高、竞争力强的特点,也与服务业对外开放相对较晚、国际竞争力不足有关。

分进口和出口看,中国货物贸易是顺差的主要来源,而服务贸易长期是逆差,如果仅计算货物贸易,中国对外贸易的顺差更高。

---

① 从本节往下,如无特别说明,贸易相关数据都是指货物贸易,服务贸易问题下一章专门分析。

表4-3是一些代表性年份我国货物贸易和服务贸易在贸易总额中所占的比重。

表4-3　1982—2018年中国对外贸易总额中货物贸易和
服务贸易在贸易总额中所占比重

年　份	对外贸易总额（亿美元）	货物贸易额（亿美元）	货物贸易额占对外贸易总额比重（%）	服务贸易额（亿美元）	服务贸易额占对外贸易总额比重（%）
1982	463	416	89.8	47	10.2
1983	484	436	90.1	48	9.9
1984	595	536	90.1	59	9.9
1985	752	696	92.6	56	7.4
1986	799	738	92.4	61	7.6
1987	893	827	92.6	66	7.4
1988	1115	1028	92.2	87	7.8
1989	1217	1116	91.7	101	8.3
1990	1278	1154	90.3	124	9.7
1991	1493	1356	90.8	137	9.2
1992	1875	1655	88.3	220	11.7
1993	2223	1957	88.0	266	12.0
1994	2731	2366	86.6	365	13.4
1995	3305	2809	85.0	496	15.0
1996	3405	2899	85.1	506	14.9
1997	3874	3252	83.9	622	16.1
1998	3759	3240	86.2	519	13.8
1999	4216	3606	85.5	610	14.5
2000	5455	4743	86.9	712	13.1
2001	5881	5097	86.7	784	13.3
2002	7136	6208	87.0	928	13.0
2003	9576	8510	88.9	1066	11.1
2004	12998	11546	88.8	1452	11.2
2005	15902	14219	89.4	1683	10.6
2006	19642	17604	89.6	2038	10.4
2007	24416	21762	89.1	2654	10.9

续表

年 份	对外贸易总额（亿美元）	货物贸易额（亿美元）	货物贸易额占对外贸易总额比重（%）	服务贸易额（亿美元）	服务贸易额占对外贸易总额比重（%）
2008	28856	25633	88.8	3223	11.2
2009	25100	22075	87.9	3025	12.1
2010	33457	29740	88.9	3717	11.1
2011	40908	36419	89.0	4489	11.0
2012	43500	38671	88.9	4829	11.1
2013	46966	41590	88.6	5376	11.4
2014	49535	43015	86.8	6520	13.2
2015	46072	39530	85.8	6542	14.2
2016	43472	36856	84.8	6616	15.2
2017	48029	41072	85.5	6957	14.5
2018	54149	46230	85.4	7919	14.6

资料来源：商务部、海关总署。

二、出口商品结构变化

随着产业结构的升级，中国出口商品结构也不断变化，机电产品和高技术产品比重持续上升。

（一）机电产品出口增长迅速，比重持续上升

机电产品是中国对外贸易管理部门从 20 世纪 80 年代中期开始使用的一个贸易商品分类，按照中华人民共和国商务部国家机电产品进出口办公室的定义，机电产品种类繁多、覆盖面广，涵盖从船舶、大型机械等生产设备，到汽车、家电、手机等消费产品。具体包括金属制品和机电仪器产品及设备两大类，其中后者又可细分为机械及设备、电器及电子产品、运输工具、仪器仪表、其他等五类。相对于纺织服装、鞋帽箱包、玩具等传统劳动密集型产品，机电产品的技术含量和附加值更高。

2018 年，中国机电产品贸易额约为 2.4 万亿美元，同比增长 11.5%，占中国全部商品贸易总额的 52.5%。其中，机电产品出口 1.46 万亿美元，进口 0.97 万亿美元。对外开放的前 20 年，机电产品贸易为逆差，

1999 年由逆差转为顺差,此后顺差不断扩大。

过去 40 年,中国机电产品出口增长迅速。中国机电产品出口额 1978 年仅为 6.8 亿美元,占当年出口总额的 6.7%;到 1987 年也仅为 38.6 亿美元,占 9.8%。20 世纪 80 年代中期以后,中国机电产品出口迅速增长,比重持续提高,到 2018 年,机电产品出口额达 1.46 万亿美元,占全部商品出口总额的 58.9%。机电产品成为出口的主要部分,表明中国技术含量较高、附加值较高的行业已经具备了较强的国际竞争力(见图 4—2)。

（单位：亿美元）   （单位：%）

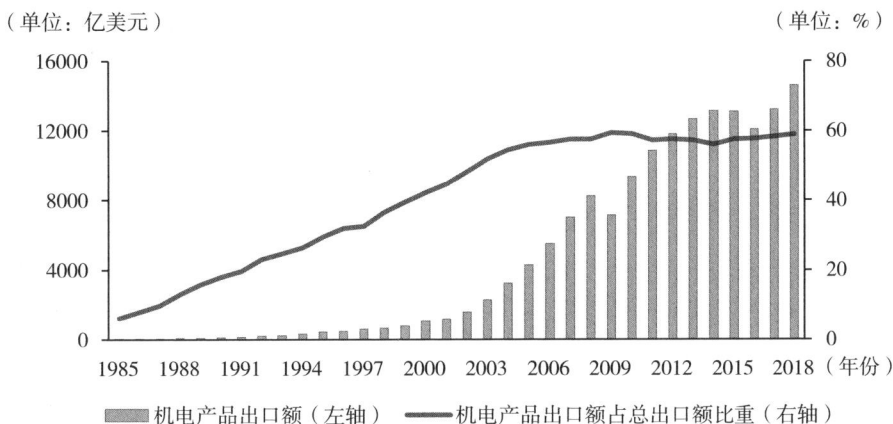

图 4-2　1985—2018 年中国机电产品出口额及占总出口额比重

资料来源:国家统计局历年统计公报。

（二）高新技术产品出口增长

中国贸易分类中的高新技术产品按照技术领域,可以分为计算机与通信技术、生命科学技术、电子技术、计算机集成制造技术、航空航天技术、光电技术、生物技术、材料技术和其他技术。

20 世纪 90 年代中期以前,中国高新技术产品出口很少。90 年代中期以后,高新技术产品出口开始增长,21 世纪头十年增长加快。1996—2006 年,中国高新技术产品出口增长速度明显快于出口总额的增长速度,占出口的比重也在不断上升。1996 年,中国高新技术产品出口额仅为 127 亿美元,占出口总额的比重为 8.4%。2006 年,高新技术产品出口额已经达到2815亿美元,占出口总额的比重为29.0%。从2006年以后,高新技术产品出口额占出口总额的比重基本保持在28.2%—31.4%区间水平。前一个阶段的增长性与最近十年的稳定性,都受到高新技术产品在中国整个工业中比重上升和相对稳定的影响(见表4-4)。

表4-4 1996—2018年中国高新技术产品和机电产品出口概况

（单位:亿美元;%）

年份	高新技术产品出口额	机电产品出口额	出口总额	高新技术产品出口占比	机电产品出口占比
1996	127	482	1511	8.4	31.9
1997	163	594	1828	8.9	32.5
1998	203	671	1837	11.1	36.5
1999	247	770	1949	12.7	39.5
2000	370	1053	2492	14.8	42.3
2001	465	1188	2662	17.5	44.6
2002	679	1571	3256	20.9	48.2
2003	1103	2275	4384	25.2	51.9
2004	1655	3234	5934	27.9	54.5
2005	2183	4267	7620	28.6	56.0
2006	2815	5494	9691	29.0	56.7
2007	3478	7012	12180	28.6	57.6
2008	4156	8229	14285	29.1	57.6
2009	3769	7131	12017	31.4	59.3
2010	4924	9334	15779	31.2	59.2
2011	5488	10856	18986	28.9	57.2
2012	6012	11794	20489	29.3	57.6
2013	6603	12652	22096	29.9	57.3
2014	6605	13109	23423	28.2	56.0
2015	6552	13100	22735	28.8	57.6

年份	高新技术产品出口额	机电产品出口额	出口总额	高新技术产品出口占比	机电产品出口占比
2016	6039	12094	20976	28.8	57.7
2017	6674	13215	22633	29.5	58.4
2018	7469	14607	24800	30.1	58.9

资料来源:海关总署。

三、进口商品结构变化

(一)初级产品和工业制成品所占比重有起伏变化

中国进口商品结构一直以工业制成品为主、初级产品为辅,但相对比重也发生了一些变化,呈现出上升—下降—上升的趋势。初级产品进口所占比重最高年份为 1982 年,达 39.6%,最低为 1985 年,仅为 12.4%。从 20 世纪 80 年代中期到 90 年代初期,初级产品进口比重总体趋于下降,平均在 20% 以下,工业制成品进口所占比重则相应上升至 80% 以上;90 年代中期以来,初级产品进口特别是国内短缺的原材料和农产品进口增长相对较快,比重明显上升,2010 年达到 31.1%,此后,这个比重处于相对稳定状态。

表 4-5 1979—2018 年进口商品结构 (单位:%)

年 份	初级产品	工业制成品
1979	28.2	71.8
1982	39.6	60.4
1985	12.4	87.6
1990	18.4	81.6
1995	18.5	81.5
2000	20.8	79.2

续表

年 份	初级产品	工业制成品
2005	22.4	77.6
2010	31.1	68.9
2015	28.1	71.9
2016	27.8	72.2
2017	31.4	68.6
2018	32.9	67.1

资料来源:海关总署。

　　进口结构的变化与中国国情和经济发展状况相符合,随着经济总量增长,国内资源类产品供给趋紧,需要增加进口。中国重要资源进口量大幅增长。以原油进口为例,2008—2018年,中国原油进口金额从1293亿美元增加到2403亿美元,增长了85.8%。

　　中国进口量大的初级产品,由于其产量增长需要周期,因此大量进口导致价格上升,中国部分初级产品进口数量增长速度相对平缓,但进口额依然大幅增长,这主要是受进口价格大幅上涨的影响。表4-6以2006年、2007年进口数量和进口金额的变化为例,显示出进口价格变化对进口总额增长的贡献要远远高出对进口数量变化的影响。

表4-6　2006—2007年初级产品进口数量和进口价格对进口总额变化的影响

项 目	单 位	数 量	金额 (亿美元)	比上年增长(%)		对金额增长 的贡献率(%)	
				数量	金额	价格	数量
大 豆	万吨	3082	114.7	9.2	53.2	82.7	17.3
食用植物油	万吨	838	62.4	25.2	97.9	74.3	25.7
羊 毛	万吨	31	17.9	11.9	42.0	71.7	28.3
原 木	万立方米	3709	53.5	15.4	36.2	57.5	42.5

续表

项　　目	单　位	数　　量	金额(亿美元)	比上年增长(%)		对金额增长的贡献率(%)	
				数量	金额	价格	数量
铁矿砂及其精矿	万吨	38309	338.0	17.4	61.6	71.8	28.2
铜矿砂及其精矿	万吨	452	88.2	25.0	44.2	43.4	56.6
铬矿砂及其精矿	万吨	609	15.5	41.0	109.6	62.6	37.4
锰矿砂及其精矿	万吨	663	13.0	6.9	101.7	93.2	6.8
煤	万吨	5102	24.2	33.9	49.7	31.8	68.2
原　　油	万吨	16317	797.7	12.4	20.1	38.3	61.7
成品油	万吨	3380	164.4	-7.1	5.7	224.6	-124.6
液化石油气及其他烃类气	万吨	698	30.9	15.2	2.0	-660.0	760.0

资料来源:国家统计局《中国统计年鉴2008》。

(二)机电产品进口比重变化较大,高新技术产品比重高位稳定

机电产品主要是资本品,进口数据和比重与国内经济周期密切相关,也与进口关税、非关税措施密切相关。在20世纪80年代中期,国内经济增长速度较快,机电产品进口占有较高比重。从80年代末期到90年代初期,国内经济增长明显放缓,机电产品进口比重明显下降。1992—1994年间比重再次上升,接下来相对稳定持续到20世纪90年代末期。进入21世纪,随着经济进入新一轮增长期,也受中国进口关税持续下降和非关税措施的取消,机电产品进口所占比重持续上升,2002年以后保持在50%以上,此后,由于初级产品比例增加,2008年起机电产品进口比重降到50%以下,2018年为45.2%。

从20世纪90年代中期开始,高新技术产品在进口商品中的比重持续增长,2005年后相对稳定在30%左右,2018年为31.4%。进口高技术产品包括投资品、中间产品和消费品三部分,在进口中比重上升是受投资结构、消费结构升级和高新技术产品出口对进口投入品需求增长的影响。表4-7为中国机电产品和高新技术产品进口比重的变化。

表4-7 1985—2018年中国机电产品和高新技术产品进口比重变化①

（单位:%）

年　份	机电产品	高新技术产品
1985	43.6	—
1986	45.1	—
1987	40.2	—
1988	37.5	—
1989	38.0	—
1990	40.2	—
1991	39.3	—
1992	43.3	13.3
1993	47.6	15.3
1994	49.5	17.8
1995	44.8	16.5
1996	44.2	16.2
1997	41.7	16.8
1998	45.6	20.8
1999	46.8	22.7
2000	45.7	23.3
2001	49.5	26.3
2002	52.7	28.1
2003	54.5	28.9
2004	53.8	28.8
2005	53.1	30.0
2006	54.0	31.2
2007	52.2	30.0
2008	47.5	30.2
2009	48.9	30.8
2010	47.3	29.6
2011	43.2	26.6

① 1992年以前,中国高新技术产品进口数量较少。

年　份	机电产品	高新技术产品
2012	43.0	27.9
2013	43.1	28.6
2014	43.6	28.1
2015	48.0	32.6
2016	48.6	33.0
2017	46.3	31.7
2018	45.2	31.4

资料来源:国家统计局历年统计公报。

第三节　中国外贸发展的特点:外商投资
企业和加工贸易的重要地位

中国对外贸易的发展有若干突出特点,外商投资企业所占比重较高和加工贸易所占比重较高是两个显著特点。

一、外商投资企业贡献突出

(一)外商投资企业进出口增长快,占比上升

20 世纪 90 年代以来中国对外贸易的大幅度增长,在很大程度上得益于外商投资企业对外贸易的快速增长,外商投资企业的进出口额在全国进出口总额中的比重大幅度上升。外商投资企业的进出口额从 1991 年的 289.55 亿美元上升到 2018 年的 19680.70 亿美元,占全国进出口总额的比重从 1991 年的 21.34%上升到 2018 年的 42.57%,其中 2005 年前后占比最高,将近 60%。出口额从 1991 年的 120.47 亿美元增加到 2018 年的 10360.16 亿美元,进口额从 169.08 亿美元增加到 9320.55 亿美元(见表 4-8)。

表4-8 **1991—2018年外商投资企业进出口额及占全国进出口总额比重**

（单位:亿美元;%）

年份	进出口			进　口			出　口		
	全国	外商投资企业	比重	全国	外商投资企业	比重	全国	外商投资企业	比重
1991	1357.01	289.55	21.34	637.91	169.08	26.51	719.10	120.47	16.75
1995	2808.48	1098.19	39.10	1320.78	629.43	47.66	1487.70	468.76	31.51
2000	4743.09	2367.14	49.91	2250.97	1172.23	52.08	2492.12	1194.41	47.93
2001	5097.68	2590.98	50.83	2436.13	1258.63	51.67	2661.55	1332.35	50.06
2005	14221.2	8317.2	58.48	6601.2	3875.1	58.70	7620	4442.1	58.30
2010	29740.0	16003.0	53.81	13962.5	7380.0	52.86	15777.5	8623.0	54.65
2015	39530.3	18346.15	46.41	16795.6	8298.87	49.41	22734.7	10047.27	44.19
2018	46230.4	19680.70	42.57	21356.4	9320.55	43.64	24874	10360.16	41.65

资料来源:国家统计局《中国统计年鉴》、商务部。

（二）外商投资企业提升出口商品结构

增加高附加值、高技术含量商品的出口,提升出口商品结构,是外商投资企业对出口的重要贡献。20世纪90年代中期以后,大型跨国公司对中国的投资增长很快,促进了中国高附加值、高技术含量制造业的发展。与此相对应,90年代中后期,中国出口商品结构有明显改善,表现为出口商品中高新技术产品比例上升。外商投资企业对此有所贡献。[①]

外商投资企业一直是中国高新技术产品出口的主力军并保持高速增长。1996年,外商投资企业高新技术产品出口额为74.21亿美元,2017年已增加到3550.6亿美元。外商投资企业出口的高新技术产品在中国高新技术产品出口额中的份额,从1996年占58.6%,上升到2005年占88%,此后,随着国内企业高新技术产品出口的快速增长,外商投资企业

[①]　高新技术产品中的大部分是高新技术机电产品,包括在机电产品项下。考虑到高新技术产品近几年的特殊重要性,以及高新技术产品出口中外商投资企业的重要性,本章将高新技术产品单列分析。

高新技术产品出口所占的比重逐渐回落并相对稳定,2017 年为 53.2%
(见表 4-9)。图 4-3 是外商投资企业在中国出口中的地位及其变化。

表 4-9　1996—2017 年外商投资企业在中国高新技术产品出口中的骨干地位

(单位:亿美元;%)

年份	高新技术产品 出口总额	外商投资企业高新 技术产品出口额	外商投资企业占高新 技术产品出口的比重
1996	126.63	74.21	58.6
2000	370.43	299.67	80.9
2005	2182.50	1919.60	88.0
2010	4924.00	3274.50	66.5
2015	6552.00	3485.70	53.2
2016	6039.00	3001.40	49.7
2017	6674.00	3550.60	53.2

资料来源:中国高新技术产业数据见 http://www.sts.org.cn/Page/Content/Content? ktype =
4&ksubtype = 1&pid = 24&tid = 88&kid = 2091&pagetype = 1&istop = [IsShow]。

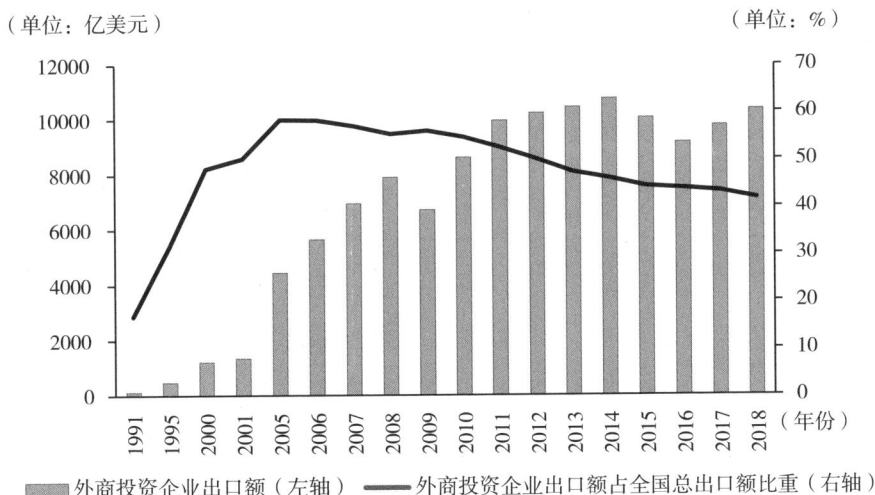

图 4-3　1991—2018 年外商投资企业在中国出口中的地位及其变化

资料来源:国家统计局年度数据。

二、加工贸易额占出口总额比重较高

按照中国外贸管理制度,出口分为一般贸易和加工贸易两种方式①,加工贸易在中国对外贸易中占有重要地位,占对外贸易总额的比重曾经多年高达50%左右,占出口总额的比重高达55%以上。最近几年加工贸易额的比重有所下降,但仍占对外贸易总额的30%左右,占出口总额的33%左右(见表4-10)。

表4-10 1985—2018年加工贸易额占对外贸易总额的比重

(单位:亿美元;%)

年份	加工贸易额			占对外贸易总额比重		
	进出口总额	出　口	进　口	进出口总额	出　口	进　口
1985	75.9	33.16	42.74	10.91	12.12	10.12
1990	441.8	254.20	187.6	38.27	40.94	35.16
1995	1320.7	737.00	583.7	47.02	49.54	44.19
1998	1730.53	1044.54	685.99	53.42	56.86	48.92
2000	2302.1	1376.52	925.58	48.54	55.24	41.12
2002	3021.29	1799.28	1222.01	48.67	55.26	41.40
2005	6904.79	4164.67	2740.12	48.56	54.66	41.52
2010	11577.0	7403.0	4174.0	38.93	46.92	29.89
2015	12439.6	7975.33	4464.27	31.47	35.08	26.58
2016	11125.35	7157.11	3968.24	30.18	34.12	24.99
2017	11902.71	7584.55	4318.16	28.99	33.51	23.42
2018	12692.94	7979.58	4713.36	27.46	32.08	22.07

资料来源:海关总署。

加工贸易额比重高,与中国参与全球化的方式有关。中国参与全球产业分工,与多国共同进入全球分工体系中:较早阶段,美国、欧盟和日本提供资金、专利、设计和技术,零部件在中国、东亚和东南亚生产,加工组

① 加工贸易是一国通过各种不同的方式,进口原料、材料或零件,利用本国的生产能力和技术,加工成成品后再出口,从而获得以外汇体现的附加价值。加工贸易是以加工为特征的再出口业务,其方式多种多样,常见的有进料加工、来料加工、装配业务和协作生产四种。

装在中国,最终产品销往美、欧、日。这是加工贸易发展的产业分工基础。近十多年来加工贸易额比重逐渐下降,表明国内企业更多具备了以国内设计、国内制造为主,与一般贸易方式参与国际市场竞争的能力增强。

这种分工格局的形成,外商投资企业是重要载体。因此外商投资企业在中国加工贸易发展中的作用十分突出。表现在两个方面:一是外商投资企业的出口额中,加工贸易额所占的比例明显高于全国平均水平;二是全国加工贸易总额中,外商投资企业占有主要份额(见表4-11)。

表4-11　1995—2017年外商投资企业加工贸易出口额占总出口额的比重

（单位:亿美元;%）

年　份	外商投资企业加工贸易进口额	外商投资企业加工贸易出口额	外商投资企业加工贸易出口额占全国加工贸易出口总额的比重	外商投资企业加工贸易出口额占外资企业出口总额的比重	外商投资企业加工贸易增值率
1995	370.70	420.70	57.10	89.70	1.13
1996	415.10	530.90	62.90	86.30	1.28
1997	476.90	638.50	64.10	80.40	1.34
1998	483.30	691.80	66.20	85.50	1.43
1999	527.60	745.60	68.10	84.10	1.41
2000	687.40	972.30	70.60	81.40	1.41
2001	703.00	1066.00	72.30	80.10	1.52
2002	941.55	1346.00	74.80	79.20	1.43
2005	2312.46	3466.29	83.23	78.00	1.50
2006	2743.87	4311.63	84.00	76.00	1.57
2007	3096.65	5214.62	84.40	75.00	1.68
2010	3504.00	6205.40	83.80	72.00	1.77
2014	2436.36	7205.55	33.80	67.10	2.96
2015	3623.57	6675.83	54.30	66.50	1.84
2016	3208.74	5941.07	54.00	64.80	1.85
2017	2507.70	6322.19	39.70	64.70	2.52

资料来源:海关总署。

过去多年,对中国加工贸易发展的一个严重误解,是认为加工贸易中含有大量能源资源消耗多和污染环境严重的产品,是中国经济增长方式粗放的一个重要原因,这不符合实际情况。以 2000—2007 年这个时间段为例,6 类 45 种高耗能高污染和资源性产品("两高一资")加工贸易出口额占加工贸易出口总额的比重仅为 5%左右,且比重呈下降趋势,2007年的出口额仅为 271.91 亿美元,占比为 4.6%。实际情况是,大部分加工贸易产品,都是引进国外资源和资金密集型的投入品,我们再投入大量劳动力加工出口的,出口最多的两类产品为电子通信产品和纺织服装产品,两者合计超过出口总额的一半,这两个行业都是劳动密集型而不是高耗能高污染的行业。加工贸易大部分为劳动密集型产品,总体上符合国情特点。

表 4-12　2000 年、2004 年、2007 年"两高一资"产品加工贸易出口额
　　　　　占加工贸易出口总额比重　　　　　　　　　（单位:亿美元;%）

年　份	2000	2004	2007
矿物燃料类	9.18	19.80	50.83
有色金属类	11.49	39.18	42.07
非金属矿产品	0.14	0.35	0.20
钢铁类产品	11.41	12.76	35.81
化工品	33.02	50.34	73.52
其他产品	11.23	30.22	69.48
六类加工贸易出口额合计	76.47	152.65	271.91
加工贸易出口总额	1290.10	3011.14	5944.39
所占比重	5.90	5.10	4.60

资料来源:笔者根据有关资料计算。

　　加工贸易的特点,是出口商品中有较多的进口含量,因此国内增值率较低。不过,总体上看,中国加工贸易增值率(加工贸易出口额/加工贸易进口额)在 20 世纪 90 年代中后期出现明显上升并稳定在 1.5 左右的较高水平,2018 年这一数值为 1.7,表明国内产业配套能力的提升。由于

加工贸易的本质是"全球制造",因此本土增值率并不是愈高愈好。适度的进口符合利用两种资源、两个市场的必然要求。

第四节　贸易大国地位的形成和提升

一、对外贸易依存度:贸易大国的本土含义

贸易依存度定义为一国对外贸易总额与国内生产总值(GDP)的比值,用于衡量该国经济与国外资源及国际市场的关联程度,比值的变化意味着对外贸易在国民经济中所处地位的变化。高比值意味着对外贸易在国民经济中占有重要地位。表4-13列出了改革开放以来中国贸易依存度、出口依存度和进口依存度三项指标。

表4-13　1978—2018年中国贸易依存度变化情况

（单位:亿美元;%）

年份	GDP	对外贸易		出　口		进　口	
		总额	依存度	总额	依存度	总额	依存度
1978	1495.4	210.9	14.1	99.6	6.7	111.3	7.4
1979	1782.8	292.3	16.4	136.1	7.6	156.2	8.8
1980	1911.5	380.4	19.9	181.0	9.5	199.4	10.4
1981	1958.7	440.2	22.5	220.1	11.2	220.1	11.2
1982	2050.9	416.1	20.3	223.2	10.9	192.9	9.4
1983	2306.9	436.2	18.9	222.3	9.6	213.9	9.3
1984	2599.5	535.5	20.6	261.4	10.1	274.1	10.5
1985	3094.9	696.0	22.5	273.5	8.8	422.5	13.7
1986	3007.6	738.4	24.6	309.4	10.3	429.0	14.3
1987	2729.7	826.6	30.3	394.4	14.4	432.2	15.8
1988	3123.5	1027.9	32.9	475.2	15.2	552.7	17.7
1989	3477.7	1116.9	32.1	525.4	15.1	591.5	17.0
1990	3608.6	1154.4	32.0	620.9	17.2	533.5	14.8
1991	3833.7	1357.0	35.4	719.1	18.8	637.9	16.6
1992	4269.2	1655.3	38.8	849.4	19.9	805.9	18.9

续表

年份	GDP	对外贸易		出　口		进　口	
		总额	依存度	总额	依存度	总额	依存度
1993	4447.3	1957.0	44.0	917.4	20.6	1039.6	23.4
1994	5643.2	2366.2	41.9	1210.1	21.4	1156.1	20.5
1995	7345.5	2808.6	38.2	1487.8	20.3	1320.8	18.0
1996	8637.5	2898.8	33.6	1510.5	17.5	1388.3	16.1
1997	9616.0	3251.6	33.8	1827.9	19.0	1423.7	14.8
1998	10290.4	3239.5	31.5	1837.1	17.9	1402.4	13.6
1999	10940.0	3606.3	33.0	1949.3	17.8	1657.0	15.1
2000	12113.5	4742.9	39.2	2492.0	20.6	2251.0	18.6
2001	13394.0	5096.5	38.1	2661.0	19.9	2435.5	18.2
2002	14705.5	6207.7	42.2	3256.0	22.1	2951.7	20.1
2003	16602.9	8509.9	51.3	4382.3	26.4	4127.6	24.9
2004	19553.5	11545.5	59.0	5933.2	30.3	5612.3	28.7
2005	22859.7	14219.1	62.2	7619.5	33.3	6599.5	28.9
2006	27521.3	17604.0	64.0	9689.5	35.2	7914.6	28.8
2007	35503.4	21738.3	61.2	12180.2	34.3	9558.2	26.9
2008	45943.1	25632.6	55.8	14306.9	31.1	11325.6	24.7
2009	51017.0	22075.4	43.3	12016.1	23.6	10059.2	19.7
2010	60871.6	29740.0	48.9	15777.5	25.9	13962.5	22.9
2011	75515.0	36418.6	48.2	18983.8	25.1	17434.8	23.1
2012	85322.3	38671.2	45.3	20487.1	24.0	18184.1	21.3
2013	95704.1	41589.9	43.5	22090.0	23.1	19499.9	20.4
2014	104385.3	43015.3	41.2	23422.9	22.4	19592.4	18.8
2015	110155.4	39530.3	35.9	22734.7	20.6	16795.6	15.2
2016	111379.5	36855.6	33.1	20976.3	18.8	15879.3	14.3
2017	121434.9	41071.6	33.8	22633.7	18.6	18437.9	15.2
2018	136081.5	46230.4	34.0	24874.0	18.3	21356.4	15.7

注:以上指货物贸易,贸易依存度、出口依存度、进口依存度分别为货物进出口总额、出口总额、进口
　　总额占国内生产总值的比重。

资料来源:世界银行。

首先看出口依存度,即出口总额与国内生产总值之比。这个指标反映出口对总需求的贡献。对外开放以来,中国出口依存度持续上升,从1978年的6.7%上升到2018年的18.3%,其间在2006年达到了35.2%的最高值。表明40年来出口在国民经济中的地位得到显著加强,是中国经济持续较快增长的重要贡献因素。

然后看进口依存度,即进口总额与国内生产总值之比。这个指标直观地看,反映了国外供给对总需求的贡献,在宏观经济核算中是一个减项。但是,在过去40年的进口中,生产资料如机器设备和原材料的进口,是进口的主体部分,进口这些先进设备和国内短缺的原材料,是促进产业结构升级、技术进步、提高水平、生产新产品的重要支撑。没有这些进口,国内企业得不到一些核心技术设备,产业水平难以快速升级;没有这些进口,国内一些重要投资品和原材料短缺,经济规模不可能做到持续扩张;没有这些进口,含有大量进口中间产品的出口不可能发生。总之,对于技术落后的发展中国家来说,先进生产资料的进口具有重要意义。

最后看贸易依存度,即进出口总额与国内生产总值之比,综合考虑进口依存度和出口依存度的意义,中国较高的贸易依存度,表明中国的经济增长与对外贸易关系密切,对外贸易在经济增长中发挥了重要作用。

可以看出,三组依存度都经历了由低到高再趋于稳定的过程。目前中国的贸易依存度在各大国中仍然保持在较高水平。例如美国和日本,2018年的出口依存度为8.2%和14.8%,进口依存度为12.5%、14.6%,贸易依存度为20.7、29.4%。德国这个比重高,主要是因为在欧盟内部贸易占有较高比重。

图4-4是2018年中、美、日、德四国对外贸易依存度。

二、对外贸易排名前列:贸易大国的全球含义

40年来中国对外贸易发展迅速,增长速度明显快于世界贸易的增长,2018年中国对外贸易总额已达4.62万亿美元。从2010年起,中国就成为世界排名第一的出口大国和进口第二大国,并保持至今;自2013年

（单位：%）

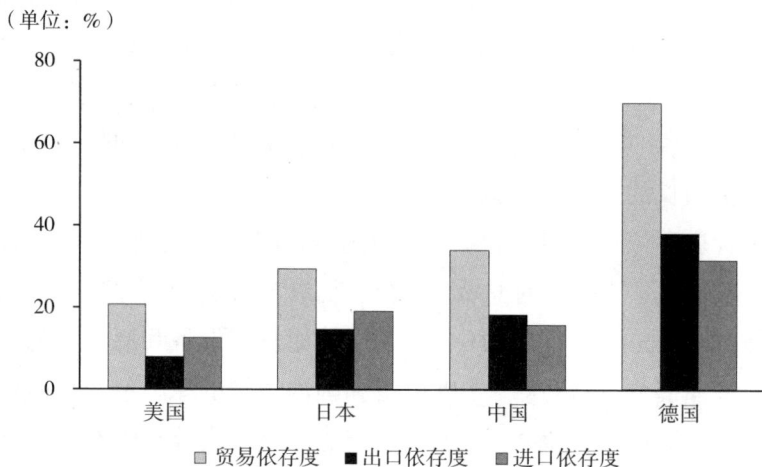

图 4-4 2018 年中、美、日、德四国对外贸易依存度

资料来源：世界银行。

起连续三年成为世界第一进出口大国；2016 年被美国超过；2017 年和 2018 年又再回第一的位置。

20 世纪 70 年代以来，美国、德国和日本是世界三大贸易国，现在中国不仅进入第一集团，而且超越这些国家排名第一。2018 年，世界贸易总额达到 39.47 万亿美元，其中中国 4.62 万亿美元、美国 4.28 万亿美元、德国 2.85 万亿美元、日本 1.49 万亿美元（见表 4-14）。中国在出口国中的地位尤其突出，1978 年，美国、德国和日本的出口分别占世界的 11.6%、11.3% 和 7.8%，中国仅占 0.8%。2018 年，中国所占份额上升到 11.7%，美国、德国和日本分别为 10.8%、7.2% 和 3.8%（见图 4-5）。

表 4-14 2018 年各国贸易概况　　　（单位：亿美元；%）

国　别	贸易总额	占全球比重
世　界	394740	—
中　国	46230	11.7

续表

国　别	贸易总额	占全球比重
美　国	42780	10.8
日　本	14871	3.8
德　国	28470	7.2

资料来源:世界银行。

（单位：%）

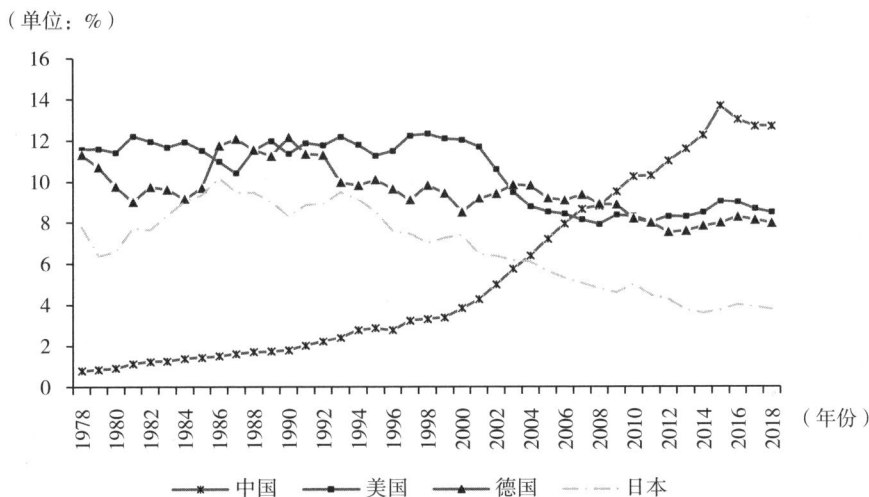

图4-5　1978—2018年中国、美国、德国、日本出口占全球的比重

资料来源:世界银行。

　　中国对外贸易增长速度快,对全球贸易增量的贡献突出。1997—2018年,全球贸易总量增长了28.3万亿美元,其中中国贡献了4.3万亿美元,占新增量的15.2%,而美国、德国、日本分别贡献了9.4%、6.5%和2.9%(见表4-15)。

表4-15 1997—2018年部分国家对世界贸易增长的贡献率

（单位：亿美元；%）

国别	对外贸易		出　口		进　口	
	增长数额	占世界比重	增长数额	占世界比重	增长数额	占世界比重
世界	282895	—	140635	—	142260	—
中国	42991	15.2	23033	16.4	19958	14.0
美国	26515	9.4	9819	7.0	16696	11.7
德国	18317	6.5	10172	7.2	8145	5.7
日本	8187	2.9	3505	2.5	4682	3.3

资料来源：世界银行。

（单位：%）

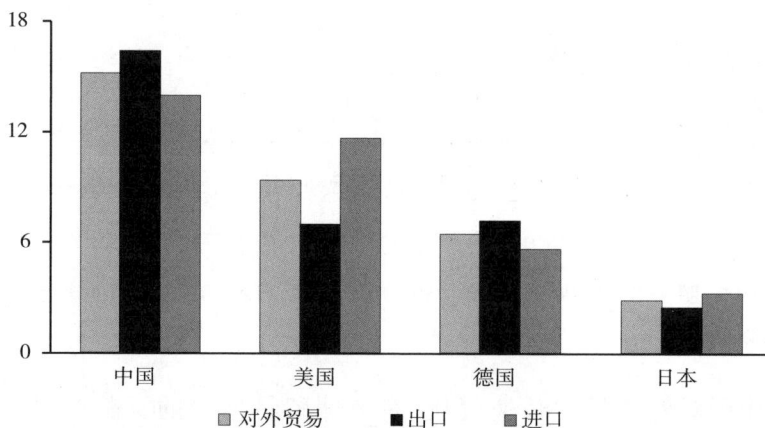

图4-6 1997—2018年部分国家对世界贸易增长的贡献率比较

资料来源：世界银行。

　　总之，从国内看，对外贸易与国内经济增长关系密切；从世界看，中国对外贸易发展位居前列。中国已经成为对外贸易大国，对国内发展和全球发展都作出了突出贡献。

1978年创办的我国首批加工贸易企业之一
——广东省东莞市太平手袋厂

1992年福建省莆田县江口镇加工贸易
出口小型游戏机

全国加工贸易转型升级示范企业——东莞
劲胜静谧组件股份有限公司的自动化生产线

2011年上海外高桥造船有限公司
对美国出口新船"兰梅号"

2016年1月，北方重工集团工人
在拆解出口到巴西圣保罗的盾构机

跨境电商成为外贸新增长点
图为跨境电商综试区

图4-7　中国对外贸易结构升级

资料来源:商务部。

第五章 中国服务贸易的发展、规模与结构

第一节 服务贸易较低比例与服务业不可贸易特点

一、服务贸易两个比重较低

长久以来,服务业被认为是"不可贸易"的产业,与制成品贸易在国际贸易和制造业中的地位相比,服务贸易在国际贸易总额中所占比重较低,服务进出口在各国服务业中所占比重较低[①]。

表5-1是1978—2018年世界服务贸易数据,表5-2是1979—2018年世界服务贸易额占世界贸易总额的比重。

表5-1 1978—2018年世界服务贸易情况 （单位:亿美元;%）

年　份	世界服务贸易出口额		世界服务贸易进口额	
	金　额	增长率	金　额	增长率
1978	2916.0	20.7	3352.8	19.0
1979	3484.9	19.5	4132.9	23.3
1980	4137.3	18.7	4955.0	19.9
1981	4250.5	2.7	5146.1	3.9
1982	4219.9	-0.7	4998.3	-2.9

---

① 关于服务经济思想史,可以参见[法]让-克洛德·德劳内、让·盖雷:《服务经济思想史:三个世纪的争论》,江小涓译,格致出版社、上海人民出版社2011年版。

续表

年　份	世界服务贸易出口额		世界服务贸易进口额	
	金　额	增长率	金　额	增长率
1983	4133.2	−2.1	4862.3	−2.7
1984	4226.8	2.3	4936.8	1.5
1985	4403.1	4.2	4977.6	0.8
1986	5180.1	17.6	5581.2	12.1
1987	6087.2	17.5	6440.9	15.4
1988	6731.0	10.6	7159.7	11.2
1989	7302.7	8.5	7760.6	8.4
1990	8832.0	20.9	9340.8	20.4
1991	9254.4	4.8	9944.5	6.5
1992	10376.6	12.1	10980.7	10.4
1993	10428.9	0.5	10873.8	−1.0
1994	11307.7	8.4	11548.2	6.2
1995	12935.2	14.4	13282.5	15.0
1996	13875.2	7.3	13999.3	5.4
1997	14883.7	7.3	14379.2	2.7
1998	15147.0	1.8	14458.0	0.5
1999	15760.1	4.0	15316.3	5.9
2000	16844.3	6.9	16403.7	7.1
2001	16831.6	−0.1	16497.8	0.6
2002	18015.2	7.0	17340.1	5.1
2003	19978.2	10.9	19652.0	13.3
2004	24328.0	21.8	23618.4	20.2
2005	26963.5	10.8	26108.7	10.5
2006	30362.5	12.6	29156.5	11.7
2007	36274.4	19.5	34329.0	17.7
2008	40772.9	12.4	38904.6	13.3
2009	36407.6	−10.7	34640.5	−11.0
2010	39236.8	7.8	37384.7	7.9
2011	44785.9	14.1	42298.1	13.1
2012	46056.2	2.8	43802.5	3.6

续表

年 份	世界服务贸易出口额		世界服务贸易进口额	
	金 额	增长率	金 额	增长率
2013	48996.3	6.4	46529.0	6.2
2014	52140.9	6.4	50228.2	8.0
2015	50017.3	-4.1	47769.8	-4.9
2016	50597.7	1.2	47908.9	0.3
2017	54564.2	7.8	51525.2	7.5
2018	58365.6	7.0	55005.3	6.8

资料来源:世界银行。

表 5-2　1979—2018 年世界服务贸易额及在世界贸易总额中的比重

（单位:亿美元;%）

年份	世界服务贸易额	世界服务贸易额占世界贸易总额比重	年份	世界服务贸易额	世界服务贸易额占世界贸易总额比重
1979	7617.8	19.1	1999	31076.4	21.1
1980	9092.3	18.6	2000	33248.0	20.1
1981	9396.6	19.2	2001	33329.4	20.8
1982	9218.2	20.1	2002	35355.3	21.1
1983	8995.5	20.1	2003	39630.2	20.4
1984	9163.6	19.4	2004	47946.4	20.3
1985	9380.7	19.6	2005	53072.2	19.9
1986	10761.3	20.4	2006	59519.0	19.5
1987	12528.1	20.2	2007	70603.4	19.9
1988	13890.7	19.6	2008	79677.5	19.5
1989	15063.3	19.6	2009	71048.1	21.9
1990	18172.8	20.6	2010	76621.5	19.9
1991	19198.9	21.0	2011	87084.0	19.1
1992	21357.3	21.7	2012	89858.7	19.4
1993	21302.7	21.7	2013	95525.3	20.0
1994	22855.9	20.7	2014	102369.1	21.1
1995	26217.7	20.1	2015	97787.1	22.6
1996	27874.5	20.3	2016	98506.6	23.3

年份	世界服务贸易额	世界服务贸易额占世界贸易总额比重	年份	世界服务贸易额	世界服务贸易额占世界贸易总额比重
1997	29262.9	20.5	2017	106089.4	22.8
1998	29605.0	20.9	2018	113370.9	22.3

资料来源:世界银行。

20 世纪中期以来,服务业在全球经济中的比重超过 50%,2018 年达到 68.6%,是全球经济的主体产业。然而服务贸易在国际贸易总额中的比重仅为 19%—22%,与其在经济中的主体地位不相匹配(见表 5-3、图 5-1)。

为什么服务贸易在全球贸易中的比重要显著低于服务业在全球经济中的比重呢?

表 5-3　1980—2018 年世界服务业增加值在世界 GDP 中的
比重和世界服务贸易额在世界贸易总额中的比重　　（单位:%）

年　份	世界服务业增加值占世界 GDP 比重	世界服务贸易额占世界贸易总额比重
1980	—	18.6
1985	—	19.6
1990	—	20.6
1995	66.4	20.1
2000	69.0	20.1
2010	68.6	19.9
2018	68.6	22.3

资料来源:世界银行。

二、服务业"不可贸易"的特点

这种低贸易度的状况,是由"服务"的特点造成的。服务业具有与制造业很不相同的特点,导致服务具有"不可贸易"的性质。

有关服务的定义,现在被广泛采用的仍然是希尔在 1977 年提出的:

（单位：%）

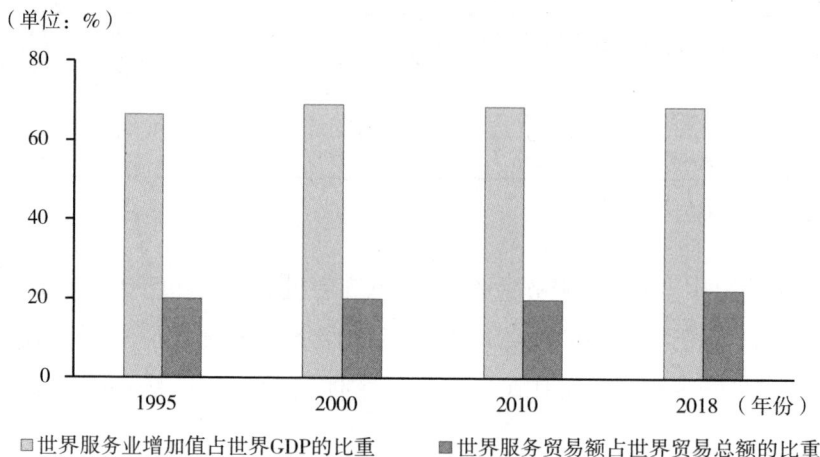

图 5-1   1995—2018 年世界服务业增加值在世界 GDP 中的
比重和世界服务贸易额在世界贸易总额中的比重

资料来源：世界银行。

"服务是指人或隶属于一类经济单位的物在事先合意的前提下由于其他经济单位活动所发生的变化"，"服务的生产和消费同时进行，即消费者单位的变化和生产者单位的变化同时发生，这种变化是同一的，服务一旦生产出来必须由消费者获得而不能储存"[①]。

从上面的分析可以看出，"服务"在传统的经济分析中具有以下特点。

第一，没有实物形态产出，生产消费要求"同步性"（生产过程需要消费者参与，服务供给和消费同时同地发生），生产结果具有"不可储存性"（服务是一个过程，"随生随用随灭"，生产和消费不能错期）等特征。教育服务、医疗服务、艺术表演、保安服务、家政服务等都是典型的服务业。

第二，由于不能使用提高效率的机器设备和缺乏规模经济，服务业的劳动生产率较低且长期保持不变，然而制造业劳动生产率急速提升，在单位产品成本下降的同时工资水平上涨较快。服务业的劳动生产率虽未上升，但劳动者的报酬也需要同步提高，结果就是服务的价格上升。由于需

---

① T. P. Hill,"On Goods and Services",*Review of Income and Wealth*,Series 23,No.4,1977.

求增长而劳动生产率提高缓慢,服务业吸纳的就业比例越来越高。相应地,经济总体生产率增长将不可避免地下降。①

第三,服务不可贸易。"同步性"和"不可储存性"的一个重要的衍生特点就是"不可远距离贸易"。例如商业零售业只能卖给面对面的顾客,艺术和体育表演服务只能向现场观众提供等,远距离提供和远距离消费几乎不可能。

由于相当部分的服务"不可贸易",服务贸易在全球贸易总额中的比重一直较低。证实了服务的确较少远距离进行跨国贸易,具有因不可贸易性而导致的低贸易度的特点。

第二节　中国服务贸易发展概况

一、服务贸易总额及其增长

改革开放以来,中国服务贸易取得较快发展。服务贸易总额由1982年的47亿美元增长到2018年的7918亿美元(见表5-4)。

表5-4　1982—2018年中国服务贸易进出口情况　（单位:亿美元）

年　份	进出口总额	出口额	进口额
1982	47	27	20
1983	48	28	20
1984	60	31	29
1985	56	31	25
1986	62	39	23
1987	66	41	25
1988	87	51	36
1989	101	62	39

---

① 对"服务"特点的研究贯穿整个经济思想史。可以参见[法]让-克洛德·德劳内、让·盖雷:《服务经济思想史:三个世纪的争论》,江小涓译,格致出版社、上海人民出版社2011年版。

续表

年　份	进出口总额	出口额	进口额
1990	125	81	44
1991	136	95	41
1992	220	126	94
1993	266	146	120
1994	365	202	163
1995	496	244	252
1996	506	280	226
1997	622	342	280
1998	519	251	268
1999	611	294	317
2000	712	350	362
2001	785	392	393
2002	927	462	465
2003	1066	513	553
2004	1452	725	727
2005	1683	843	840
2006	2038	1030	1008
2007	2654	1353	1301
2008	3222	1633	1589
2009	3025	1436	1589
2010	3717	1783	1934
2011	4488	2010	2478
2012	4829	2016	2813
2013	5376	2070	3306
2014	6520	2191	4329
2015	6541	2186	4355
2016	6616	2095	4521
2017	6957	2281	4676
2018	7918	2668	5250

资料来源:商务部。

　　中国服务贸易增长与全球服务贸易增长保持了较强的同步性,发展速度则是全球年均增速的 2 倍。从 1982 年到 2018 年,中国服务进出口占世界的比重由 0.5% 上升至 7.0%,其中出口占比由 0.6% 上升至 4.6%,进口占比由 0.4% 上升至 9.5%。中国服务出口世界排名由第 28 位上升至第 5 位;进口由第 31 位上升至第 2 位,并连续六年保持这一地位(见表 5-5 和图 5-2)。

表 5-5　1982—2018 年中国服务贸易进出口额及全球排名

(单位:亿美元;%)

年份	贸易总额	出口额	进口额	进出口差额	全球占比	全球排名
1982	47	27	20	7	0.5	35
1990	125	81	44	37	0.7	30
2000	712	350	362	−12	2.1	12
2010	3717	1783	1934	−151	4.9	5
2011	4488	2010	2478	−468	5.2	4
2012	4829	2016	2813	−797	5.4	4
2013	5376	2070	3306	−1236	5.6	4
2014	6520	2191	4329	−2138	6.4	2
2015	6541	2186	4355	−2169	6.7	2
2016	6616	2095	4521	−2426	6.7	2
2017	6957	2281	4676	−2395	6.6	2
2018	7918	2668	5250	−2582	7.0	2

注:全球排名根据数据中当年可获得的国家或地区计算。服务贸易进出口差额若为负数表明是逆差。

资料来源:世界银行。

二、服务贸易出口增长及结构

2018 年,中国服务贸易出口额 2668 亿美元,是 1982 年的近 99 倍,占全球服务贸易出口的比重达到 4.6%,比 1982 年提高 3.9 个百分点,在全球的排位由 1982 年的第 28 位上升到第 5 位。其中,1982—2018 年,中国服务贸易出口年均增幅达 13.6%,特别是 2011 年以前大多数年份保持两位数增长。2012 年以后服务贸易增速放缓,2017 年重新高增长,2018 年

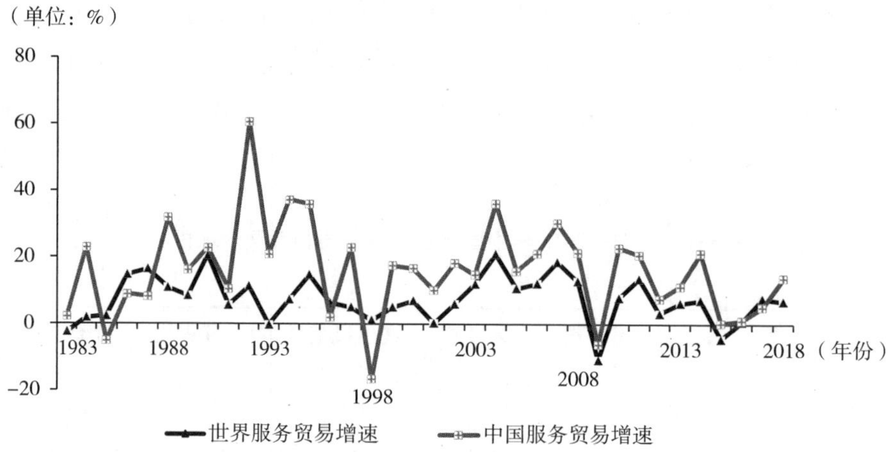

（单位：%）

图 5-2　1983—2018 年中国与世界服务贸易增长比较

资料来源：世界银行、商务部。

服务贸易出口增速达 17.0%（见图 5-3）。

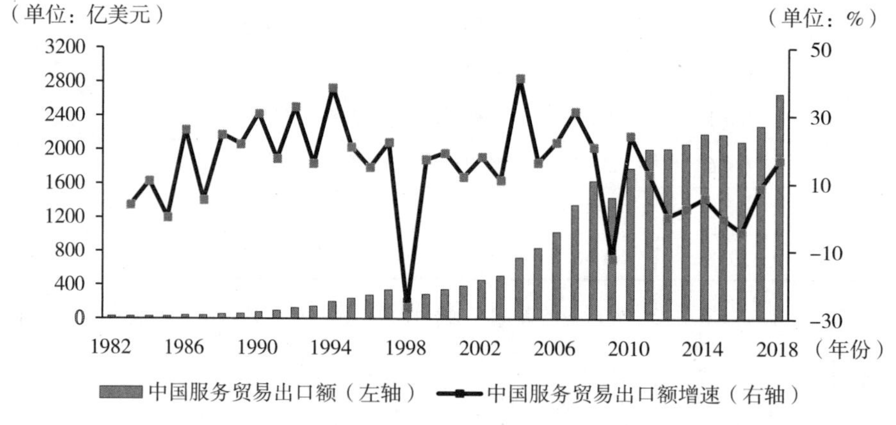

图 5-3　1982—2018 年中国服务贸易出口规模与增长速度

资料来源：商务部。

　　中国服务贸易结构由以运输与旅游服务等传统服务贸易为主转向多元化发展。总体来看,服务贸易的行业集中度依然较高,1990 年,运输与旅行这两大服务贸易行业的出口金额和在出口服务中所占比重分别为 27.1 亿美元（33.4%）和 17.4 亿美元（21.5%）,2000 年,这两个行业的出口金额和在出口服务中所占比重分别为 36.7 亿美元（10.5%）和 162.3

亿美元(46.4%),2010 年则分别为 342.1 亿美元(19.2%)和 458.1 亿美元(25.7%),2018 年分别为 423.0 亿美元(15.9%)和 403.9 亿美元(15.1%)(见图 5-4)。

（单位：%）

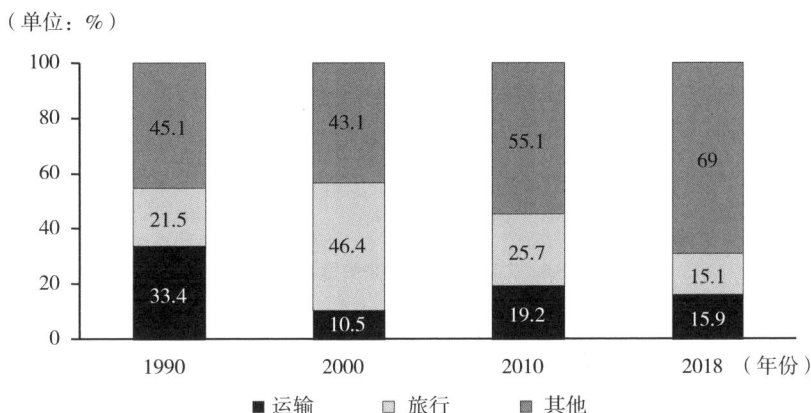

图 5-4　1990—2018 年中国服务贸易出口结构

资料来源:世界银行。

2018 年,世界服务贸易出口总额中,运输服务和旅行服务这两项所占的比重分别为 19.1%和 25.6%。可以看出,中国这两项传统服务出口在中国服务出口中所占比重低于世界平均水平,表明中国服务出口的多元化程度相对较高。

图 5-5 和图 5-6 是 2017 年中国服务贸易出口结构和 2017 年世界服务贸易出口结构。

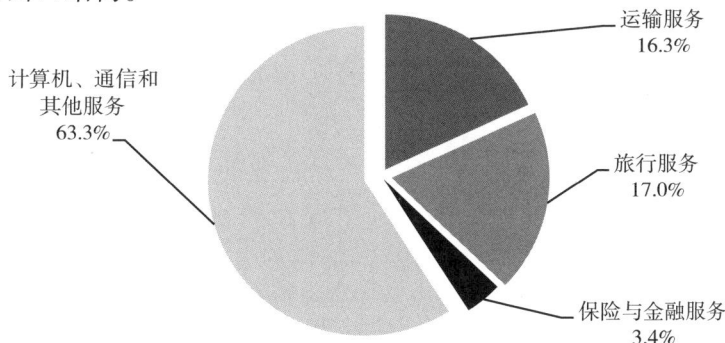

图 5-5　2017 年中国服务贸易出口结构

资料来源:世界银行。

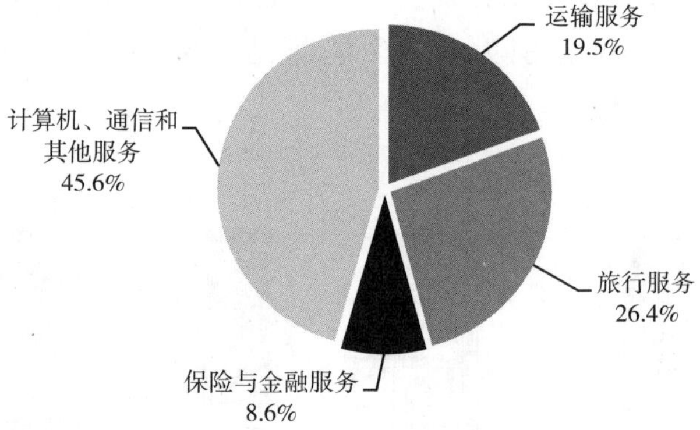

图 5-6　2017 年世界服务贸易出口结构

资料来源:世界银行。

三、服务贸易进口增长及结构

相对于服务贸易出口,服务贸易进口以更快的速度发展。1982—2018 年,服务贸易进口年均增速达 16.7%,由 20 亿美元上升到 5250 亿美元(见图 5-7),增长了 261.5 倍,占全球服务进口的比重由 0.4% 上升到 9.5%,在全球的排位也由 1982 年的第 40 位上升到第 5 位,仅次于美国、英国、德国和法国。在服务贸易进口中,旅游服务和运输服务支出占 60% 以上;近年来,保险服务、咨询服务、专有权利使用费和特许费支出呈加速增长趋势。服务贸易进口来源国家(地区)主要为美国、日本、澳大利亚、加拿大、英国、德国、韩国和新加坡,2018 年中国从以上国家(地区)服务贸易进口共计 3398.7 亿美元,占中国服务贸易进口总额的 72.7%。

1990 年,运输与旅行这两大服务贸易行业的进口金额和在进口服务贸易中所占比重分别为 32.4 亿美元(74.6%)和 4.7 亿美元(10.8%),2000 年,这两个行业的进口金额和在进口服务贸易中所占比重分别为 104 亿美元(28.7%)和 131.1 亿美元(36.2%),2010 年则分别为 632.6 亿美元(44.9%)和 548.8 亿美元(38.9%),2018 年分别为 1092.1 亿美元(20.8%)和 2773.5 亿美元(52.7%)(见图 5-8)。

（单位：亿美元）　　　　　　　　　　　　　　　　　　　　　　　　（单位：%）

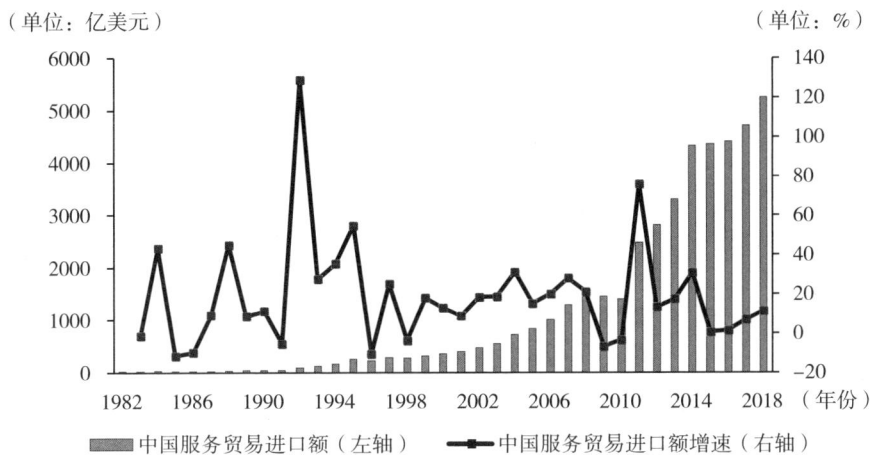

■ 中国服务贸易进口额（左轴）　　　━■━ 中国服务贸易进口额增速（右轴）

图 5-7　1982—2018 年中国服务贸易进口规模与增长速度

资料来源：世界银行。

（单位：%）

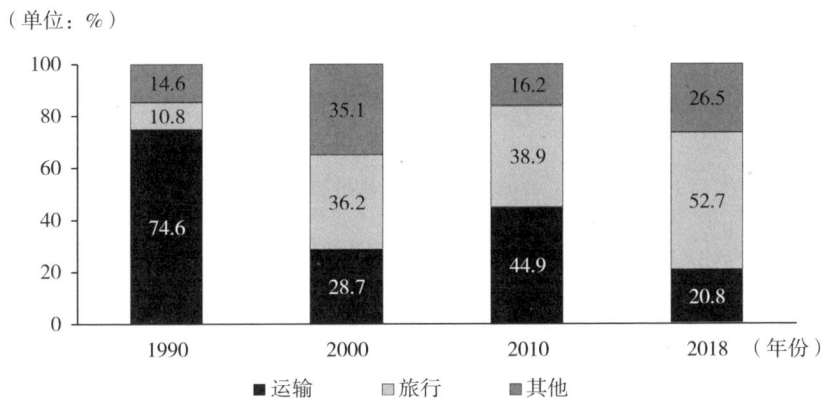

■ 运输　　■ 旅行　　■ 其他

图 5-8　1990—2018 年中国服务贸易进口结构

资料来源：世界银行。

2017 年,世界服务贸易进口总额中,运输服务和旅行服务这两项所占的比重分别为 22.5% 和 27.6%。中国旅行服务所占比重明显高于世界平均水平,表明中国出国旅行、留学、居住、工作的人数快速增长且支出较多。

图 5-9 和图 5-10 是 2017 年中国服务贸易进口结构与世界服务贸易进口结构。

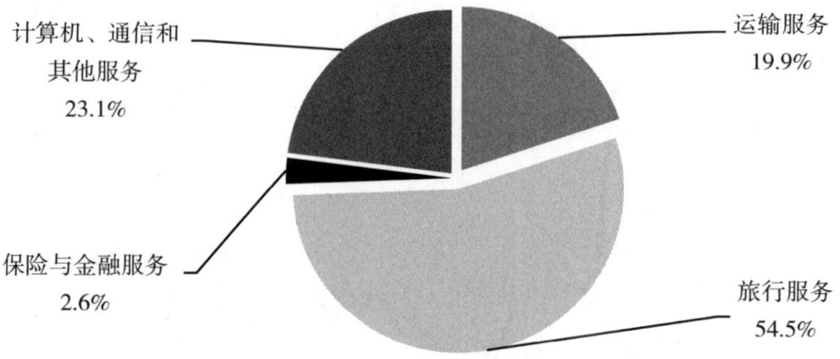

图 5-9　2017 年中国服务贸易进口结构

资料来源:世界银行。

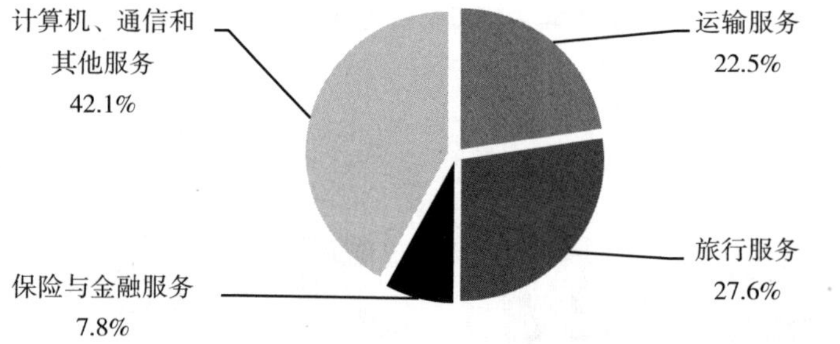

图 5-10　2017 年世界服务贸易进口结构

资料来源:世界银行。

四、服务贸易净额由顺差转为逆差

1995 年之前,中国服务贸易一直保持顺差,1995 年,中国服务贸易首度出现逆差,之后呈逐步扩大趋势,在 2018 年达到 2582 亿美元(见图5-11)。

从各个行业的服务贸易净额来看,运输服务的年度收支净额基本为负,且随着中国货物贸易的快速增长,运输服务逆差也进一步扩大,持续保持高位;世界原油价格持续攀升导致国际运费不断上涨,运输服务支出和逆差快速增长,这是造成中国服务贸易逆差的主要原因。旅行服务也是逆差的主要来源,与这些年中国出国旅行、留学、居住工作的人数快速

（单位：亿美元）

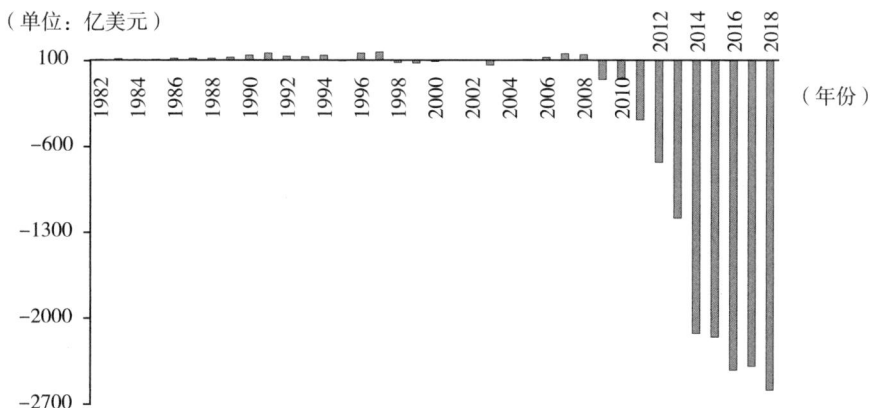

图5-11 1982—2018年中国服务贸易净额

资料来源：商务部。

增长有关。保险服务、专有权利使用费和特许费等进出口逆差进一步扩大,抵消了计算机和信息服务、建筑服务、其他商业服务进出口顺差的增长,成为中国服务贸易逆差的另一个重要来源。表5-6是2018年中国服务贸易各行业的贸易额及净值情况。

表5-6 2018年中国服务贸易各行业的贸易额及净值情况

（单位：亿美元）

服务类别	进出口总额	出口额	进口额	贸易差额
总额	7918.8	2668.4	5250.4	-2582.0
运输	1505.9	423.0	1082.9	-659.9
其中:海运	951.2	261.4	689.8	-428.4
空运	444.7	130.7	314.0	-183.3
旅行	3163.0	394.6	2768.4	-2373.8
建筑	351.9	265.9	86.0	179.9
保险服务	168.0	49.2	118.8	-69.6
金融服务	56.0	34.8	21.2	13.6
电信、计算机和信息服务	708.3	470.6	237.7	232.9
其中:电信服务	36.8	21.0	15.8	5.2
计算机和信息服务	671.5	449.6	221.9	227.7

续表

服务类别	进出口总额	出口额	进口额	贸易差额
知识产权使用费	411.5	55.6	355.9	−300.3
其中:研发成果使用费	167.1	5.3	161.8	−156.5
视听及相关产品许可费	31.6	1.3	30.3	−29.0
个人、文化和娱乐服务	46.0	12.1	33.9	−21.8
维护和维修服务	97.2	71.8	25.4	46.4
加工服务	176.8	174.2	2.6	171.6
其他商业服务	1171.8	699.0	472.8	226.2
其中:技术	301.1	174.3	126.8	47.5
专业和管理咨询服务	519.1	338.3	180.8	157.5
研发成果转让费及委托研发	163.6	93.0	70.6	22.4
政府服务	62.2	17.5	44.7	−27.2

资料来源:商务部。

从世界范围来看,多数服务贸易大国(地区)的服务贸易净额为顺差。例如,2018年,美国服务贸易顺差达2692亿美元、英国为1430亿美元、西班牙为646亿美元、法国为351亿美元。中国服务贸易的长期逆差以及净额结构特征在一定程度上说明中国服务贸易的国际竞争力与世界服务贸易大国还有一定差距。

五、服务贸易在中国对外贸易中的地位

与货物贸易相比,中国服务贸易发展相对滞后。服务贸易尽管保持了较快的增长速度,但由于在大多数年份,货物贸易的增长速度高于服务贸易的增幅,服务贸易在中国对外贸易中所占比重依然较低。40年来,世界服务贸易占国际贸易总额比重的均值为18.5%,中国自1982年以来,各年服务贸易占对外贸易总额的比重在10%左右波动,上下不超过5个百分点。近些年来,随着服务贸易加速发展,服务贸易所占比重有所回升,2016年达到15.1%,为历年来最高,但是与世界平均水平比,仍然相差甚远(见图5-12)。

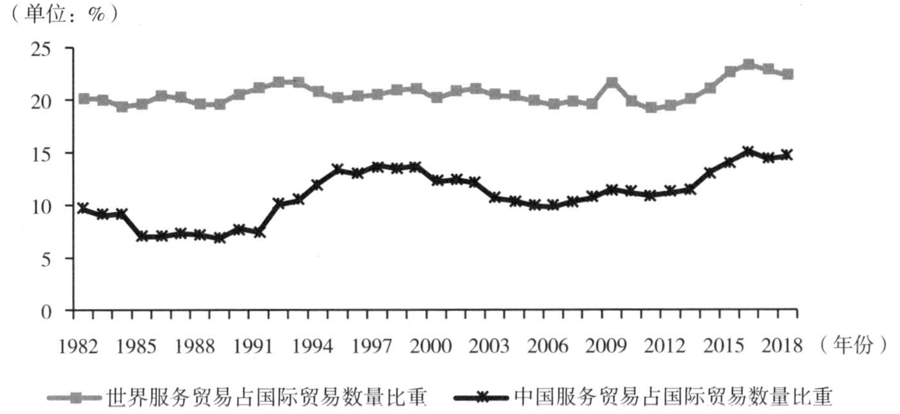

（单位：%）

图 5-12　1982—2018 年中国和世界服务贸易占国际贸易总量比重比较

资料来源：世界银行、商务部。

与一些大国的服务贸易比较，中国差距更大。2018 年，美国、英国、法国和日本服务贸易额及其占该国对外贸易总额的比重分别达到 13876 亿美元（26.0%）、6129 亿美元（32.6%）、5498 亿美元（31.2%）和 3946 亿美元（26.1%）。从服务贸易出口来看，中国的差距则更大，2018 年，中国服务贸易出口额占出口总额的比重约为 9.7%，尚不及全球平均水平 23.3% 的一半，美国和英国此项的比重则是高达 33.1% 和 44.7%。

不过，考虑到中国服务业在经济总量中所占比重与发达国家同一比重相比较低，中国服务贸易额在贸易总额中的低比重有一定的可解释度。图 5-13 是世界和美国、中国、德国、日本四国服务贸易额在贸易总额中的比重和服务业在经济总量中的比重。可以看出，两组数据有明显的对应性和匹配度。

第三节　服务外包：服务贸易发展的重要载体[①]

服务外包是指服务产品生产过程中的部分流程或制造品生产过程中

[①]　本章中相关情况和数据，除另有注释外，均转引自江小涓等著：《服务全球化与服务外包：现状、趋势及理论分析》，人民出版社 2008 年版，绪章、第 1 章和第 2 章。

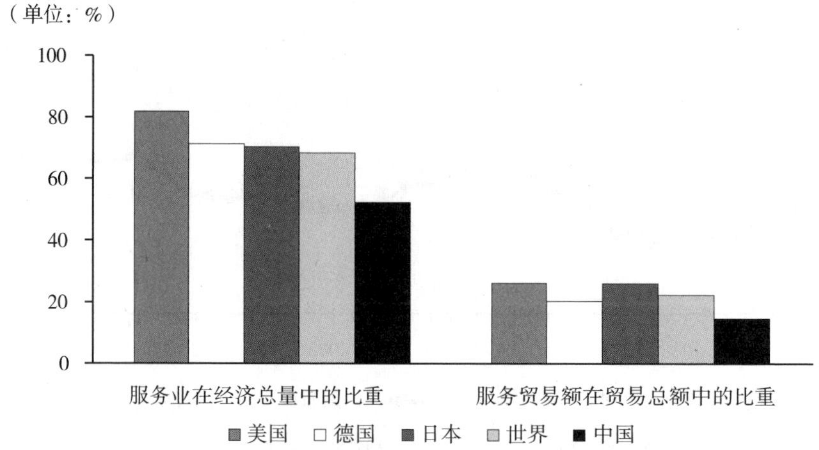

（单位：%）

图 5-13　2018 年各国服务业及服务贸易额比重

资料来源：世界银行。

的部分服务环节从特定企业内部以合同方式转移到企业外部完成,很大程度上类似加工贸易在商品贸易中的地位。

　　服务外包是过去 20 年服务全球化进程中最重要的阶段性特征和推动力量。服务外包历史悠久,但现代意义上服务外包的兴起仅 30 年左右。从内容上看,已经从信息系统服务拓展到软件编程和家庭办公,再到商业流程外包和远程诊断、教育等个人服务外包。信息技术服务毫无争议地排在首位,在较早时期,约占全球外包市场份额的 65%—70%;此后,业务流程外包(客户服务、物流、专业服务等)和知识流程外包(主要是技术服务外包和研发服务外包)等迅速发展,后两类已经占到外包市场份额的 55%—60%。最近几年的数据见图 5-14。

　　从行业上看,几乎所有服务行业都已经较大规模地开始了服务外包,从零售、文化娱乐、医疗等消费者服务,到金融、信息技术、物流、研究等各类生产者服务,再到教育、供水供电等公用事业甚至政府服务中,都有大量的外包业务。

　　从服务外包的发包方看,外包与否的决定因素主要是降低成本和突出核心竞争力。据不同来源对发生在 OECD 国家和发展中国家之间的软件编程、航空客服、建筑设计和工程图表、远程医疗诊断等外包业务的研

（单位：亿美元）

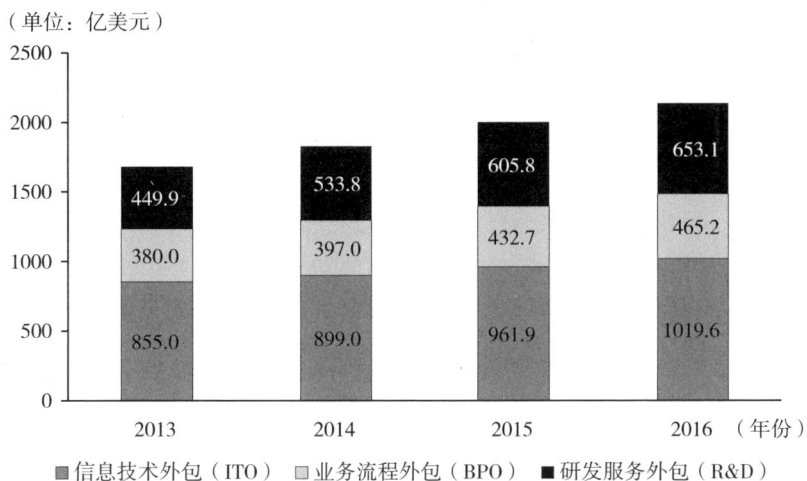

图 5-14　2013—2016 年全球离岸服务外包规模及结构

资料来源：王晓红等主编：《中国服务外包产业发展报告（2018）》，中国经济出版社 2019 年版。

究，人工成本降低的幅度在 30%—90%，综合成本的降幅在 35%—60%。从服务外包承接方看，获得新业务和新市场、集中业务获得规模经济的益处、通过"干中学"提高技术和管理等，都是推动因素。服务外包之所以得以迅速发展和引领服务全球化的进程，基础性、根本性的原因是信息技术的发展，特别是现代语音视频通信技术的发展，能够低成本地以可视方式连结服务发包方、接包方和客户，比如世界著名的运动品制造商锐步公司要开发一个新产品时，在美国总部与分布在韩国、中国台湾的研究人员通过视频终端，从不同角度展示、放大、查看设计细节，各地的研发团队一起讨论、修改并确定最终方案，大大提高了工作效率，降低了研发成本。

　　在承接国际服务外包方面，中国起步相对较晚，但发展很快。目前已经是国际上主要的接包国。表 5-7 是 2011—2018 年中国承接离岸服务外包的数额以及在全球的占比。

表 5-7　2011—2018 年中国承接离岸服务外包情况

（单位:亿美元;%）

年　份	执行金额	全球占比
2011	238.3	23.2
2012	336.4	27.6
2013	454.1	27.0
2014	559.2	30.2
2015	646.4	32.3
2016	704.1	32.9
2017	796.7	—
2018	886.6	—

资料来源:2011—2017 年数据来自王晓红等主编:《中国服务外包产业发展报告(2018)》,中国经济出版社 2019 年版。2018 年数据来自中国商务部服务贸易司。

按照服务外包类别分,近几年中国承接的知识流程外包增长最快(见图 5-15)。

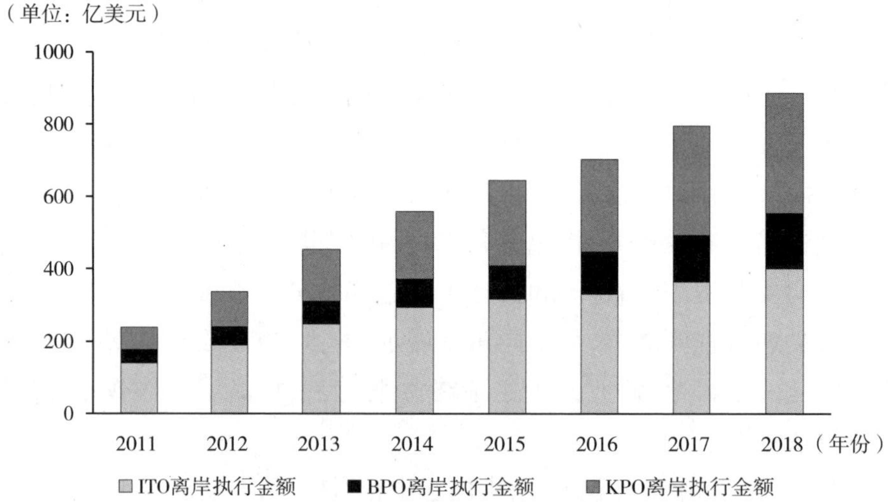

（单位：亿美元）

图 5-15　2011—2018 年中国三类离岸服务外包的发展

资料来源:2011—2017 年数据来自王晓红等主编:《中国服务外包产业发展报告(2018)》,中国经济出版社 2019 年版,第 8 页。2018 年数据来自中国商务部服务贸易司。

从细分类别看,中国承接类型排在前三位的是技术服务外包、软件研发外包和研发服务外包(见表 5-8)。

表 5-8　2018 年中国承接离岸服务外包类别 （单位:亿美元;份)

合同类别	合同份数	协议金额	执行金额
总计	187554	1203.8	886.6
信息技术外包(ITO)	55431	545.0	401.3
软件研发外包	39250	305.7	255.9
信息技术服务外包	10015	122.7	88.2
运营和维护服务	6148	112.1	52.3
云服务外包	13	4.6	4.5
业务流程外包(BPO)	27918	210.5	153.3
内部管理外包服务	1026	12.7	9.0
业务运营外包服务	6932	110.5	83.8
供应链外包服务	19901	87.0	60.0
知识流程外包(KPO)	104201	448.3	331.9
商务服务外包	8751	31.1	20.9
技术服务外包	65487	289.2	204.8
研发服务外包	29435	123.2	105.3

资料来源:商务部服务贸易司。

承接服务外包对于提高国内服务业水平有很大帮助。一是示范和学习效应。通过承接外包,发包方服务产品的整体设计思路、技术路线和隐性知识都会或多或少地得到显示,促进我们的积累能力。对软件外包企业的调研表明,既使在较早时期,本土企业通过跟随使用先进技术、接受新的经营理念和模仿产品与服务三种方式获得技术溢出效应的比例就达到 70%、67% 和 60%。二是人力资本流动效应。外资服务企业特别是外包企业的员工流动率较高,平均达到 15%/年以上。特别是技术骨干的流动,溢出效应很明显。外包软件企业、咨询机构、信息服务机构等,都普遍存在上述现象。服务业中人力资本是技术能力的主要载体,人员流动的溢出效应突出。三是规模经济效应。服务业尤其是软件和研发等行业,需要较大规模的市场来分摊设计研发成本,许多服务外包领域市场高度细分,对外开放才能充分利用国际市场,扩大产业规模。中国规模较大、技术较为成熟的 IT 服务提供商如东软、中软等,承接服务外包在其业务扩张和能力积累中都发挥了重要的作用。

承接服务外包还有一个重要意义,就是增加"白领"岗位,匹配就业需求。最近几年,中国就业需求结构发生很大变化。大专院校毕业生规模急剧扩张,就业意愿指向"白领"岗位。服务业吸纳就业能力强,"白领"工作岗位多,特别是一些全球化程度高的服务业,如IT服务、软件服务、研发服务、设计服务、会计和法律服务、市场与客户服务、金融服务等,能吸纳大量高教育水平的劳动力。我们对20多家国内承接信息服务外包企业的调研表明,企业员工中大学毕业生占80%以上,其中硕士和博士毕业生约占30%。

2003年珠海华拓数码:数据录入服务

2018年苏州某跨国公司
全球会计与采购中心

游客在芬兰赫尔辛基使用中国移动支付平台

2018年第十六届中国国际
软件和信息服务交易会

图5-16 服务贸易发展及结构提升

资料来源:笔者访谈,商务部。

第六章 外商在华直接投资:结构、技术和重要地位

改革开放以来,中国吸引外商直接投资增长迅速。2018年已达1350亿美元。从国内看,外商投资企业对中国经济增长、结构升级、技术进步和国际竞争力提升都有重要贡献。从国际看,我们已经是全球排名第二的东道国和最大的发展中东道国。

第一节 中国吸收外资:五个阶段及其特征

对外开放40年来,中国吸收外商直接投资(FDI)持续增长。从对外开放初期的几千万美元,增加到2018年的1350亿美元,40年累计吸收FDI为2万亿美元(见图6-1)。

（单位：亿美元）

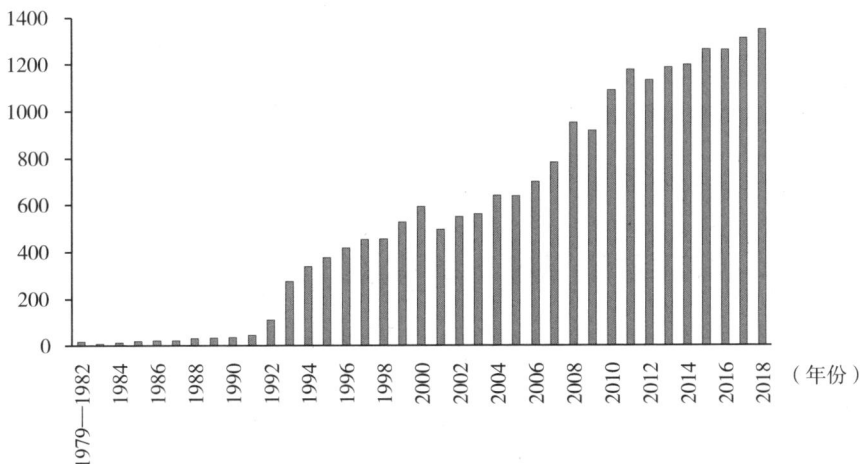

图6-1 1979—2018年中国实际利用外资额

资料来源:商务部、国家统计局。

表6-1　1979—2018年中国实际利用外资额　　（单位:亿美元）

年　份	实际利用外商直接投资金额	年　份	实际利用外商直接投资金额
1979—1982	17.69	2000	407.15
		2001	468.78
1983	9.16	2002	527.43
1984	14.19	2003	535.05
1985	19.56	2004	606.30
1986	22.44	2005	603.25
1987	23.14	2006	658.21
1988	31.94	2007	747.68
1989	33.93	2008	923.95
1990	34.87	2009	900.33
1991	43.66	2010	1057.35
1992	110.08	2011	1160.11
1993	275.15	2012	1117.16
1994	337.67	2013	1175.86
1995	375.21	2014	1195.62
1996	417.26	2015	1262.67
1997	452.57	2016	1260.01
1998	454.63	2017	1310.35
1999	403.19	2018	1349.66

资料来源:商务部、国家统计局。

中国吸收外资的40年历程可以分为五个阶段。

一、设立特区、以中小型项目为主的起步阶段（1979—1991 年）

1979 年以前,中国吸收外商直接投资基本上是空白的。1979 年,设立了四个经济特区,吸收外商直接投资开始起步。1984 年,将对外开放地区扩大至天津、大连、秦皇岛、烟台、青岛、连云港、南通、上海、宁波、温州、福州、广州、湛江、北海这 14 个沿海城市。

从 20 世纪 70 年代末期开始,国家就着手制定吸收外资的相关政策法规,陆续制定颁布了《中华人民共和国中外合资经营企业法》(1979)、《中华人民共和国中外合作经营企业法》(1988)和《中华人民共和国外资企业法》(1986)这三部规范吸收外资行为的法律。80 年代中期前后,又陆续制定了一些鼓励政策,不断完善相关体制,例如 1986 年国务院制定了《国务院关于鼓励外商投资的规定》,解决了外资企业遇到的一些困难,对出口企业和技术先进技术给予更优惠的政策;80 年代中期开始建立外汇调剂中心、缓解部分外资企业外汇平衡问题等,外商投资环境不断改善。

最初几年,中国经济体制改革刚刚起步和逐步推进,有关吸收外资的法律和政策环境不够完善,基础设施条件较差,国外投资者还处于试探和积累经验的阶段,投资项目和数额都较少。1979 年到 1982 年年底,累计吸收外商直接投资 17.69 亿美元。随着投资环境的改善,外商投资额逐年平稳增长,1985 年实际利用外商直接投资 19.56 亿美元,1991 年达到 43.66 亿美元。1979—1991 年,累计实际利用外商直接投资 250.58 亿美元。

从投资来源看,20 世纪 80 年代中国吸收的外商直接投资,主要来自中国港澳地区和东南亚各国,1983—1986 年,来自中国港澳地区的投资占到了总数的 53.6%,1987—1992 年,这一比重达到了 72.8%。从投资领域看,在 20 世纪 80 年代前半期,主要投向旅游服务、食品纺织等产业;80 年代后半期,主要投向加工工业特别是家用电器行业、通信设备行业、轻型机械设备、纺织服装、食品饮料加工等轻型加工业。

二、投资增长较快、大型跨国公司增加的阶段(1991—1997 年)

这个时期中国吸收外资的体制、政策和发展环境都有显著变化。1992 年邓小平南方谈话,确定了经济体制的改革目标是建立社会主义市场经济体制,中国改革开放和发展进入一个新阶段,高速增长的潜力进一步发挥。同时,加快了对外开放步伐,将对外开放的范围从沿海地区扩大到沿江(长江)、沿线(陇海线、兰新线)。经过此前十多年的改革和发展,中国基础设施条件、体制环境和政策环境均有明显改善,形成了更加有利的投资环境。这些变化使外国投资者看好中国增长前景和在中国投资经营的发展空间。

这个阶段中国吸收外资高速增长,1992年吸收外资从上一年的43.66亿美元剧增至110.08亿美元,1993年再增至275.15亿美元,两年增幅分别达到152%和150%。此后仍然保持较快增长,到1997年,实际吸收外资达452.57亿美元。1992—1997年,这一时期吸收外资规模增长了3.1倍。这个阶段也是FDI在国内资本形成总额中比重最高的时期,1997年达到14.91%,是迄今为止的最高比重。

这个阶段中国吸收FDI的一个突出特征,是发达工业化国家大型跨国公司的投资显著增加,到1997年年底,"财富500强"中已有超过360户在华投资,这已明显不同于20世纪80年代以中国港澳地区和东南亚各国中小型投资者为主的情况。1991年,来自中国港澳地区的投资占中国实际利用FDI的56.96%,1997年下降到了46.46%。1997年实际利用外资额中,来自日本的投资占9.56%、来自美国的为7.16%、来自欧盟的为9.22%。大型跨国公司投资增加,使中国利用外资的产业结构、产品结构和技术结构迅速提升。这个阶段的FDI主要投向制造业,1997年制造业吸收了全部外资的62.13%,吸收FDI较多的制造行业有电子和通信设备制造业、电器机械制造业、交通运输设备制造业和纺织服装制造业等。

三、数额保持稳定、竞争结构形成和技术水平升级的阶段(1998—2001年)

在这四年中,中国吸收FDI的数额稳中略降,保持在400亿—450亿美元的水平。大型跨国公司继续加大投资,"财富500强"中已有超过450家在华投资。制造业仍然为主要投资领域,占FDI的比重继续上升,到2001年达到65.93%。外商投资企业继续集中投向制造业,是中国制造业比较优势和竞争能力增强产生较大吸引力的结果,也是中国制造业进一步增强竞争力、成为全球重要制造中心的主要推动力。这个阶段吸收外资最多的制造行业是电子和通信设备、电器机械、交通运输设备和化学原料及化学制品等行业。

这个阶段全球跨国投资高速增长，由 1998 年的 4640 亿美元剧增到 2000 年的 13880 亿美元，而中国 FDI 仅与 20 世纪 90 年代中期的水平持平。形成这种反差有几方面的原因：一是这个时期全球 FDI 高速增长主要靠跨国并购推动，跨国并购在全球 FDI 中所占的比重从 73.7% 上升到 2000 年的 87.1%，2000 年超过 1.4 万亿美元的跨国投资中，有 1.2 万亿美元是跨国并购投资。而中国吸收外资主要采取独资、合资等"绿地投资"方式，外资并购缺乏必要的法律和政策环境。二是全球跨国投资更多地向服务业集中，服务业吸收外资的存量比重占全球直接投资的存量比重从 1990 年的 48.6% 上升到 2002 年的 59.19%，而中国服务业对外开放程度较低，吸收外资较少。三是经过多年持续较大数额地吸收外资，中国制造业中外资企业在投资、产出、出口等各项主要指标中的比重显著上升，需要有一个稳定和调整时期。此外，这段时期外商投资增加较快，对国内产业特别是外资集中进入的产业带来明显冲击，国内有较大声音希望限制外商进入，并相应有一些措施，这也对外商来华投资产生了一定影响。

四、数额持续增长、服务业比重提高的阶段（2003—2007 年）

从 2003 年开始，中国实际吸收外资额突破 500 亿美元，并于 2004 年、2007 年和 2008 年分别突破 600 亿美元、700 亿美元和 900 亿美元。这个时期吸收外资再次出现较大幅度增长，主要是国内市场对外开放再次有较大进展。一是中国加入世界贸易组织后，外商投资企业更多地得到国民待遇，服务业对外开放特别是金融业对外开放有所突破，2005—2007 年，金融业吸收外资分别达到 123.01 亿美元、67.4 亿美元和 386 亿美元的水平，而此前金融业吸收外资数额很少。主要受金融业吸收外资的影响，中国服务业吸收外资成为这个时期 FDI 增长的主要领域，服务业占吸收外资的比重达到 46%。如果扣除金融业吸收外资的增长，外资增长要平缓得多。二是中国吸收外商并购投资增加，在这几年中，我们加强对外商并购投资的引导和规范,法律和政策框架逐步形成。三是国内经济整体保持较高增长速度,投资机会增多,外商投资空间也相应扩大。不过,虽然外商直接投资有较快增长,但国内投资总额增长更快,FDI 占国内资产形成总额的比重继续下降,2007 年降至 7.56%。

五、迈上新台阶并相对稳定的阶段(2008—2018 年)

2008 年,美国金融危机波及全球,世界经济进入一个调整时期。全球跨国投资增长速度相对放缓,多数年份为负增长(见表6-2)。

表6-2 2008—2018 年世界跨国直接投资情况（单位:亿美元;%）

年份	吸收外商直接投资		对外直接投资		跨国并购交易	
	金额	增长率	金额	增长率	金额	增长率
2008	14797.5	−21.8	17010.0	−21.6	6176.5	−40.2
2009	11722.3	−20.8	10984.9	−35.4	2876.2	−53.4
2010	13651.1	16.5	13731.9	25.0	3470.9	20.7
2011	15613.5	14.4	15644.9	13.9	5534.4	59.5
2012	14703.3	−5.8	12774.9	−18.3	3282.2	−40.7
2013	14311.6	−2.7	13766.4	7.8	2625.2	−20.0
2014	13572.4	−5.2	12987.7	−5.7	4281.3	63.1
2015	20338.0	49.8	16825.8	29.6	7351.3	71.7
2016	19186.8	−5.7	15501.3	−7.9	8869.0	20.6
2017	14973.7	−22.0	14254.4	−8.0	6939.6	−21.8
2018	12971.5	−13.4	10141.7	−28.9	8157.3	17.5

资料来源:World Investment Report,2018,UNCTAD.

这个时期,中国利用外资的增长速度也有所回落。但与世界整体回落趋势相比,中国仍然表现较好,多数年份保持正增长(见表6-3)。

表6-3　2008—2018 年中国跨境直接投资情况（单位:亿美元;%）

年份	吸收外商直接投资		对外直接投资		跨国并购交易	
	金额	增长率	金额	增长率	金额	增长率
2008	924.0	23.6	559.1	110.9	358.8	2251.8
2009	900.3	−2.6	565.3	1.1	234.0	−34.8
2010	1057.4	17.4	688.1	21.7	298.3	27.5
2011	1160.1	9.7	746.5	8.5	363.6	21.9
2012	1117.2	−3.7	878.0	17.6	379.1	4.3
2013	1175.9	5.3	1078.4	22.8	515.3	35.9
2014	1195.6	1.7	1231.2	14.2	392.5	−23.8
2015	1262.7	5.6	1456.7	18.3	511.2	30.2
2016	1260.0	−0.2	1961.5	34.7	993.3	94.3
2017	1310.4	4.0	1582.9	−19.3	1308.8	31.8
2018	1349.7	3.0	1298.3	−18.0	574.0	−56.1

资料来源:国家统计局。

第二节　外商投资的产业分布和区域分布

一、外商投资的行业分布

总体上看,FDI 在中国主要投向制造业。以实际利用外资累计数计算,1997—2007 年,中国共吸收外商直接投资 5864.2 亿美元,其中 3764.9 亿美元投向制造业,占实际吸收外资累计额的 64.2%。2007 年以后,外商投资更多地投向服务业,服务业吸收外资所占比重持续上升,到 2017 年高达 73.6%。

表 6-4　1997—2017 年中国吸收外资的行业分布

（单位：亿美元；%）

行业分布	1997—2007		2008—2017		2017	
	金额	比重	金额	比重	金额	比重
农、林、牧、渔业	89.2	1.52	164.3	1.45	10.7	0.82
采矿业	62.3	1.06	57.1	0.50	13.0	0.99
制造业	3764.9	64.20	4412.6	38.83	335.1	25.57
电力、燃气及水的生产和供应业	209.5	3.57	222.4	1.96	35.2	2.69
建筑业	98.4	1.68	144.6	1.27	26.2	2.00
交通运输、仓储和邮政业	156.3	2.67	378.2	3.33	55.9	4.27
信息传输、计算机服务和软件业	44.9	0.77	524.0	4.61	209.2	15.96
批发和零售业	138.7	2.36	946.5	8.33	114.8	8.76
住宿和餐饮业	32.7	0.56	69.0	0.61	4.2	0.32
金融业	16.1	0.27	458.7	4.04	79.2	6.04
房地产业	745.6	12.71	2393.1	21.06	168.6	12.87
租赁和商务服务业	237.4	4.05	1006.3	8.86	167.4	12.77
科学研究、技术服务和地质勘查业	29.2	0.50	346.0	3.04	68.4	5.22
水利、环境和公共设施管理业	8.4	0.14	65.5	0.58	5.7	0.43
居民服务和其他服务业	200.3	3.42	104.1	0.92	5.7	0.43
教　育	5.1	0.09	3.4	0.03	0.8	0.06
卫生、社会保障和社会福利业	10.7	0.18	11.4	0.10	3.1	0.24
文化、体育和娱乐业	14.5	0.25	55.8	0.49	7.0	0.53
总　计	5864.2		11363		1310.2	

资料来源：根据国家统计局的数据计算。

二、FDI 的区域分布

较早时期，外资主要集中在东部地区。1997—2007 年中国累计实际利用外资中，东部、中部和西部占比分别为 88.96%、7.1% 和 3.94%。而且不同时期变化不明显，东部占比最高为 2006 年（90.3%），占比最低为 1997 年（84.1%）；中部占比最高为 2004 年（11.0%），占比最低为 2006 年（6.2%）；西部占比最高为 1997 年（5.5%），占比最低为 2004 年（2.9%）。

2008—2017 年,外商投资更多地投向中西部地区。十年累计,投向东部、中部和西部的占吸收外商投资总额的比重分别为 84.5%、7.5% 和 8.2%。东部占比最高为 2017 年(87.4%)、占比最低为 2013 年(82.4%);中部占比最高为 2014 年(8.9%)、占比最低为 2009 年(5.9%);西部占比最高为 2011 年(10.0%)、占比最低为 2017 年(6.2%)。中西部占比有所上升。表 6-5 是 21 世纪以来中国吸收外资的地区分布。

表 6-5 2001—2017 年中国吸收外资的地区分布

(单位:亿美元;%)

年份	总金额	东 部		中 部		西 部	
		金额	比重	金额	比重	金额	比重
2001	468.8	403.6	86.1	39.8	8.5	25.3	5.4
2002	527.4	457.3	86.7	50.1	9.5	20.0	3.8
2003	529.1	453.7	84.8	58.3	10.9	17.1	3.2
2004	605.1	520.8	85.9	66.7	11.0	17.6	2.9
2005	603.3	535.7	88.8	48.3	8.0	19.3	3.2
2006	658.2	594.4	90.3	40.8	6.2	23.0	3.5
2007	747.7	656.5	87.8	54.6	7.3	36.6	4.9
2008	922.0	780.7	84.5	74.8	8.1	66.5	7.2
2009	900.3	776.1	86.2	53.1	5.9	71.1	7.9
2010	1057.3	898.7	85.0	68.7	6.5	89.9	8.5
2011	1160.2	965.7	83.2	78.4	6.8	116.1	10.0
2012	1117.2	925.1	82.8	92.9	8.3	99.2	8.9
2013	1175.9	968.8	82.4	101.0	8.6	106.1	9.0
2014	1195.6	987.6	82.6	106.4	8.9	101.6	8.5
2015	1262.7	1058.7	83.8	104.4	8.3	99.6	7.9
2016	1282.3	1092.4	86.7	92.9	7.4	97.0	7.7
2017	1310.3	1145.9	87.4	83.1	6.3	81.3	6.2

资料来源:历年中国外商投资报告。

第三节　外资企业在国民经济中的地位

一、作为投资来源的外资

度量外资在中国投资中的所占比重,可以使用"实际利用外资额占固定资本形成总额的比重"这个指标,这也是国际上通用的指标,便于国际比较。[①] 可以看出,FDI 作为资金来源,在中国固定资本形成总额中的所占比重有较大变化,占比最高的 1994 年达到 16.9%,最低的 1980 年为0.1%。其中,1979—1991 年,FDI 所占比重较低,平均为 2.4%;1992—1997,外商直接投资占中国固定资产形成总额的比重上升较快,平均为14.8%。此后有所下降,1998—2007 年间,平均占比 7.8%。再往后所占比重继续下降且幅度较大,2008—2018 年间平均占比为 2.9%,外商投资占比持续下降,并非是外商投资数额下降所至,而是因为国内投资高速增长,使国内固定资产形成总额增长速度远高于外商直接投资的增长速度(见表6-6)。

表 6-6　1979—2018 年作为资金来源的外资比重

年　份	FDI (亿美元)	固定资本 形成总额 (亿美元)	FDI 占固定 资本形成总 额的比重 (%)	固定资产 投资总额 (亿元)	FDI 占固定 资产投资 总额的比重 (%)
1979	0.0	519.2	0.0	——	——
1980	0.6	560.8	0.1	910.9	0.1
1985	19.6	967.4	2.0	2543.2	2.3
1990	34.9	886.4	3.9	4517.0	3.8
1994	337.7	1994.3	16.9	17042.0	17.5
1995	375.2	2437.8	15.4	20019.3	16.1

---

① 　固定资产投资总额和固定资本形成总额的差别主要是:固定资本形成总额指常住单位在一定时期内获得的固定资产减处置的固定资产的价值总额。

续表

年　份	FDI（亿美元）	固定资本形成总额（亿美元）	FDI 占固定资本形成总额的比重（%）	固定资产投资总额（亿元）	FDI 占固定资产投资总额的比重（%）
2000	407.2	4050.0	10.1	32917.7	10.6
2005	603.3	9251.5	6.5	88773.6	7.7
2010	1057.4	27447.4	3.9	251683.8	—
2015	1262.7	48414.8	2.6	561999.8	1.4
2016	1260.0	47871.7	2.6	606465.7	1.3
2017	1310.4	51691.0	2.5	641238.4	1.4
2018	1349.7	57585.7	2.3	645675.0	1.4
1979—1991	250.6	10261.4	2.4	—	—
1992—1997	1967.9	13317.0	14.8	—	—
1998—2007	5411.7	69519.8	7.8	—	—
2008—2018	12713.1	438062.5	2.9	—	—

资料来源：国家统计局、世界银行。

　　对外开放40年来，中国利用外资的质量持续提升。2017年，高技术产业利用外资同比增长超过六成，整体占比约三成，较2016年提高了10.2个百分点。高技术制造业外商投资快速增长，高技术制造业实际利用外资98.9亿美元，同比上升7.6%，其中电子和通信设备占比64.7%；高技术服务业利用外资占服务业利用外资规模的近三成，其中信息服务实际利用外资同比上升146.5%，电子商务服务实际利用外资同比上升88.8%，科技成果转化服务实际利用外资同比增加37.3%，环境监测及治理服务实际利用外资同比上升189.4%（见表6-7）。

表6-7　2017年中国高技术服务业利用外资统计

高技术服务业	企业数量	企业数量（同比%）	实际利用外资金额（亿美元）	实际利用外资金额（同比%）
信息服务	3392	102.6	209.7	146.5
电子商务服务	32	−17.9	1.7	88.8
检验检测服务	31	6.9	0.2	−7.1

续表

高技术服务业	企业数量	企业数量（同比%）	实际利用外资金额（亿美元）	实际利用外资金额（同比%）
专业技术服务业的高技术服务	82	110.3	0.5	-63.2
研发与设计服务	417	-17.1	14.5	3.2
科技成果转化服务	1991	102.1	32.9	37.3
知识产权及相关法律服务	16	23.1	0.1	-80.3
环境监测及治理服务	29	163.6	1.4	189.4
总　计	5990	81.9	260.7	106.4

资料来源：商务部外资统计。

二、对工业产出的贡献

工业是中国对外资开放较早的产业，也是累计吸收 FDI 最多的产业。外商投资企业的产出已经在全国工业产出中占有重要地位。外商投资企业产值占工业增加值的比重在 1998 年超过 20%，到 2006 年已达 28%。在一些外商投资比重较高的行业中，外商投资企业在产出中的地位更加突出，通信设备、计算机及其他电子设备制造业排在首位，外商投资企业在工业增加值中所占比重高达 77.3%；所占比重超过 50% 的行业还有文教体育用品制造业，仪器仪表及文化、办公用机械制造业，皮革、毛皮、羽毛（绒）及其制品业等行业（见表 6-8）。

表 6-8　2006 年外商投资企业工业增加值所占比重较高的工业行业

行　　业	全行业工业增加值	外商投资企业工业增加值	外商投资企业工业增加值所占比重
全国总计	91075.73	25545.80	28.0
通信设备、计算机及其他电子设备制造业	7084.30	5475.48	77.3
文教体育用品制造业	464.94	284.88	61.3
仪器仪表及文化、办公用机械制造业	967.94	569.29	58.8
皮革、毛皮、羽毛（绒）及其制品业	1172.86	610.99	52.1
家具制造业	501.09	245.58	49.0

续表

行 业	全行业工业增加值	外商投资企业工业增加值	外商投资企业工业增加值所占比重
纺织服装、鞋、帽制造业	1833.71	868.95	47.4
交通运输设备制造业	4933.41	2336.13	47.4
工艺品及其他制造业	705.72	310.61	44.0
塑料制品业	1668.88	703.21	42.1
食品制造业	1467.25	579.73	39.5
橡胶制品业	714.96	272.52	38.1
饮料制造业	1439.08	543.19	37.7
电气机械及器材制造业	4617.96	1702.69	36.9
造纸及纸制品业	1386.44	484.88	35.0
金属制品业	2225.94	742.83	33.4
印刷业和记录媒介的复制	557.76	184.91	33.2

资料来源:国家统计局《中国统计年鉴2007》。

最近十年,由于国内经济增长速度快,外商投资企业在产出中所占的比重有所下降。2018年,全国规模以上工业企业增加值占GDP的比重为33.9%。其中规模以上外商投资企业工业增加值达到7.04万亿元人民币,按此计算,外商投资企业工业增加值占全部工业增加值的比重为23.1%。

三、外商投资企业对税收的贡献

对中国税收总额的贡献。在整个20世纪80年代,中国外商直接投资企业总体规模较小,对中国税收贡献较低。直到1992年,以外商投资企业税收为主的涉外税收只有122.26亿元,占中国税收总额的比重仅为3.96%。此后,随着外商投资企业产出规模的上升,涉外税收逐年上升,在最高点的2006年,占全国税收总额的比重达到23.70%。此后,随着外商投资企业产出占比的下降,涉外税收占比也相应下降(见表6-9)。

表 6-9 1992—2017 年以外商投资企业税收为主的涉外税收统计

（单位：亿元；%）

年度	全国税收收入	增幅	涉外税收总额	增幅	占全国比重
1992	3084.16	—	122.26	—	3.96
1993	3998.83	29.66	226.56	85.31	5.67
1994	4854.20	21.39	402.64	77.72	8.29
1995	5746.21	18.38	604.46	50.12	10.52
1996	6607.98	15.00	764.06	26.40	11.56
1997	7914.55	19.77	993.00	29.96	12.55
1998	8949.76	13.08	1230.00	23.87	13.74
1999	10120.35	13.08	1648.86	34.05	16.29
2000	11831.03	16.90	2217.00	34.46	18.74
2001	14460.86	22.23	2883.00	30.04	19.94
2002	16932.18	17.09	3487.00	20.95	20.59
2003	19094.18	12.77	4268.00	22.40	22.35
2004	23121.91	21.09	5355.00	25.47	23.16
2005	27712.37	19.85	6391.34	19.35	23.06
2006	33662.57	21.47	7976.94	24.81	23.70
2007	44189.40	31.27	9972.60	25.02	22.57
2008	52453.84	18.70	12118.93	21.52	23.10
2009	58037.78	10.65	13615.22	12.35	23.46
2010	71182.96	22.65	16389.91	20.38	23.03
2011	87179.27	22.47	19638.10	19.82	22.53
2012	97830.35	12.22	21768.81	10.85	22.25
2013	107900.09	10.29	22574.93	3.70	20.92
2014	116331.90	7.81	24920.60	10.39	21.42
2015	124892.00	7.36	24817.20	-0.41	19.87
2016	140504.00	12.50	25659.20	3.39	18.26
2017	155739.00	10.84	29185.10	13.74	18.74

注：不包括关税和土地费。

资料来源：商务部外资统计。

四、外资企业的出口贡献

20 世纪 90 年代以来,外商投资企业的出口增长很快,从 1991 年的 120.5 亿美元增加到 2018 年的 10360.1 亿美元,在中国出口总额中的份额不断上升,由 1991 年的 21.3% 上升到 2018 年的 42.6%,其中 2005 年前后占比最高,将近 60%。更重要的是,外商投资企业出口的技术含量和增加值含量更高,2017 年,外资企业出口的高新技术产品占中国高新技术产品出口总额的 53.2%,提升了中国出口商品结构。图 6-2 是 2017 年外商投资企业对中国经济各项指标的贡献。

（单位：%）

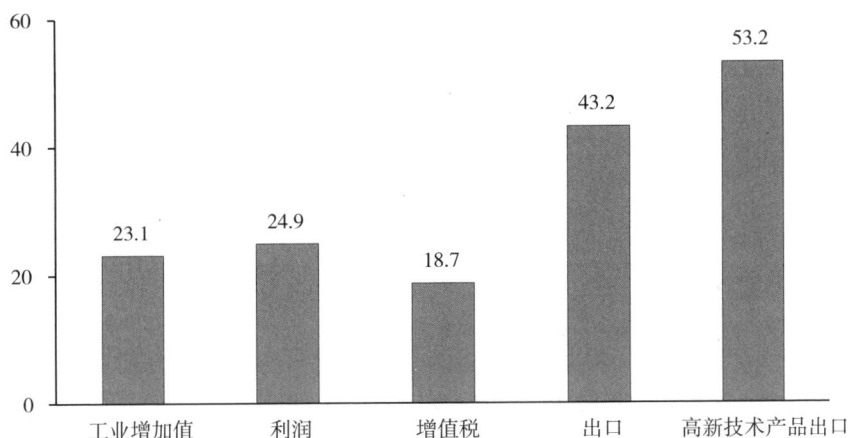

图 6-2　2017 年外商投资企业对中国经济各项指标的贡献

注:外商投资企业工业增加值占全国比重为 2018 年数据。
资料来源:商务部。

五、人才和技术外溢效应

中国吸收外资除了从上述方面增加投资、产出、出口和税收外,还从多方面产生积极的外溢效应,带动国内产业整体竞争力量的提升。从中国吸收外资的实践看,吸收外资的外溢作用主要有以下六个方面:一是人力资本外溢效应,既包括人才从境内外资企业流向本土企业,也包括境外人才随同外资流入而进入本土。二是示范效应,包括产品和技术示范、管理示范等。三是竞争效应,包括技术竞争、成本竞争和管理竞争。四是合作效应,包括合资合作经营过程中中方的学习获益,还包括为外商投资企业进行配套的企业从中得到的技术能力和技术指导。五是技术应用效应,主要是外资企业为本土企业提供提高水平的核心零部件,提升了本土企业产品的技术竞争力量。六是市场开拓效应,外资企业首先开辟新市场,本土企业及时跟进,扩大了市场规模。①

本节的分析表明,吸收外商直接投资对中国经济中的投资、产出、出口、税收、利润等方面都要重要贡献。外资企业已经成为中国经济中的一个重要组成部分。

第四节　中国作为 FDI 东道国的地位及其变化

对外开放40年来,中国作为 FDI 东道国的地位持续上升。在各个东道国中,我们从排在队尾迅速地跃升到首位,然后又有所下降,并稳定在第一方阵之中。

一、中国吸收 FDI 的国际比较

(一)吸收外资绝对水平:位居世界前列

20世纪70年代末期到90年代初期,中国吸收外商直接投资数额很少。此后中国吸收外资增加很快。在1992年到2018年间,2003年我们排名世界第一,其余年份排名第2位到第9位,但始终保持着发展中国家最大东道国的地位。

(二)吸收外资相对水平:由位居前列降到中间位置

衡量外资在各国经济中相对地位的一个常用指标,是 FDI 占国内固定资本形成总额的比重。中国这个指标在1991—1997年间达到了12.1%,高于所有国家的平均水平,也高于各个分类组别的平均水平。最

---

① 关于吸收外资产生的外溢效应,本书第十二章有详细分析。

近几年,全球 FDI 持续保持较大规模,然而中国这个阶段实际使用外资的增长速度下降,同时国内投资迅速增长,虽然从绝对量上看我们还保持着发展中国家最大东道国的地位,但是实际使用外资占国内固定资本形成总额的比重持续下降。2018 年,中国这一比重降到了 2.4%,已经低于所有国家的平均水平,也低于各个分类组别的平均水平(见表6-10)。

表 6-10　1998—2018 年 FDI 占国内固定资本形成总额比重的国际比较

(单位:%)

年　度	所有国家	发达国家	发展中国家	中　国
1991—1997 年平均	4.1	3.3	6.9	12.1
1998	9.2	8.8	10.5	13.1
1999	12.7	12.5	13.5	11.0
2000	16.2	17.2	13.1	10.1
2001	8.9	8.0	12.2	10.2
2002	7.7	7.1	9.6	10.0
2003	6.4	5.1	9.8	8.2
2004	7.0	5.5	10.6	7.6
2005	8.6	7.4	11.4	7.8
2006	11.5	11.2	11.7	6.6
2007	13.6	13.9	12.3	6.0
2008	9.7	8.2	11.3	5.9
2009	8.4	7.9	8.6	4.1
2010	9.0	8.1	9.8	4.2
2011	9.1	9.0	8.9	3.6
2012	8.8	9.4	8.0	3.1
2013	7.7	7.5	7.5	2.8
2014	6.8	6.0	7.4	2.7
2015	9.5	11.2	8.1	2.8
2016	9.4	11.4	7.1	2.8
2017	7.5	7.8	7.0	2.6
2018	6.0	5.3	6.8	2.4

资料来源:联合国贸发会议。

（单位：%）

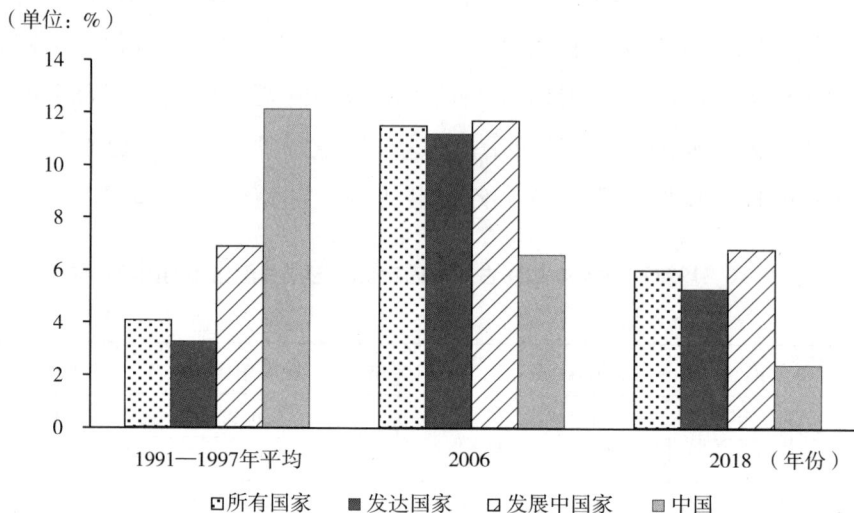

图 6-3 不同类型国家 FDI 流入量占固定资本形成总额比重
资料来源：联合国贸发会议。

二、中国吸收外资占全球 FDI 比重的变化

中国吸收外资占全球 FDI 比重经历了从低升高再降低的过程。1991年，中国吸收外资占全球 FDI 总额的比重仅为 2.8%，此后较快上升，到1994 年达到 13.2%。此后就开始下降，在 2000 年达到新低点 3.0%，然后又有所回升，到 2003 年达到 9.7%，然后又下降到 2007 年的 4.0%，然后又有所上升，到 2018 年达到 10.4%。从吸收外资绝对量看，20 世纪 90年代以来中国保持着稳定增长。占全球 FDI 比重的变化，主要受全球跨国投资总额大幅度波动的影响（见表 6-11）。

表 6-11 1991—2018 年中国外资流入量与增长速度

（单位：亿美元；%）

年 份	全 球		中 国		
	FDI 流入量	增长速度	FDI 流入量	增长速度	占全球比重
1991	1539.6	—	43.7	—	2.8
1992	1629.2	5.8	110.1	152.1	6.8

续表

年 份	全 球		中 国		
	FDI 流入量	增长速度	FDI 流入量	增长速度	占全球比重
1993	2200.8	35.1	275.2	150.0	12.5
1994	2549.1	15.8	337.7	22.7	13.2
1995	3415.2	34.0	375.2	11.1	11.0
1996	3888.3	13.9	417.3	11.2	10.7
1997	4807.7	23.6	452.6	8.5	9.4
1998	6908.6	43.7	454.6	0.4	6.6
1999	10762.3	55.8	403.2	−11.3	3.7
2000	13566.1	26.1	407.2	1.0	3.0
2001	7727.2	−43.0	468.8	15.1	6.1
2002	5898.6	−23.7	527.4	12.5	8.9
2003	5505.5	−6.7	535.1	1.5	9.7
2004	6923.3	25.8	606.3	13.3	8.8
2005	9485.9	37.0	603.3	−0.5	6.4
2006	14032.5	47.9	658.2	9.1	4.7
2007	18914.5	34.8	747.7	13.6	4.0
2008	14797.5	−21.8	924.0	23.6	6.2
2009	11722.3	−20.8	900.3	−2.6	7.7
2010	13651.1	16.5	1057.4	17.4	7.7
2011	15613.5	14.4	1160.1	9.7	7.4
2012	14703.3	−5.8	1117.2	−3.7	7.6
2013	14311.6	−2.7	1175.9	5.3	8.2
2014	13572.4	−5.2	1195.6	1.7	8.8
2015	20338.0	49.8	1262.7	5.6	6.2
2016	19186.8	−5.7	1260.0	−0.2	6.6
2017	14973.7	−22.0	1310.4	4.0	8.8
2018	12971.5	−13.4	1349.7	3.0	10.4

资料来源:中国数据引自国家统计局相应年份的《中国统计年鉴》,全球数据来自联合国贸发会议《世界投资报告》相应年份。

总之,从总量看,中国已经是全球 FDI 最重要的东道国之一;从相对水平看,处在中等偏上的水平。今后中国吸收外资仍有较大空间。

1980年全国首家中外合资企业
——北京航空食品有限公司成立

1991年中德合资上海大众汽车有限公司

2007年福建省汽车工业集团有限公司与戴姆勒
轻型汽车（香港）有限公司举行合资企业

2016年通富微电与AMD合资合作
设立通富超威苏州工厂

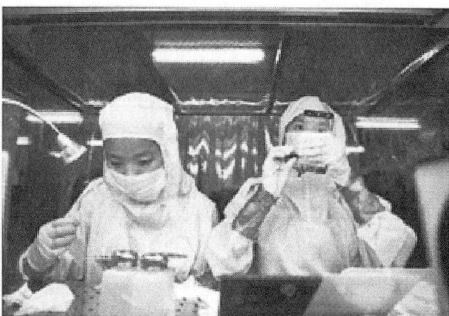

2014年江西联创电子有限公司与韩国美法思株式
会社合资设立江西联思触控技术有限公司

2017年10月，美国特斯拉（北京）科技创新中心
注册成立，生产特斯拉Model X电动汽车

图6-4　外商在华投资企业的发展

资料来源：商务部。

第七章　对外投资增长与"一带一路"倡议的实施

第一节　中国对外投资快速增长

对外开放初期,中国跨境直接资本流动一直以流入为主,对外投资数额很少。1998 年召开的党的十五届三中全会上明确提出"走出去"。2000 年,中央确立实施"走出去"战略。最近 20 年,中国对外投资迅速增长。从 2005 年起超过 100 亿美元,2008 年超过 500 亿美元,2013 年超过 1000 亿美元。2016 年中国对外直接投资达到 1961.5 亿美元,创历史新高,并成为全球第二大对外投资国。此后两年有所下降,2018 年,中国对外投资额达到 1298.3 亿美元。

随着对外直接投资快速增长,中国对外直接投资存量快速上升,占全球的比重也稳步上升。对外投资存量从 1985 年的 9 亿美元稳步上升到了 2018 年的 13065.3 亿美元,年均增长率 24.7%,占全球比重从 1985 年的 0.12% 上升到了 2018 年的 4.4%。表 7-1 是 1990—2018 年中国对外投资流量和存量数据。

表 7-1　1990—2018 年中国对外投资流量和存量增长情况

（单位:亿美元;%）

年份	流　量			存　量		
	金额	占全球比重	全球排名	金额	占全球比重	全球排名
1990	8.3	0.3	22	44.55	0.2	25
1991	9.1	0.5	22	53.7	0.2	26

续表

年份	流量			存量		
	金额	占全球比重	全球排名	金额	占全球比重	全球排名
1992	40.0	2.0	12	93.7	0.4	22
1993	44.0	1.9	13	137.7	0.5	20
1994	20.0	0.7	23	157.7	0.5	22
1995	20.0	0.6	23	177.7	0.5	21
1996	21.1	0.5	23	198.8	0.5	21
1997	25.6	0.5	26	224.4	0.5	20
1998	26.3	0.4	25	250.8	0.5	20
1999	17.7	0.2	27	268.5	0.4	23
2000	9.2	0.1	33	277.7	0.4	22
2001	68.9	1.0	19	346.5	0.4	24
2002	25.2	0.5	26	371.7	0.4	25
2003	28.5	0.5	21	400.3	0.4	27
2004	55.0	0.6	20	455.2	0.5	26
2005	122.6	1.5	17	577.9	0.5	27
2006	176.3	1.3	13	754.2	0.6	25
2007	265.1	1.2	17	1019.3	0.7	24
2008	559.1	3.3	12	1578.3	1.0	18
2009	565.3	5.1	5	2143.6	1.3	19
2010	688.1	5.0	5	2831.7	1.5	19
2011	746.5	4.8	6	3578.3	1.8	14
2012	878.0	6.9	3	4456.3	2.1	12
2013	1078.4	7.8	3	5534.7	2.4	10
2014	1231.2	9.5	3	6765.9	2.8	10
2015	1456.7	8.7	2	8222.6	3.2	10
2016	1961.5	12.7	2	10184.1	3.7	6
2017	1582.9	11.1	3	11767.0	4.1	4
2018	1298.3	12.8	2	13065.3	4.4	3

资料来源:根据联合国贸发会议《世界投资报告 2019》数据整理。

　　随着对外投资的迅速增长,中国作为投资母国的地位迅速上升,在全球对外投资流量和存量中的排名持续上升。1990 年,中国作为对外投资母国,对外投资流量在世界各国中排在第 22 位,对外投资存量排在第 25 位,到 2018 年已经上升到第 2 位和第 3 位,成为全球对外投资大国。

对外开放 40 年来,中国对外投资的行业结构和国别结构不断丰富和扩展。2003 年,中国对外投资排在前四位的行业分别是采矿业、制造业、批发和零售业、租赁和商务服务业,这四个行业吸收的投资额占中国对外投资总额的 92.6%。同年吸收中国对外投资最多的国家和地区有开曼群岛、英属维尔京群岛、韩国等。2017 年,中国对外投资排在前四位的行业分别是租赁和商务服务业、制造业、批发和零售业、金融业,这四个行业吸收的投资额占中国对外投资额的 81.4%。同年吸收中国对外投资最多的国家和地区为英属维尔京群岛、美国、新加坡等(见表7-2 和表 7-3)。

第二节　对外投资的发展历程

一、起步阶段(1979—1991 年)

1979 年 8 月,国务院颁布的 15 项经济改革措施中,明确规定允许出国办企业,中国境外投资开始起步。同年的 11 月,在日本东京建立起了第一家中外合资企业"京和股份有限公司",自此启动了中国对外直接投资的进程。1983 年对外经济贸易部成立,随后几年制定了若干对外投资和在国外开办企业的规定、办法等。1985 年,中国对外直接投资金额达到 6.29 亿美元,是 1984 年的 4.7 倍。1987 年,国务院批准中国化工进出口总公司进行国际化经营试点,成为第一家可以试点境外非贸易型投资和运营的大型企业。至此,对外投资在法律法规方面已有依据,在政策层面已经可行,在企业层面已有载体,对外直接投资有了良好起步。此时已有企业率先在境外投资了国内国际关注度都较高的项目,如上海自行车公司在加纳建立了凤凰自行车加纳有限公司、在巴西合资成立了 2 个自行

表7-2　2003—2017年按行业分中国对外直接投资流量情况表

(单位:亿美元)

年份	2003	2004	2005	2006	2007	2008	2009	2010	2011	2012	2013	2014	2015	2016	2017
流量总额	28.50	54.98	122.61	211.64	265.06	559.07	565.29	688.11	746.54	878.04	1078.44	1231.20	1456.67	1961.49	1582.88
农、林、牧、渔业	0.86	2.89	1.05	1.85	2.72	1.72	3.43	5.34	7.98	14.61	18.13	20.35	25.72	32.87	25.08
采矿业	13.80	18.00	16.75	85.40	40.63	58.24	133.43	57.15	144.46	135.44	248.08	165.49	112.53	19.30	-37.02
制造业	6.20	7.56	22.80	9.07	21.27	17.66	22.41	46.64	70.41	86.67	71.97	95.84	199.86	290.49	295.07
电力、燃气及水的生产和供应业	0.29	0.78	0.08	1.19	1.51	13.13	4.68	10.06	18.75	19.35	6.80	17.65	21.35	35.36	23.44
建筑业	0.29	0.48	0.82	3323.0	3.29	7.33	3.60	16.28	16.48	32.45	43.64	33.96	37.35	43.92	65.28
交通运输、仓储和邮政业	0.86	8.29	5.77	13.76	40.65	26.56	20.68	56.55	25.64	29.88	33.07	41.75	27.27	16.79	54.68
信息传输、计算机服务和软件业	0	0.31	0.15	0.48	3.04	2.99	2.78	5.06	7.76	12.40	14.01	31.70	68.20	186.60	44.30
批发和零售业	3.60	8.00	22.60	11.14	66.04	65.14	61.36	67.29	103.24	130.49	146.47	182.91	192.18	208.94	263.11
住宿和餐饮业	0	0.02	0.08	0.03	0.10	0.30	0.75	2.18	1.17	1.37	0.82	2.45	7.23	16.25	-1.85
金融业	-	—	—	35.30	16.68	140.48	87.34	86.27	60.71	100.71	151.05	159.18	242.46	149.18	187.85
房地产业	0	0.09	1.16	3.84	9.09	3.39	9.38	16.13	19.74	20.18	39.53	66.05	77.87	152.47	67.95
租赁和商务服务业	2.85	7.49	49.42	45.22	56.07	217.17	204.74	302.81	255.97	267.41	270.56	368.31	362.58	657.82	542.73
科学研究、技术服务和地质勘查业	0	0.18	1.29	2.82	3.04	1.67	7.76	10.19	7.07	14.79	17.92	16.69	33.45	42.38	23.91
水利、环境和公共设施管理业	0	0.01	13.00	0.08	0.03	1.41	0.04	0.72	2.55	0.34	1.45	5.51	13.68	8.47	2.19
居民服务和其他服务业	0	0.88	0.63	1.12	0.76	1.65	2.68	3.21	3.29	8.90	11.29	16.52	15.99	54.24	18.65
教育	0	1.00	0	0.02	0.09	0.02	0.02	0.02	0.20	1.03	0.36	0.14	0.62	2.85	1.34
卫生、社会保障和社会福利业	0	0.01	0	0	0.01	0.00	0.02	0.34	0.06	0.05	0.17	1.53	0.84	4.87	3.53
文化、体育和娱乐业	0	5.00	12.00	76.00	0.05	0.22	0.20	1.86	1.05	1.96	3.11	5.19	17.48	38.69	2.64

资料来源:国家统计局年度数据,历年《中国对外直接投资统计公报》。

表 7-3 2003—2017 年按国别(地区)分中国对外直接投资流量情况表

(单位:亿美元)

年份	2003	2004	2005	2006	2007	2008	2009	2010	2011	2012	2013	2014	2015	2016	2017
世界	28.55	54.98	122.61	1763.40	265.10	559.10	565.30	688.10	746.50	878.00	1078.40	1231.20	1456.70	1961.50	1582.90
亚洲	14.99	30.00	43.75	76.63	165.90	435.50	404.10	448.90	454.90	647.80	756.00	849.90	1083.70	1302.70	1100.40
印度尼西亚	0.27	0.62	0.12	0.57	1.00	1.70	2.30	2.00	5.90	13.60	15.60	12.70	14.50	14.60	16.80
日本	0.07	0.15	0.17	0.39	0.40	0.60	0.80	3.40	1.50	2.10	4.30	3.90	2.40	3.40	4.40
新加坡	-0.03	0.48	0.20	1.32	4.00	15.50	14.10	11.20	32.70	15.20	20.30	28.10	104.50	31.70	63.20
韩国	1.54	0.40	5.89	0.27	0.60	1.00	2.70	-7.20	3.40	9.40	2.70	5.50	13.20	11.50	6.60
泰国	0.57	0.23	0.05	0.16	0.80	0.50	0.50	7.00	2.30	4.80	7.60	8.40	4.10	11.20	10.60
越南	0.13	0.17	0.21	0.44	1.10	1.20	1.10	3.10	1.90	3.50	4.80	3.30	5.60	12.80	7.60
非洲	0.75	3.17	3.92	5.20	15.70	54.90	14.40	21.10	31.70	25.20	33.70	32.00	29.80	24.00	41.10
阿尔及利亚	0.02	0.11	0.85	0.99	1.50	0.40	2.30	1.90	1.10	2.50	1.90	6.70	2.10	-1.00	-1.40
苏丹	0	1.47	0.91	0.51	0.70	-0.60	0.20	0.30	9.10	0	1.40	1.70	0.30	-6.90	2.50
几内亚	0	0.02	0.06	0.01	0.10	0.10	0.30	0.10	0.20	0.60	1.00	0.70	-0.30	0.40	0.10
马达加斯加	0.01	0.14	0	0.01	0.10	0.60	0.40	0.30	0.20	0.10	0.20	0.40	0.30	-0.10	0.70
尼日利亚	0.24	0.46	0.53	0.68	3.90	1.60	1.70	1.80	2.00	3.30	2.10	2.00	0.50	1.10	1.40
南非	0.09	0.18	0.47	0.41	4.50	48.10	0.40	4.10	-0.10	-8.10	-0.90	0.40	2.30	8.40	3.20

续表

年　份	2003	2004	2005	2006	2007	2008	2009	2010	2011	2012	2013	2014	2015	2016	2017
欧　洲	1.51	1.71	5.05	5.98	15.40	8.80	33.50	67.60	82.50	70.40	59.50	108.40	71.20	106.90	184.60
英　国	0.02	0.29	0.25	0.35	5.70	0.20	1.90	3.30	14.20	27.70	14.20	15.00	18.50	14.80	20.70
德　国	0.25	0.28	1.29	0.77	2.40	1.80	1.80	4.10	5.10	8.00	9.10	14.40	4.10	23.80	27.20
法　国	0	0.10	0.06	0.06	0.10	0.30	0.50	0.30	34.80	1.50	2.60	4.10	3.30	15.00	9.50
俄罗斯	0.31	0.77	2.03	4.52	4.80	4.00	3.50	5.70	7.20	7.80	10.20	6.30	29.60	12.90	15.50
拉丁美洲	10.38	17.63	64.66	84.69	49.00	36.80	73.30	105.40	119.40	61.70	143.60	105.50	126.10	272.30	140.80
开曼群岛	8.07	12.86	51.63	78.33	26.00	15.20	53.70	35.00	49.40	8.30	92.50	41.90	102.10	135.20	-66.10
墨西哥	0.00	0.27	0.04	-0.04	0.20	0.10	0.00	0.30	0.40	1.00	0.50	1.40	-0.10	2.10	1.70
英属维尔京群岛	2.10	3.86	12.26	5.38	18.80	21.00	16.10	61.20	62.10	22.40	32.20	45.70	18.50	122.90	193.00
北美洲	0.58	1.26	3.21	2.58	11.30	3.60	15.20	26.20	24.80	48.80	49.00	92.10	107.20	203.50	65.00
加拿大	-0.07	0.05	0.32	0.35	10.30	0.10	6.10	11.40	5.50	8.00	10.10	9.00	15.60	28.70	3.20
美　国	0.65	1.20	2.32	1.98	2.00	4.60	9.10	13.10	18.10	40.50	38.70	76.00	80.30	169.80	64.30
大洋洲	0.34	1.20	2.03	1.26	7.70	19.50	24.80	18.90	33.20	24.20	36.60	43.40	38.70	52.10	51.10
澳大利亚	0.30	1.25	1.93	0.88	5.30	18.90	24.40	17.00	31.70	21.70	34.60	40.50	34.00	41.90	42.40
新西兰	0.03	-0.05	0.03	0.03	0	0.10	0.10	0.60	0.30	0.90	1.90	2.50	3.50	9.10	6.00

资料来源：国家统计局年度数据，历年《中国对外直接投资统计公报》。

车生产厂等。不过,这段时间,国内建设蓬勃发展,建设资金极为短缺,国内企业又极其缺乏境外经验,因此对外投资额并不多。1991年对外投资仅为9.1亿美元。

二、快速增长与波动阶段(1992—2000年)

1992年,党的十四大报告提出要"积极扩大我国企业的对外投资和跨国经营";1997年,全国外资工作会议首次提出"引进来"与"走出去"相结合;1999年,国务院办公厅转发外经贸部、国家经贸委、财政部《关于鼓励企业开展境外带料加工装配业务的意见》,支持中国企业以境外加工贸易的方式"走出去";2000年年初,中央政治局首次把"走出去"战略上升到"关系我国发展全局和前途的重大战略之举"的高度;2000年3月,全国人大九届三次会议把"走出去"战略提到国家战略层面。

1992—2000年,中国对外投资上了一个大台阶,在波动中持续增长。当时中国国内改革和发展都处于一个快速发展后的调整期,不少产业出现了产能过剩。这些企业在过去十多年中,一方面大力开拓国际市场,另一方面在国内市场上与进口商品和外商企业的商品竞争,产品质量明显得以提升,对国际市场的理解加深。在邓小平南方谈话精神的鼓励下,国内进入新一轮发展期,同时对外投资经历了短期急速爬升,1992年对外投资从上一年的9.1亿美元骤升到40亿美元,并在1993年再升到44亿美元。此后,随着国内进入新一轮调整时期,对外投资也明显回落,连续三年处于20亿美元的水平。由丁国内市场持续不振,许多企业开始谋划走向境外,1997年,中国对外投资再次回升,但持续了两年又明显回落,2000年中国对外投资只有9.2亿美元。

这个阶段对外投资的起伏波动,一方面受到国内经济发展波动的影响,受到投资快速增长后回调这种周期性的因素影响。另一方面,也受到国内不同观点的影响。当时,各方面对较大规模境外投资必要性的看法并不一致,不少观点认为,国内建设发展任务很重,就业压力很大,大量资金对外投资,并不符合当时中国的情况,应该继续将更多资金留在国内。也有观点认为国有企业对外投资中,有一些"不正常"的因素,并非经济规律和企业发展要求所致。这些观点导致决策层对境外投资审批趋紧，企业投资行为趋于谨慎。

三、持续较快增长阶段(2001—2007年)

2001年年底,中国加入世界贸易组织,对外开放进入新阶段,对外投资迅速增加,2001年从上一年的9.2亿美元跃升至68.9亿美元,此后两年有所回落,于2004年再次开始持续快速增长。以下几个方面的因素促使这个阶段对外投资快速增长。第一,国家更加明确了方向,2001年,对外投资等"走出去"战略内容写入第十个五年计划纲要。2002年,外经贸部和国家统计局联合印发《对外直接投资统计制度》,标志着中国对外投资统计制度的正式建立;2004年,商务部发布《关于境外投资开办企业核准事项的规定》,采用核准的方式开展对外投资审批。第二,国内产业技术水平持续提升,产品质量和档次明显提高,对境外市场的理解增强,国际视野快速形成。第三,加入世贸组织后与投资相关领域的改革加快,包括外汇管理体制和汇率形成机制改革,大幅减少对企业投资决策的审批和干预等,企业能够在更大程度上自主作出投资决策并得到相应的政策支持。第四,这个时期中国出口增长很快,利用传统的贸易渠道继续拓展市场难度加大,投资设立国际分销渠道和在当地生产的要求普遍而迫切,种种因素,推动了这个阶段对外投资的快速增长。

这个阶段,中国对外投资还有一个显著特点,就是到境外寻求技术能力和研发能力。从21世纪初开始,科技全球化趋势明显。科技要素在全球范围内优化重组,各国科技系统的开放性增加,尤其是第三方技术供给出现,即大量专业型研发与设计企业的出现。这些研发型企业本身没有制造能力,其业务就是接受其他企业的委托从事研发和设计工作。例如在集成电路产业中,设计、制造、封装、测试四业分离的趋势明显,出现了大量的Fabless企业(无制造能力的集成电路企业)和Foundry(集成电路委托加工商)。Fabless企业专注于芯片设计,没有芯片制造线,将制造委托给专业制造商制造;Foundry企业专注于芯片制造,将适应自身生产线加工的标准工艺以单元库和IP库的形式提供给Fabless企业,让其设计出需要到自己 Foundry 线上加工的产品。在医药行业中,一些大型制造公司将研究开发分包出去,出现了大量的医疗研发专业机构。国内许多制造能力强的企业敏锐地发现了这种变化,通过在境外设立研发机构、收购或者兼并境外企业等方式获取当地科技资源。当时的国内领军企业如联想、三一重工、万向集团、中兴、华为等,都用多种形式在境外布局研究机构或研究项目,借力提升自己的研发能力。生产缝制设备的上工集团收购了在世界工业缝纫机领域排名第三的德国 DA 公司,DA 的技术涵盖了缝纫机高端技术几乎所有领域,上工集团的技术水平一跃进入全球前列。浙江万向集团先后在美国、英国、德国、加拿大等国家并购多家拥有核心技术的企业,获得了这些公司的品牌、技术专利、客户资源及全球市场网络。①

从这个阶段开始,中国政府开始公布《中国对外直接投资统计公报》,我们可以得到更多的投资数据,包括分行业和分国别的报告。从表 7-4 和表 7-5 中可以看出,2007 年,中国对外投资排名前四的行业分别是:批发和零售业,租赁和商务服务业,交通运输、仓储和邮政业,采矿业,这四个行业占投资总额的 76.7%。排在中国对外投资的主要流入国家和地区前列的是:开曼群岛、英属维尔京群岛、加拿大等,这些国家和地区占投资总额的 72.6%。

表 7-4　2007 年按行业分中国对外直接投资流量情况表

（单位:亿美元）

行业分类	金　额
流量总额	265.1
农、林、牧、渔业	2.7
采矿业	40.6
制造业	21.3
电力、燃气及水的生产和供应业	1.5
建筑业	3.3

---

① 有关科技全球化的影响及中国的机遇,本书第十二章会有详细分析。

行业分类	金　额
交通运输、仓储和邮政业	40.7
信息传输、计算机服务和软件业	3.0
批发和零售业	66.0
住宿和餐饮业	0.1
金融业	16.7
房地产业	9.1
租赁和商务服务业	56.1
科学研究、技术服务和地质勘查业	3.0
水利、环境和公共设施管理业	0.0
居民服务和其他服务业	0.8
教　育	0.1
卫生、社会保障和社会福利业	0.0
文化、体育和娱乐业	0.1

资料来源:《中国对外直接投资统计公报》。

表 7-5　2007 年按国别(地区)分中国对外直接投资流量情况表

(单位:亿美元)

国别(地区)	金　额
世界	265.1
亚洲	165.9
印度尼西亚	1.0
日本	0.4
新加坡	4.0
韩国	0.6
泰国	0.8
越南	1.1
非洲	15.7
阿尔及利亚	1.5
苏丹	0.7
几内亚	0.1
马达加斯加	0.1

国别(地区)	金　额
尼日利亚	3.9
南非	4.5
欧洲	15.4
英国	5.7
德国	2.4
法国	0.1
俄罗斯	4.8
拉丁美洲	49.0
开曼群岛	26.0
墨西哥	0.2
英属维尔京群岛	18.8
北美洲	11.3
加拿大	10.3
美国	2.0
大洋洲	7.7
澳大利亚	5.3
新西兰	0.0

资料来源:《中国对外直接投资统计公报》。

四、对外投资持续增长和多元化发展阶段(2008—2018年)

2009年,商务部制定《境外投资管理办法》,进一步促进和规范境外投资,2014年发布新修订的《境外投资管理办法》,确立了备案为主、核准为辅的对外投资管理制度。2012年,党的十八大提出,加快"走出去"步伐,增强企业国际化经营能力,培育一批世界水平的跨国公司。党的十六大提出了"走出去"战略,并配套出台一系列法规和政策,对外投资成为国家战略。2014年,新修订的《境外投资管理办法》出台,大幅度简化企业对外投资审批流程,进一步明确了中国境外投资的管理规范,表明了政府减少对企业对外投资的干预、鼓励企业"走出去"的导向。

这个阶段,中国对外投资继续较快增长。2015年达1961.5亿美元。

此前阶段有利于推动对外投资的因素多数继续存在并得到加强,例如增强境外市场营销能力、寻求当地市场和技术及研发资源等。

在这个阶段,也出现了新的对外投资意愿。

第一,相当部分产业产能过剩,寻求新市场的动力强。这些过剩生产能力中有相当一部分技术和产品并不落后,适应一些发展中国家甚至发达国家的市场需求。通过对外投资,在全球范围内重新配置这些生产能力,是继续使这些资产发挥作用、促进国内结构调整,减轻国内企业困境的重要途径。从一些发达国家和先行的发展中国家的经验看,当它们处于我们当时这个结构转换时期时,也在很大程度上依靠大量设备向境外转移,促进国内结构调整和升级。国内企业"走出去",在全球范围内重新配置生产能力,是促进国内结构调整的重要推动力。

第二,外汇储备增加很快。2005年新增外汇储备超过1000亿美元,此后几年还在快速增长。2007年年末,中国外汇储备已达到1.5万亿美元,成为全球最大的外汇储备国,对外投资需要的外汇资金充裕,以往限制投资的政策逐步放开。到2013年,外汇储备超过4万亿美元,国内国外压力都很大。对外投资成为减少外汇储备的一个选项。同时还出现两个刺激境外投资的因素:一是2008年世界金融危机后,国外一些企业经营困难,资产价格处于低位,有利于中国对外直接投资。二是由于国内需求增长较快,对国际市场初级产品价格产生影响,价格高企,国内不少观点认为投资境外资源能够更好地保障供给。

第三,当地生产贴近市场的需要。这对机电产品和成套设备出口至关重要。过去多年,中国许多中低档大宗制造业产品,以低价优质的品质,在国际市场上颇具竞争力。随着中国经济发展水平的不断提高,机电产品、高技术产品和成套装备等逐步成为中国的主要出口商品,这类商品以出口方式进入国际市场的一个重要缺陷,是生产不能贴近市场,不能及时按用户要求提供个性化的设计、制造和售后服务,某些产品的竞争力因此而打折扣。"走出去"在当地设厂生产,能够使低成本的优势和贴近市场的优势叠加,增强产品的竞争力。与此同时,近年来中国出口商品面临的贸易摩擦增多,企业出口成本上升,出口前景不稳定,从出口转向对外投资是许多企业的应对之策。

第四,国内资金成为相对充裕的生产要素。中国持续多年的高积累率,存量资本和每年新增储蓄达到巨大规模。2018 年,中国资本形成总额达到 39.7 万亿元人民币,约合 5.4 万亿美元,占全球资本形成总额的比重已达 25.8%。与中国 6% 的淡水资源、7% 的可用土地资源、5% 的能源资源相比,甚至与 23% 左右的劳动力资源相比,资本已经是充裕要素。相对于土地、淡水、环境容量等自然资源的相对稀缺日益明显,面对日益提高的劳动力成本,相当部分的资金继续在本土配置,会达不到要素的最佳匹配状况,降低资金收益水平。在这种情况下,投资者开始向外转移,在全球范围内寻求有更高回报的投资地点。这是资本追逐利润的必然结果。这种转移有利于阻止本土投资收益率的持续下降,稳定资本收益。因此,对外投资加速有其内在的强劲动力。

图 7-1 是中国主要生产要素结构图,每个要素的比例是其占全球总量的比例。可以看到,改革开放初期,劳动力是最充裕的要素,任何其他要素的引入,都能让劳动力得到更多进入现代生产体系的机会(见 1980 年的比例图)。现在,资本成为最充裕的要素,无论是引进(例如资源类产品)或者流出(寻求更多劳动力和技术资源等),都有可能改善资本这个要素的报酬(见 2018 年的比例图)。

(单位:%)

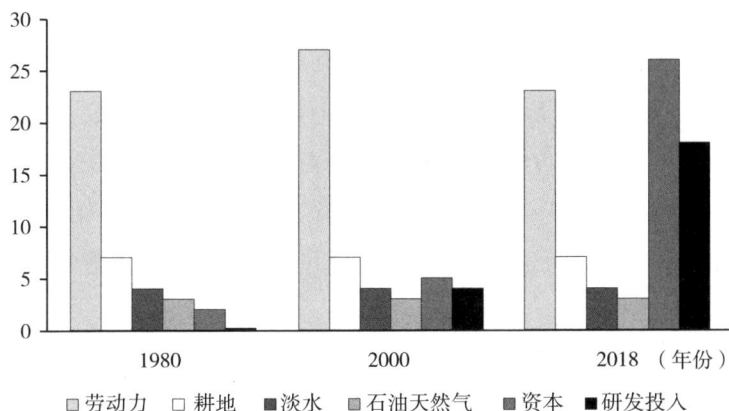

图 7-1　1980 年、2000 年、2018 年中国主要生产要素结构图(占世界总量比重)

数据来源:世界银行。

2016 年将近 2000 亿美元的对外投资额,以及传说中有更多未在官方统计中的对外投资项目,引发国内一些担心。有案例表明,对外投资快速增长中有一些不正常的因素,对此我们还会进行分析。因此,国内银行和外汇管理部门加强了对外投资的审核,政府管理部门也加强了约束措施,此后两年投资额出现明显下降,2018 年降到 1298.3 亿美元,仅为2015 年的三分之二。

在这个阶段,中国对外投资的指导思想有重大发展,即"一带一路"倡议的提出与实施。对此下面将有专节进行分析。

五、中国对外投资中存在的问题

从前面的分析中可以看出,中国对外投资在持续增长的过程中,有过几次明显的停滞甚至下行时段。第一轮的波动出现在 20 世纪 90 年代中后期,在 21 世纪前五年和最近五年也出现过波动。例如 2017 年,中国对外直接投资结束了连续 12 年的快速增长,首次出现负增长,比上年下降30%。除了国际国内形势变化、中国投资战略、企业调整缺乏对外投资的经验需要交学费这些"正常"的因素外,中国投资中还有一些特殊问题,导致了这几次波动的发生。[①]

20 世纪 90 年代初期,中国对外投资出现第一轮高峰期,投资额增长很快。国内许多观点认为,大量资金对外投资,并不符合当时中国的情况,应该继续将更多资金留在国内。当时还有一种观点,认为有一部分境外投资是国有企业体制下的企业、小集团甚至领导层个人的利益驱使,在境外设立经营机构,可以起到接待国内出访、获得高薪岗位、享受境外舒适生活甚至转移资金的作用。虽然这些观点公开讨论的并不多,也缺乏实证研究,但在当时并不缺乏实例,决策层和学术界也有相当广泛的共识。当时也确有不少企业在境外投下巨资搞收购兼并和新建项目,造成

---

① 关于这些问题的相关分析,可以参见江小涓:《中国对外开放进入新阶段:更均衡合理地融入全球经济》,《经济研究》2006 年第 3 期;姚枝仲、李众敏:《中国对外直接投资的发展趋势与政策展望》,《国际经济评论》2011 年第 2 期;黄梅波、李泽政:《中国对外直接投资 40 年:动因及模式》,《东南学术》2018 年第 4 期。

大批资产损失和银行坏账。当时相对有共识的观点是,对那些内部治理结构不健全的国有企业加强监管,防止出现决策不负责任和国有资产流失。这些观点影响着决策层和社会公众对境外投资特别是国有企业"走出去"投资的看法,导致管理层审批趋紧、社会舆情负面和企业决策谨慎。

后来,又出现少数以转移资金为目的的对外投资项目,国有企业和非国有企业都存在这类问题。企业从国内大量贷款,通过高杠杆和资本运作,实现国内资本向外转移,使国内金融业面临坏账风险,对中国金融安全造成了威胁。

还有一种观点认为,大量企业选择对外投资,并非中国国内没有合适的投资机会,而是国内投资环境有缺陷所导致。例如,金融体系特别是资本市场发育不足,还有非国有企业的产权保护不到位等问题,项目投资是一种跨时交易,需要较长时期才能获得回报,需要一种可信的制度基础,使投资者相信其权益会得到良好保障,因此,不要急于鼓励企业"走出去",而是要加快完善国内投资环境,增强企业对国内市场进行长期投资的信心。

中国投资项目在国外也碰到一些问题,有些投资项目因环境保护问题、资源开发问题等受到当地民众的质疑甚至抵触;还有些投资项目不能做到守法经营,破坏了当地中资企业的整体形象;还有些企业,中外双方企业和人员文化差异大,合作中出现种种摩擦;等等。

第三节　境外工程承包和劳务合作:
"走出去"的重要途径

除了对外投资,中国企业"走出去"还有一些其他方式,其中持续40年并发挥重要作用的有境外承包工程和对外劳务合作等方式。[①]

---

① 本部分的历史数据主要由商务部提供,近期数据主要引自商务部对外合作司"中国对外承包工程、劳务合作业务统计年报"。

一、境外承包工程

对外承包工程,即经中国政府许可的境内法人或其他经济组织承揽、实施境外工程建设项目的勘察、设计、施工、监理、设备材料采购、安装调试、工程咨询、工程管理及相关人员培训等的经营活动。对外承包工程作为货物贸易、技术贸易和服务贸易的综合载体,能够带动国产设备、材料、技术出口和劳务输出,促进国内建筑、制造、运输、金融等多个相关行业的发展,中国企业开展对外承包工程,提供了适合当地经济发展水平的设备和技术,为东道国节省资金,培养技术人员,促进了当地经济发展和就业。

我们的对外承包工程,起步甚至早于吸收外资和对外投资。1978 年11 月,中国组建了第一家对外承包建筑工程的企业——中国建筑工程总公司,随后,中国公路桥梁工程公司和中国土木建筑工程公司成立,这三家新成立的公司与中国成套设备出口公司一起开始在中东、非洲等地区开展了对外承包工程和劳务合作业务,1979 年完成营业额 3000 万美元。对外开放 40 年来,中国对外承包的发展有以下特点。

(一)增长速度快

中国对外承包发展历程可分为四个阶段:1979—1990 年为起步阶段,累计完成营业额 64 亿美元,1990 年完成营业额 16 亿美元;1991—1999 年是稳步上升阶段,1999 年完成营业额 85 亿美元;2000—2007 年是快速发展阶段,营业额年均增速超过 25%,2007 年完成营业额 406 亿美元;2008—2018 年是多元化和快速发展阶段,2018 年完成营业额达 1690 亿美元。截至 2018 年年底,对外承包工程业务累计完成营业额 1.58 万亿美元。

(二)企业实力不断增强

从事对外承包工程的企业从 1979 年的 4 家增加到 2007 年的 2265 家,经历了由单一国有经济向多种所有制成分共存的转变,市场主体结构不断优化,骨干企业竞争实力大幅提高。跻身《工程新闻记录》(ENR)世界 250 家最大国际工程承包商的中国企业从 20 世纪 80 年代初期的 1 家增加到 2007 年的 49 家,再增加到 2018 年的 69 家,中国最大的 3 家工程承包企业即中交、中建、中国电建分列 250 强的第 3 位、第 8 位和第 10 位。

（三）市场结构多元化

过去 30 年,中国对外承包工程历经数次重大市场战略调整。我们的第一个大项目是 1979 年中国公路桥梁工程公司承揽的伊拉克摩苏尔四桥项目,此后几年以中东市场为主。20 世纪 80 年代中期以后,相继向更多市场发展。2015 年以后,"一带一路"沿线国家成为重点发展方向。现在,中国对外承包工程业务已经形成了多元化的市场格局。

（四）项目类型多元化、大型化

最初几年,我们主要承接房屋建设、修路等劳动密集型工程项目,以后陆续向电力、石化、航道疏浚、冶金、煤炭等多元领域发展。进入 21 世纪以来,中国对外工程承包承接了一批重要的大项目。2005 年中国铁道建设集团中标造价 12.7 亿美元的土耳其高速铁路项目。2006 年,中信集团和中国铁道建筑总公司联合体中标阿尔及利亚东西高速公路的中段和西段项目,总金额 62.5 亿美元。"一带一路"倡议实施后,又推动中马友谊大桥、中吉乌国际公路、亚吉铁路、瓜达尔港等一批重大项目落地。同时,承接的通信、航天、地质勘探、油气管道等资本技术密集型工程项目也日益增多。表 7-6 是最近几年对外承包工程的情况,图 7-2 是 2017 年中国对外承包工程新签合同行业分布情况。

表 7-6　2012—2018 年中国对外承包工程统计

（单位:亿美元;万人）

年　份	对外承包工程完成营业额	对外劳务合作派出总人数
2012	1166.0	51.2
2013	1371.4	52.7
2014	1424.1	56.2
2015	1540.7	53.0
2016	1594.2	49.4
2017	1685.9	52.2
2018	1690.4	49.0

资料来源:国家统计局历年统计公报。

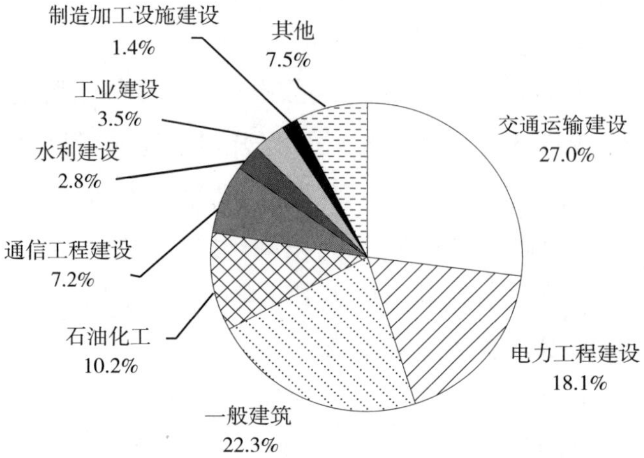

图7-2　2017年对外承包工程新签合同行业分布情况

资料来源:商务部对外投资和经济合作司《中国对外承包工程发展报告》(2017—2018年)。

二、对外劳务合作

对外劳务合作指境内企业法人与国(境)外公司、中介机构或私人雇主签订合同,有组织地招聘、选派中国公民到国(境)外为外方雇主提供劳动的经济活动。此外,还有对外设计咨询等其他形式的经济技术合作。

1982年,中国对外劳务合作年营业额仅1.6亿美元,1994年营业额首次超过10亿美元,2007年营业额达到68亿美元。2018年承包工程项下派出22.7万人,人员实际收入总额56亿美元,此外还有劳务合作项下派出26.5万人。2018年年末在外各类劳务人员99.7万人。截至2018年年底,对外劳务合作业务累计派出各类劳务人员951.4万人。

较早时期劳务合作主要通过开展承包工程带动,后来扩展到向境外派遣纺织、电子、农业、渔业等劳务人员。再往后,扩展到海员、空乘、医护、教师、工程师等高级技术劳务。目前,中国已成为国际建筑、纺织和海员劳务的重要输出国,并形成行业种类齐全、低中高级劳务完备的劳务输出格局。与工程承包相似,初期中国劳务主要派往中东、东南亚等地区。目前,新加坡、日、韩、中东等传统市场巩固,东欧、英国、澳大利亚、新西兰等市场开拓取得进展。劳务人员遍及 160 多个国家和地区。

表 7-7　2018 年年末中国在外劳务人员分布情况　（单位:%）

国家（地区）	占比	国家（地区）	占比
日　本	14.2	马来西亚	2.4
新加坡	9.7	安哥拉	2.7
阿尔及利亚	6.0	巴基斯坦	2.4
沙特阿拉伯	2.7	印度尼西亚	2.3
老　挝	2.4	其他国家和地区	33.6

资料来源:中国对外承包工程商会劳务合作部:《2018 年中国对外劳务合作行业发展述评》,《国际工程与劳务》2019 年第 3 期。

第四节　"一带一路"倡议及中国对外投资新时代

2013 年,习近平总书记提出"一带一路"倡议,赢得国际社会广泛响应。"一带一路"倡导的"共商、共建、共享"的合作理念和开放包容的合作模式,带领中国对外开放和双边及区域经济合作进入新时代,成为中国实践人类命运共同体、开展全方位国际经济合作的新阶段。中国倡议并推动成立亚洲基础设施投资银行、金砖国家新开发银行等,对"一带一路"沿线国家的投资增加,结构改善。以"一带一路"倡议的提出为标志,中国参与双边、区域合作和全球经济治理的方式从以往的被动参与向主动构建转变。

六年来,"一带一路"合作的扎实推进,从愿景到现实,取得了令世人瞩目的成就。截至 2019 年 6 月底,已经有 160 多个国家和国际组织与中国签署了超过 190 份共建"一带一路"合作文件,签署国别从欧亚地区扩大到非洲和拉丁美洲。2013—2018 年,中国与"一带一路"沿线国家货物贸易额累计 6.5 万亿美元,年均增长 4%,服务贸易总额超过 4000 亿美元;对"一带一路"沿线国家投资超过 900 亿美元,年均增长 6.2%;对外承包工程新签合同额超过 6400 亿美元,年均增长 11.8%,三项增长速度均超过中国同期贸易额、对外投资额和承包工程额的总体增长速度。"一带一路"建设推动了中国对外经济贸易合作区域布局的改善,也推动了全球分工体系重塑,提升了发展中国家在全球价值链中的地位(见表7-8)。

表7-8 中国与"一带一路"沿线国家经贸合作情况

年 份	2016	2017	2018
对外直接投资(非金融类)			
投资总额(亿美元)	145.3	143.6	156.4
投资总额同比变化(%)	-2.0	-1.2	8.9
对外承包工程			
新签项目合同数(个)	8158.0	7217.0	7721.0
新签合同额(亿美元)	1260.3	1443.2	1257.8
新签合同额同比变化(%)	36.0	14.5	-12.8
完成营业额(亿美元)	759.7	855.3	893.3
完成营业额同比变化(%)	9.7	12.6	4.4

资料来源:商务部对外投资和经济合作司。

六年来,我们从以下方面促进"一带一路"沿线国家经济社会发展。①

一、带动了"一带一路"沿线国家产业发展

中国与"一带一路"沿线国家产业互补性强,通过促进要素合理流动、资源优化配置和产业深度融合,有力推动了东道国的产业发展。过去六年中国企业对"一带一路"沿线国家的直接投资超过900亿美元,注重发挥当地资源与产业优势,在加工制造、农林开发、能源资源加工等领域促进当地产业发展。中国为充分发掘柬埔寨在水稻和木薯资源上的发展潜力,实施了11个农业援助项目,从而扩大水稻种植面积10%以上,并带动近百家中资企业投资柬埔寨农业;通过农业技术培训和科技援助,使

---

① 本部分的内容引自多个媒体报告及商务部有关信息,其中有部分内容参考了商务部国际贸易经济合作研究院:《中国"一带一路"贸易投资发展研究报告(2013—2018年)》。

柬埔寨大米单产提高 60%—100%。目前,中国已经成为柬埔寨大米最大出口市场,出口到中国的大米占其大米出口总量的 25%。此外,中国企业注重本地化采购,带动了当地经济发展,有超过七成的中方投资企业或合作企业将东道国市场作为采购渠道之一。

二、改善"一带一路"沿线国家基础设施

中国通过多种方式积极参与"一带一路"沿线国家基础设施建设,包括修建道路、桥梁、机场、港口、电站,搭建信息通信网络,对当地经济社会发展发挥了重要作用。推动建设中马友谊大桥、中吉乌国际公路、亚吉铁路、瓜达尔港等一批重大项目。仅在巴基斯坦,中国就参与修建巴沙瓦—卡拉奇高速公路(苏库尔—穆尔坦段)、喀喇昆仑公路二期、拉合尔轨道交通、瓜达尔新国际机场等一系列重大项目,显著改善了巴基斯坦的交通运输设施,破除了长期制约发展的瓶颈。在通信基础设施方面,中国积极参与"一带一路"沿线国家光缆电信传输网、洲际海底光缆、通信卫星等项目合作,促进提升沿线国家整体通信设施,扩大各国间信息交流与合作,提高国际通信互联互通水平。华为集团实施的肯尼亚国家光纤骨干网援助项目,有力推动了肯尼亚信息通信产业实现跨越式发展,网络速度大幅提高、网络通信费用降低了 90%、网络用户激增。肯尼亚信息技术行业快速发展,成为近年来当地发展最快的产业。开通中欧班列,促进了跨国多式联运服务效率的提升,截至 2018 年年底,中欧班列累计开行12937 列,中国国内开行城市达 56 个,连接 15 个国家和地区的 49 个城市,回程班列数量已达去程班列数量的 71%,基本实现"去四回三"。成为促进各国互联互通、提升经贸合作水平的重要平台。有了快捷的交通条件,就能培育贸易新增长点。现在"丝路电商"初具规模,跨境电商综合试验区内企业在沿线建设境外仓库超过 130 个,与 18 个国家建立了电子商务合作机制。

三、承包工程蓬勃发展

中国企业对外承包工程主要集中在交通运输、建筑和电力工程建设等

行业。2013—2018年,中国在"一带一路"沿线国家承包工程新签合同额由719.4亿美元增至1257.8亿美元,年均增长11.8%;完成营业额由655.2亿美元增至893.3亿美元,年均增长6.4%。同期,与"一带一路"沿线国家新签承包工程合同额和完成营业额,占中国对外承包工程新签合同总额和完成营业总额比重始终保持在40%以上,2017年与2018年两项占比均超过50%。"一带一路"沿线国家成为中国企业对外承包工程合作的重要目的地。

四、发展与保护生态并重

近些年来,党和国家所强调的绿色发展、可持续发展等理念,深入到国内发展的各个方面。同时,伴随着中国企业境外投资经验的积累,生态环境保护意识也不断增强。在"一带一路"建设中,国内对外合作的企业有明确的意识和行动,遵守国际环境公约,普遍开展环境评估,减少污水、废气等污染物的排放,妥善处理废弃物,考虑生物多样性保护,促进东道国的长远可持续发展。

五、加快多双边一体化

2013—2018年,我们在"一带一路"沿线加快区域一体化。已经与13个"一带一路"沿线国家签署5个自贸协定(东盟、巴基斯坦、新加坡、格鲁吉亚和马尔代夫)。在沿线国家推进建设82个境外经贸合作区,总投资额超过280亿美元,入区企业超过4200家,为当地创造24万多个就业岗位和20多亿美元税收。截至目前,我们还正在与47个国家建立投资合作、工业园、基础设施等工作组。

实践表明,"一带一路"建设促进沿线国家和地区共同发展、实现共同繁荣,通过全方位推进务实合作,发掘区域内市场的潜力,促进投资和消费,创造需求和就业,增进沿线各国人民的人文交流与文明互鉴,打造政治互信、经济融合、文化包容的利益共同体,成为中国对外开放新的里程碑。

福耀玻璃工业集团2014年以收购方式建设的
中国福耀玻璃工业集团美国莫雷恩工厂车间

中国海信集团建立的海信南丰工业园

2016年，中国东方电气集团建设的
波黑斯坦纳瑞火电站项目

中国葛洲坝集团公司承建的
埃塞俄比亚特克泽大坝

河南新县劳务人员在韩国建筑工地合影

中欧班列国内开行城市已达3个，
可达欧洲15个国家的45个城市

图 7-3　中国对外投资与"一带一路"倡议

资料来源:商务部。

第八章　以开放促改革：中国道路的
重要经验[①]

　　新中国成立以后,中国仿效苏联模式建立了高度集中的计划经济体制。计划经济体制的优势在于可以利用行政手段来充分动员全社会资源,用于国家指定的战略性部门和领域。特别是在长期战乱之后,经济基础十分薄弱、需要加强建设的内容和方向很明确时,更能彰显集中力量办大事的优势,在一段时间内可以保持高增长率。而其缺陷在于过高的信息成本和缺乏激励机制导致的经济低效率。

　　与计划经济体制相适应,中国形成了外贸垄断制。国家对国营外贸公司实行指令性计划管理和统负盈亏,形成集管理和经营于一体的高度集中的对外贸易体制。尽管此后外贸体制也进行了一些小的、局部性调整,但大的格局基本保持下来。这种高度集中的外贸体制,包括外贸计划、财务、经营、定价、行政管理和外汇分配管理等内容,其他方面的对外经济交流也都由国家统一制定和实施。实践表明,这种外贸体制在当时的历史情况下有利于集中调度资源,扩大出口;有利于统一安排进口,保证重点,在当时中国的国情和国际条件下也发挥了积极作用。但是,这种体制也有其缺陷:不利于调动企业积极性,不利于企业按照国际市场需求灵活安排生产和组织营销等,导致中国外贸产品在国际市场上缺乏竞争力。

　　20 世纪 70 年代末实行改革开放国策以来,涉外经济体制的改革成

---

　　① 本章部分内容参考了王子先所撰写的《开放推动体制改革》,见江小涓主编:《中国开放 30 年:增长、结构与体制变迁》,人民出版社 2008 年版。

为迫切要求，因此，先行先试成为整个体制改革的先行领域。涉外经济体制的改革不仅推动了对外开放，而且推动了国内整体改革进程：经济特区是采用市场经济管理方式的最早试验田，外贸体制改革最早实行了指令性计划、指导性计划和市场调节相结合，利用外资对企业改革和经济管理方式改革起到了示范和推动作用，加入世贸组织推动了改革攻坚和与国际规则的接轨。概括而言，以开放推动改革，是中国改革开放40年发展模式的重要经验和突出特征。

第一节 经济特区是率先对外开放和体制改革重要试验场

建设经济特区是中国改革开放初期的重大决策。党的十一届三中全会公报指出："全党工作的着重点应该从一九七九年转移到社会主义现代化建设上来……在自力更生的基础上积极发展同世界各国平等互利的经济合作，努力采用世界先进技术和先进设备……"①在经过一系列国内外调查研究的基础上，1979年7月，中共中央下发《中共中央国务院批转广东省委、福建省委关于对外经济活动实行特殊政策和灵活措施的两个报告》(中发〔1979〕50号)(以下简称"50号文件")，决定广东、福建两省在对外经济活动中实行特殊政策和灵活措施，先在深圳、珠海两市试办"出口特区"，待取得经验后向汕头、厦门推进。按照"50号文件"的表述，四个经济特区在经济活动中实行特殊政策，在经济管理上实行特殊的管理体制。以社会主义公有制为主导，允许多种经济成分共同发展。对外商投资提供优惠待遇，企业所得税税率减按15%征收。1980年5月，中共中央和国务院决定将深圳、珠海、汕头和厦门这四个出口特区改称为经济特区。

举办经济特区是当时条件下落实"积极发展同世界各国平等互利的经济合作，努力采用世界先进技术和先进设备"的英明决策。当时无法

---

① 《三中全会以来重要文献选编》(上)，人民出版社1982年版，第1、6页。

在整体上推进外贸体制改革,不可能全面放开引进外资,优先选择沿海一些条件独特的区域创办经济特区,就是要建立起一个试验场,既能解决紧迫问题和积累经验,又不至于引起国内各方面的很大质疑和争论,能迅速办成事。在当时的认识和政治环境中,"为开放而给予一些特殊政策",较之"按市场经济原则改革经济管理体制"要容易得多。

深圳特区充分发挥毗邻港澳的地理优势,运用中央给予的优惠政策,率先通过中外合资、中外合作、外商独资、"三来一补"等形式,吸收了大量外资,到20世纪末,深圳实际利用外资超过200亿美元,设立外商投资企业超过1万家。对外贸易发展迅速,从1992年开始,进出口总额居全国大中城市首位。其他几个经济特区也陆续对外开放和发展,到1990年年底,深圳、珠海、汕头、厦门四个特区累计与外商签订投资项目约6700个,占全国外商投资项目的26%;实际利用外资45.7亿美元,占全国的28%。外商投资的工业企业产值占各自工业产值的比重,深圳、汕头特区在63%以上,厦门接近一半,珠海也达到30%。

与其他转型经济体相比,发挥香港独特的功能与作用是我们对外开放顺利起步和实行以开放促改革模式的成功之处。最早对外开放的四个经济特区,都具有毗邻港澳台的优势,特别是深圳经济特区与香港一河之隔,具有同根同种的文化地缘特点,联系香港的优势更为明显。这使得经济特区率先与港澳经济对接,并以港澳为桥梁联系世界。以深圳特区为先导的珠三角地区通过发挥香港的国际贸易、金融、航运和信息四大中心的功能,实现了经济快速发展。

经济特区的率先对外开放,就必然要求率先改革,建立起符合国际市场通行规则的营商环境。随着外商投资企业的建立、对外贸易特别是出口企业的快速发展,特区继续引入和创新现代市场经济的规则和知识,逐步建立和完善市场经济体制。

经济特区还率先形成了多种所有制共同发展的格局,推动了国有企业的改革重组,创造了股份合作等新的公有制实现形式,产生了一大批实力较强,以华为、中兴为代表的多种所有制企业。同时,经济特区还充分发挥了"窗口"作用,把各种资金、技术、信息、管理经验等引入国内,推动了更多领域的改革。

特区的改革不仅限于涉外经济领域,而且是在更广泛的领域先行先试进行探索。以深圳为例,他们率先进行劳动用工制度和工资制度、干部调配制度改革,推动了劳动力市场的培育;率先改革价格和计划体制,发挥市场配置资源的基础性作用;率先改革金融、投资体制,设立非银行金融机构,引进外资银行;率先进行国有企业和产权制度改革,实行政企分开,建立国有资产管理的新架构;率先开辟证券、生产资料和期货等市场,加快生产要素市场化;率先进行社会保障如住房失业、养老保险及医疗保险等制度的改革等。

第二节 外贸体制率先改革推动了整体改革

为了适应对外开放的要求,中国对外贸易体制先于整个经济体制启动了多方面改革。为了"鼓励换汇,进口急需物资和先进设备"而对外贸体制进行改革,要比"将计划体制改为市场体制"容易得多。外贸体制改革可以分为三个大的阶段。

一、对外开放初期到 20 世纪 90 年代中期

自 1978 年年底,党的十一届三中全会决定实行对外开放的方针政策后,外贸体制改革就提上日程。1979 年 9 月,国务院颁发《开展对外加工装配和中小型补偿贸易办法》,提出为了增加出口商品和增加外汇收入,各地方、各部门要根据自己的条件和特点,制定发展规划,因地制宜地发展重点行业、重点产品,发展高级加工产品,逐步改变出口商品结构。此后几年,对外贸易体制以增加出口和换汇为目标,进行了以下改革:一是改革高度集中的经营体制,增设对外贸易口岸,下放外贸经营权;二是改革单一的指令性计划管理体制,实行指令性计划、指导性计划和市场调节相结合;三是完善外贸管理,重新实行进出口许可证制度,建立外贸经营权审批制度,授予有条件的企业外贸经营权,壮大外贸队伍;四是探索促进工贸(技贸、农贸)结合的途径;五是采取鼓励出口的政策,实行外贸减

亏增盈分成制度和地区差别的外汇分成制度,对出口商品实行退税等。

1987年,发出《国务院关于批转对外经济贸易部一九八八年外贸体制改革方案的通知》,决定在轻工业品、工业品、服装三个出口行业实行自主经营、自负盈亏的试点改革。1988年2月,国务院发布《关于加快和深化对外贸易体制改革若干问题的规定》。改革的主要内容是:核定各地方和有关外贸总公司的出口收汇、上缴外汇和经济效益指标,3年不变;完成承包指标内的外汇按留成比例分成;超亏自负,减亏增盈留成。同时,在全国建立若干外汇调剂市场,企业自有外汇可随时进入市场,自由调剂。此时,外贸的宏观调控体系开始形成,国家逐步运用价格、汇率、利率、退税、出口信贷等经济手段调控对外贸易,对于改善企业内部经营机制、提高经济效益、促进对外贸易特别是出口贸易的发展,起到了重要作用。

1991年开始,中国取消了对外贸出口的财政补贴,从建立自负盈亏机制入手,使外贸逐步走上统一政策、平等竞争、自主经营、自负盈亏、工贸结合、推行代理制的轨道。实行以大类商品区分的全国统一的外汇留成比例办法,为企业平等竞争创造条件;强调发挥市场机制的调节作用,行政管理部门不得用行政手段干预外汇资金的横向流通;增加企业支配使用的外汇。这轮改革后,对外贸易特别是出口体制基本实现了市场导向。1994年以后,中国实行单一的、有管理的浮动汇率制,取消各类外汇留成,同时实行银行结售汇制。同时,按照国有企业改革的整体部署,改造国有外贸企业,积极推行股份制试点。

中国传统外贸体制是传统经济体制的一个缩影:实行集中管理。国营企业是主体,指令性计划是运行模式,企业按计划生产经营,国家统负盈亏。因此,外贸体制改革也是整个经济体制改革的缩影,为整体改革提供了经验。这方面包括:下放外贸管理和经营权限后外贸出口的快速增长,表明了市场体制在调动积极性和提供市场信息方面的优势;经济特区中的制度安排促进经济高速增长,表明对外开放有利于推动发展;为吸收外资创造的体制小环境,表明微观主体按照市场规则运营,更能适应市场和竞争。有学者认为,从早期的改革开放看,对外经贸方面的改革措施相当有力,其引入的示范效应推动了整个改革进程。它对改革发展的作用一点也不亚于农村改革。[①]

二、20世纪90年代中期后的20年改革

1986年7月10日,中国政府正式提出申请,恢复中国在关贸总协定中的缔约方地位(即"复关")。到1994年,谈判未能达成协议。1995年,世界贸易组织成立,取代关贸总协定,中国随即开始了加入世贸组织的谈判。在此后数年的谈判过程中,为了符合世贸组织对成员方体制的要求,我国加快推进多项改革。这个阶段改革开放的目标,由有限范围和领域的对外开放,转变为全方位的对外开放;由以试点为特征的政策性开放,转变为法律框架下可预见的开放;由单方面为主的自我开放,转变为与世贸组织成员之间的相互开放。整体经济体制改革进程大大加快。

这个阶段,中国国内市场开放度明显提高。中国分别于1992年年底、1993年年底和1995年年底,三次较大幅度降低进口减税水平,并大规模减少非减税措施。三次调税使中国关税总水平分别下降7.3%、8.8%和23%,使进口关税总水平从1996年起降至23%。市场开放水平大大提高,贸易自由化程度高于大多数发展中国家。对国内企业来说,国内市场保护程度的降低,迫使它们与国外进口商品竞争,促进了新产品开发和新技术应用,增强了竞争力。

加入世贸组织谈判中的另一个重要的对外开放举措,是汇率制度改革和金融领域的对外开放。1996年12月1日起,中国实行人民币经常项目下可兑换。12月25日,经国务院批准发布《上海浦东外资金融机构经营人民币业务试点暂行管理办法》,开始审批在上海浦东符合条件的外资金融机构经营人民币业务。1999年8月9日,中国人民银行决定进一步扩大上海、深圳外资银行经营人民币业务的范围,增加外资银行人民币资金来源。

这个阶段,根据世界贸易组织规则和加入世贸组织所作的承诺,中国

---

① 周小川、杨之刚等:《迈向开放型经济的思维转变》,上海远东出版社1996年版。

作出全面部署,清理和修订法律法规,完成法律转换工作。世界贸易组织多边规则对其成员并不是直接适用的,而是必须转化为国内的法律法规,使成员贸易法律制度与多边规则相一致。根据这一要求,中国进行了大规模的清理修订法律法规工作。1999年年底至2005年年底,仅在中央层面就制定、修订、废止了3000余项法律、行政法规和部门规章,解决了与多边规则的相容性问题。世界贸易组织协定中还有政策透明度的要求。为了达到透明度,各级政府部门所制定的与贸易、投资有关的法规和政策措施,都在指定刊物上予以公布。

在这个过程中,世界贸易组织所倡导的理念和原则在中国逐渐为人们所认知,比如透明度原则、非歧视原则、国民待遇、最惠国待遇原则等等,并在经济贸易立法过程中得以实施。为了履行多边义务和为企业主动参与更加激烈的国际国内竞争创造条件,中国还加快了改革攻坚,在转变政府职能、深化行政体制改革、增强政策统一性、公开性和透明度、完善统一公平的市场体系、加强知识产权保护等方面都取得了重大进展,有力推动了整体改革。

2001年12月11日,中国正式加入世界贸易组织,成为世界贸易组织第143个成员。这是中国经济体制改革成功的一个重要标志。加入世贸组织以后,中国以市场经济规律为基础的体制改革与法制建设有了突飞猛进的发展。

2004年4月6日,第十届全国人大常务委员会第八次会议通过新的《中华人民共和国对外贸易法》,与1994年外贸法相比,新《中华人民共和国对外贸易法》有若干重要新改革:允许自然人从事对外贸易经营活动,取消对货物和技术进出口经营权的审批,加大对违法行为及侵犯知识产权行为的处罚力度等。

2005年1月1日,中国全面履行加入世界贸易组织承诺,除承诺中允许采用的非关税措施外,中国取消了其他所有的非关税措施,这是中国对外贸易体制发展史上的一个标志性事件。与此同时,中国关税总水平也由10.4%降至9.9%,涉及降税的共900多个税目。

服务贸易领域对外开放加速。加入世界贸易组织后,服务贸易成为对外开放和对外贸易发展的重点。按照加入世贸组织的承诺,中国在包括银行、保险、证券、电信、建筑、分销、法律、旅游、交通等在内的众多服务部门,修改和新制定了一系列进一步对外开放的法规和规章,服务贸易领域的承诺得到了切实的落实。在世界贸易组织分类的160多个服务贸易部门中,到2005年年底,中国已经对外开放了100个,占62.5%,接近发达成员的平均水平。2006年商务部成立服务贸易司,负责服务贸易促进与协调工作。2009年1月,下发《国务院办公厅关于促进服务外包产业发展问题的复函》,批准北京、天津、大连等20个城市为中国服务外包示范城市。

回头看,加入世界贸易组织以后的十多年,是中国以开放促改革的一个重要阶段。

三、新开放理念下的贸易体制改革：设立自由贸易区

以建立自由贸易试验区为突破口,加快推进新一轮改革开放,加快构建开放型经济新体制。2013年9月27日,国务院批准成立中国(上海)自由贸易试验区,2015年4月20日,国务院决定扩展其实施范围。2015年4月20日,国务院批准广东、天津、福建成立3个自由贸易试验区。2017年3月31日,国务院批准在辽宁、浙江、河南、湖北、重庆、四川、陕西成立7个自由贸易试验区。2018年10月16日,发布《国务院关于同意设立中国(海南)自由贸易试验区的批复》,实施范围为海南岛全岛。2019年8月30日,再增加山东、江苏、广西、河北、云南、黑龙江6个自贸区。中国自贸区总数达到18个。2018年10月,在召开自由贸易试验区建设五周年座谈会前夕,习近平总书记作出重要指示,指出建设自由贸易试验区是党中央在新时代推进改革开放的一项战略举措,在中国改革开放进程中具有里程碑意义。习近平总书记强调,要把自由贸易试验区建设成为新时代改革开放的新高地。6年来,各自由贸易试验区认真贯彻党中央决策部署,一大批制度创新成果推广至全国,发挥了全面深化改革的试验田作用。

第三节　外商投资企业发挥示范作用，
　　　　促进市场化改革

利用外资是中国对外开放的重要内容。利用外资不仅弥补了中国资金短缺，引进了先进的技术、管理经验和中高端人才，更重要的是对体制改革和制度创新产生了全方位的推动作用。

一、早期利用外资法律制度建设是市场化改革的萌芽和先驱

党的十一届三中全会作出了对外开放的重大决策，把充分利用外资加快社会主义现代化建设作为重要内容。中国利用外资，采取由点到面、由沿海到内地、由少数产业到多数产业、由局部到全局的渐进式发展道路。

中国与市场经济相容的法律制度的建立，就是从制定吸收外资相关法律开始的。1979年7月，第五届全国人大第二次全体会议就通过并颁布了《中华人民共和国中外合资经营企业法》。该法律的起草参考了世界上三十多个国家的有关法律，借鉴了其他国家吸收外资的做法和经验，对中国市场化改革发挥了启蒙的作用。为了保证该法的顺利实施，全国人大常委会和国务院组织起草了一系列相关的配套法律和实施细则，主要有：《中华人民共和国中外合资经营企业所得税法》及其施行细则；《中华人民共和国个人所得税法》施行细则；《中华人民共和国外汇管理暂行条例》《中华人民共和国中外合资经营企业登记管理办法》《中华人民共和国中外合资经营企业劳动管理规定》等，经全国人大常委会或国务院批准后，相继于1980年颁布施行。从1983年到1991年年底，仅全国人大和国务院颁布的涉外经济法规就超过200个，包括《中华人民共和国中外合资经营企业法实施条例》《国务院关于鼓励外商投资的规定》等，还有《中华人民共和国涉外经济合同法》《中华人民共和国中外合作经营企业法》《中华人民共和国外资企业法》及其实施细则、《中华人民共和国外

商投资企业和外国企业所得税法》及其实施细则等。根据吸收外资的实际需要，中国开始重视知识产权保护，不仅制定了《专利法》《商标法》《著作权法》《计算机软件保护条例》，而且参加了世界知识产权组织和《保护工业产权巴黎公约》，并在1992年正式加入《世界版权公约》和《保护文学和艺术作品伯尔尼公约》。这些不仅为外商投资提供了更完善的法律依据，而且也逐步创造了相应的市场化体制和政策环境。

在这些法律法规中，引入了市场经济中最必要、最基本的概念和制度框架，是中国随后的市场化改革重要的先导和启蒙。一是引入世界上多种企业制度和治理组织结构，如现代化企业制度、股份合作制度、法人制度、所有权与经营权分离、反垄断、企业激励机制和企业家精神等等，推动中国企业微观制度创新。二是推动了中国会计制度与国际接轨，1985年3月中国制定了接近国际惯例的《外商投资企业会计制度》，1993年7月中国开始在全国推行新的会计制度，基本上做到了与国际惯例接轨。三是推动了价格、投资、金融、外汇、财税等方面的改革，与利用外资法律相关的配套法规和政策措施逐渐适用于国内企业。

利用外资还推动了各级政府职能转变，致力于减少政府直接干预，加快培育商品、要素和劳动力市场，推动了从行政主导型资源配置方式向市场主导型资源配置方式的转变。珠三角等吸收外资最多的地区往往也是市场化改革超前的地区，还是"小政府、大社会"率先推进、公共服务相对健全、行政效率较高的地区。各地致力于改善投资软环境，简化审批手续，提高公共服务水平和办事效率，一个窗口对外，建立健全中介和公共服务体系，这些都逐步适用于国内企业和投资者，形成了新的营商环境。

二、外资企业为国内企业改革发展提供了示范借鉴

中国利用外资，改变了国内企业的所有制结构，推动了中国公有制为主体、多种所有制经济共同发展格局的形成。外商投资经济比重趋于上升，日益成为国民经济重要的组成部分。外商投资企业有较强的竞争力，对国内企业甚至一些行业的龙头企业产生冲击，迫使这些企业脱离"舒适区"，进入竞争状态，加快提升自身能力，完善内部治理机制。面对享

有特殊政策的强手,国内企业要求平等的竞争环境和竞争地位,促进了政府向国内企业放权、加快国有企业改革和同时为内外资企业培育良好投资环境。国内产业因此加快了结构优化、技术进步和质量效益提升的步伐。

加入世界贸易组织以后,外资市场准入进一步扩大,取消对外资的超国民待遇和歧视性待遇,中国利用外资政策进入国民待遇阶段。2002年、2004年和2007年,中国先后对《外商投资产业指导目录》进行了修订,扩大了鼓励范围。同时还相继颁布了40多项对外开放服务业的法规、规章。同时,中国签署了《与贸易有关的投资措施协议》(TRIMs),承诺对外资实行国民待遇,取消了此前对外资企业在出口和外汇方面的业绩要求。2007年3月,第十届全国人民代表大会第五次会议审议通过《中华人民共和国企业所得税法》,实现了内外资企业所得税的统一。2019年3月,第十三届全国人民代表大会第二次会议审议通过了《中华人民共和国外商投资法》,替代改革开放以来形成的《中华人民共和国中外合资经营企业法》《中华人民共和国外资企业法》和《中华人民共和国中外合作经营企业法》这三部法律,形成了统一的外资基础性法律。至此,中国对外资准入大幅度放开,内外资待遇统一,中国营商环境的市场化、国际化、法治化水平达到新的高度。

总之,通过全方位开放促进经济体制全面改革,是中国对外开放最突出的特点之一。现在,中国经济的对外开放程度大大提高,今后在对外开放条件下进行全球竞争,仍然需要国内改革攻坚、对外坚持开放,促进社会主义市场经济体制的不断完善。

下 篇

对外开放中的竞争合作与共赢：
案例研究及理论分析

下篇是对中国对外开放过程中若干重要问题和典型案例的讨论研究。对外开放是重要新变量，对新中国前 30 年发展的理念、模式和权益分配都产生显著冲击，希望渐进、稳妥和平衡各方利益的观点以及不理解、不适应、不赞同的观点伴随着整个对外开放过程，下篇各章的主要内容分别写就于对外开放过程的不同时期，选取某个时段或某个产业为典型案例，以事实为基础，讨论对外开放过程中的不同观点。希望这篇内容，能为这个领域的研究学习者提供一些有学术价值的史料和观点。

第九章　案例研究：对外开放的外溢效应与本土产业竞争力提升

中国 70 年对外开放过程中,始终存在着对外部冲击特别是进口商品和吸收外资带来冲击的担心和忧虑。这些担忧不无道理,中国的实践也表明,对外开放的确会带来冲击,有些方面、有些时段受到的冲击还很显著。但是,这些冲击同时产生了许多积极影响,推动中国企业加快技术进步、改善管理和增强竞争能力。实践表明,大部分受到冲击的产业都能在冲击过后进行有效调整,发挥自身优势,重组国内外资源,在与进口商品和外资企业产品的竞争中获得自己的发展空间。事实证明,我们国情中有许多有利因素,改革创造了有利的体制机制环境,开放战略部署得当,对外开放过程中国内外企业既竞争又合作,本土企业得到快速发展,竞争力迅速提升。

本章讨论对外开放初期家用电器行业的案例和 20 世纪末期洗涤用品行业的案例,并做简要理论分析。[①]

第一节　跨国巨头进入及其对国内企业的冲击

中国对外开放初期,市场上的许多进口产品广泛受到消费者欢迎,占有国内市场较高份额,例如进口电冰箱、进口电视机等家用电器,进口轿车、进口机床等产品,都曾在国内市场上占有超过或接近一半份额。20

---

① 案例引自江小涓主编:《中国开放 30 年:增长、结构与体制变迁》,人民出版社 2008年版。

世纪90年代中期以后,中国吸收外资快速增长,特别是许多跨国公司前来投资。在美国《财富》杂志公布的世界500家最大的跨国公司中,除了少部分公司因为中国限制外资进入某些行业而不能在中国投资外,几乎都在中国进行了投资。以汽车行业为例,1999年"财富500强"中共有24家主要生产汽车产品的公司,27家兼生产汽车产品的公司,到1997年年底,这51家公司已经全部在中国建立了合资汽车企业。再以洗涤用品行业为例,90年代初中期,全球洗涤用品跨国巨头大规模进入中国投资。包括美国宝洁、英荷联合利华、德国汉高等名列"财富500强"的跨国巨头。这些公司中一家的全球销售额,比中国国内全行业的规模还要大。

这种状况引起国内各方面的担忧,认为大量进口和外资企业大规模投资,将对国内企业形成严重冲击,甚至有观点认为民族工业将因此而被冲垮。国际经验和中国实践也表明这些担心有历史和现实背景。大型跨国公司具有雄厚的资金和技术实力,有管理全球性企业的丰富经验。其中不少公司在中国的一些投资项目规模很大,远远超过中国同类企业,占据着企业规模排名的前列,外商投资企业的产量占全行业产量的比重较高。例如,到20世纪90年代后期,中国微电子、移动通信设备、轿车、制药、工程机械等行业中排名前10位的大企业,跨国公司投资企业就占据三分之二以上的席位。90年代后期,外商投资企业的产品占据手机市场九成的份额,占据轿车市场三分之二的份额。相比之下,国内企业规模较小,即使是国内排头兵企业,规模也仅为跨国巨头的十几分之一、几十分之一甚至更低,有些国内全行业的规模还不及一家跨国公司的规模。国内企业不仅规模小,而且技术水平相对较低,对全球竞争没有经验。因此,人们很担心跨国公司的进入会对中国一些行业造成巨大冲击。

然而,许多行业和企业在经历了进口和跨国公司产品短短几年的冲击后,迅速进入了调整重组和加速发展的时期。以家用电器行业为例,在20世纪80年代初中期,进口商品占据了国内大部分市场份额,此后国内企业通过技术引进形成了较大规模的市场能力,到20世纪90年代初期收回了三分之二的国内市场份额并开始较大规模的出口。90年代初期

以后,家电行业跨国巨头纷纷来中国投资,将其技术、品牌优势与中国的成本优势相结合,使外资企业产品的市场份额在 90 年代中期再次超过一半。国内企业感受到巨大压力,加大了技术进步、企业重组和利用全球技术资源的力度,研发投入不断加大,出现了海尔、长虹、海信等一批世界级的大企业,不仅在国内市场份额上排名前列,而且成为全球著名的大制造商。近些年来,本土家电企业和外资品牌企业在竞争中互有优劣,国内市场份额交替变化,本土企业总体上占据着 60% 以上的市场份额。同时,本土企业和外资企业共同组成的"中国制造",占据着全球约三分之一的市场。类似的过程在食品饮料、日用化学品、计算机、通信设备、工程机械、交通运输设备等行业都发生过或正在发生。总体上看,国内产业经受住了对外开放的冲击和挑战,在对外开放过程中提升了自己的竞争力。

下面两节分析中国家用电器行业和洗涤用品行业两个案例,最后一节分析吸引外资产生的多种外溢效应。

第二节　对外开放与提升国际竞争力： 家用电器行业的案例

家用电器行业是中国改革开放过程中一个颇具典型意义的行业。进口商品和国产商品、传统国有企业和多种所有制企业、内资企业和外资企业之间多轮较量,各类企业在竞争中不断改革重组,此消彼长,共同成长。在这个过程中,行业总体规模急剧扩张,结构不断提升,竞争力明显增加,家用电器行业已经成为中国在国际上品牌影响最大、市场份额最高、竞争力最强的产业之一。家用电器行业的迅速发展,受国内需求膨胀、改革开放推动的激烈竞争和对外开放利用全球市场和资源等多方面因素的共同推动。

一、引进先进技术和外商投资企业

20 世纪 80 年代,中国家用电器行业的发展主要依靠国内企业引进技术。通过大规模的技术设备引进,使中国基础薄弱的家用电器制造业迅速发展起来。在1984—1988年间,有51家电冰箱厂从13个国家引进了60多条生产线。在1988年全国755万台电冰箱产量中,技术引进的国家定点厂产量占80%以上。不论是国内有几十年电冰箱生产历史的企业如北京电冰箱厂、苏州电冰箱厂等,还是当时军工转产的企业和其他新转产的企业如陕西长岭机器厂、贵州风华电冰箱厂、上海新中华机器厂和昆明电冰箱厂等,都通过技术引进使产品质量得到提高,而且很快形成了批量生产的能力。洗衣机行业也是在引进技术的基础上迅速发展起来的,20世纪80年代末,中国普通型洗衣机产量已经居世界第一位,技术难度较大的全自动洗衣机已经形成了批量生产的能力,通过引进技术而形成批量生产能力的厂家有广州高宝、凤凰、无锡小天鹅、营口友谊、上海水仙、申花、三灵、司其乐、济南小鸭、广东中山威力、江门金羚、天津辛普森等。电视机行业中的75个企业在这个时期引进了上百条的生产线,形成的生产能力超过1700万台。

20世纪90年代初期以后,跨国家用电器巨头纷纷前来中国投资,成为中国家用电器行业对外开放新的重要标志。外资家电企业在中国固定资产投资、家电产品工业总产值、出口份额和国内市场销售份额、新产品的开发和研发经费投入等方面都具有重要的地位,在电冰箱、洗衣机、空调器、微波炉、制冷压缩机等主要家电行业和关键零部件产业中,外资家电企业的地位尤为突出。2004年,外资家电企业在中国日用电器制造业的工业增加值中的比重为31.96%,在固定资产投资中的比重为28.98%,在出口金额中的份额为50.82%(见表9-1)。由此可见,外资企业对中国经济参与和渗透的程度在增强,尤其是外资家电企业对中国家电出口的贡献份额大于内资企业。同时,外资企业产品销量中外销比重也远大于内资企业。根据中国家用电器协会统计,2004年外资家电企业生产的空调器、洗衣机、微波炉等产品的出口占其产量比重均在45%左右,而制冷压缩机的出口占其产量比重高达80%以上。

表 9-1　2004 年外资企业和内资企业在工业增加值、出口金额和固定资产中的份额

（单位：%）

行　业	工业增加值		出口金额		固定资产	
	外资企业	内资企业	外资企业	内资企业	外资企业	内资企业
日用电器制造业	31.96	68.04	50.82	49.18	28.98	71.02
洗衣机制造业	41.34	58.66	56.02	43.97	19.66	80.34
电冰箱制造业	21.19	78.81	31.64	68.36	22.26	77.74
空调器制造业	41.78	58.22	36.20	63.80	34.61	65.39

资料来源：国家统计局《中国统计年鉴》。

二、外企提供核心零部件支撑本土企业生产高质量产品

中国本土已经出现了世界排名靠前的家用电器大型跨国企业。这些企业都走全球化的发展道路：自主品牌，引进国外技术与自主研发相结合，全球采购零部件和关键设备，利用国内低成本劳动力，发挥大规模制造的优势，从而生产出具有国际竞争力的家电产品。

以中国家电行业中的排头兵企业海尔为例，海尔利用其在全球家电分工链条中的比较优势地位，以自我为主组合和配置全球资源（包括技术、资本等）的能力大大增强，从而更深入地参与到国际分工体系中。海尔的商用空调技术来自三菱重工，作为供应商之一的日本东芝一直参与海尔的产品设计，日本三洋电机公司是提供电冰箱压缩机和空调压缩机的主要厂商之一。表 9-2 是 2002 年中国代表性家电企业电冰箱产品关键零部件、原材料和设备参与国际分工的情况，电冰箱压缩机全部来自国内外资企业，电脑板芯片全部来自进口，温控器从国内外协厂采购，特种钢材从国外进口比重很高（荣事达全部进口；海尔进口比重为八成，外协厂采购占二成），主要设备也主要依靠进口，企业自制的产品只有电脑板的程序，绝大多数零部件、关键设备和原材料来自进口、国内外资企业和国内外协厂，这表明企业参与全球化分工的程度已经很高。

表 9-2　2002 年国内代表性家电企业电冰箱产品
关键零部件、原材料和设备来源　　　（单位:%）

		荣事达集团				海尔集团			
		企业自制比率	进口比率	国内外协厂生产比率	国内外资企业提供比率	企业自制比率	进口比率	国内外协厂生产比率	国内外资企业提供比率
电冰箱压缩机		0	0	0	100	0	0	0	100
电脑板	芯片	0	100	0	0	0	100	0	0
	程序	100	0	0	0	100	0	0	0
温控器		0	0	100	0	0	0	100	0
替代用制冷剂		0	100	0	0	0	100	0	0
特种钢材		0	100	0	0	0	80	20	0
主要设备		0	100	0	0	0	90	10	0

资料来源:笔者主持的调研,姚战琪先生对调研有突出贡献。

三、国内激烈竞争推动大规模出口

自 20 世纪 90 年代初期开始,在中国家电产品继续扩大制造能力的同时,并没有出现国内市场容量的同步扩大与之适应,家电行业国内市场容量的增速仍远远小于产能的增速,生产能力多年来大于国内市场容量。以 2004 年为例,电冰箱产能为 2800 万台,国内市场容量仅为 1000 万台;空调器产能为 5700 万台,国内市场容量为 2800 万台;洗衣机产能为 2200 万台,国内市场容量仅为 1500 万台;彩电产能为 7500 万台,国内市场容量仅为 3600 万台。出口自然成为大多数家电企业继续扩大产能的重要渠道。在大多数家电行业中,出口占产量的比重在三成以上。2004 年,电冰箱行业出口占产量的比重达到 30.61%,空调器行业出口比重为 40.95%,洗衣机行业出口比重为 28.59%,彩色电视机出口比重达到 30%。

出口较快增长使中国出口的家电在全球绝大多数的家电市场中居第一位。据日本电气工业协会最新发表的国际市场统计资料显示,中国生产的空调、电冰箱、洗衣机、电饭煲、微波炉、吸尘器和电动剃须刀 7 种家电产品,在世界上62个主要家电消费国家和地区的市场份额均在30%以上,除了意大利生产的洗衣机目前在国际市场上的份额占据第一位之外,上述的其余6种家电产品,"中国制造"的市场占有份额均居第一位。据日本电气工业协会的调查统计显示,在调查的62个国家当中,2003年的微波炉销量为4615万台,中国产品销售了3660万台,市场份额为79.3%,中国产吸尘器的市场份额为34.8%;中国产电饭煲的市场份额为84.6%(见表9-3)。没有如此大规模的出口,中国家电行业的总规模和许多排头兵企业的规模都达不到目前的程度。

表9-3　中国主要的家电产品出口占世界市场份额

产　品	市场份额	排　名
微波炉	79.3%(2003年)	1
吸尘器	34.8%(2003年)	1
房间空调器	>30%(2003年)	1
电饭煲	84.6%(2003年)	1
彩色电视机	55%(2004年)	1
电冰箱	>30%(2003年)	1
洗衣机	>30%(2003年)	2

资料来源:日本电气工业协会以及《市场报》各期。

家电行业案例表明,内资外资企业相互竞争、共同提高,推动中国成为家电产品出口大国。

第三节　冲击后的重新崛起:洗衣粉行业的案例①

一、跨国巨头的密集进入

20世纪90年代初中期,全球洗涤用品跨国巨头大规模进入中国进

---

① 本部分的情况和数据引自相应年份的《中国轻工业年鉴》《中国经济年鉴》《中国统计年鉴》《中国对外经济贸易年鉴》,以及笔者在1996年、2002年对若干企业、管理部门和行业协会的两次调研,李蕊女士参与了2002年的调研,收集整理了部分数据。

行投资。包括美国宝洁、英荷联合利华、德国汉高等跨国公司。这些公司都是名列"财富500强"的跨国巨头,1999年,联合利华总资产280亿美元,总销售额440亿美元;P&G公司总资产321亿美元,总销售额381亿美元,其中境外销售184亿美元。而中国洗涤用品行业1999年的总销售额,也仅为192.82亿元人民币,约折合23亿美元①,全行业产值仅为联合利华公司的十九分之一、P&G公司的十七分之一。规模如此悬殊,致使当时国内存在许多观点,认为跨国公司大规模进入,中国洗涤用品行业将会受到严重冲击,甚至"全军覆灭"。

到1995年年底,国内洗涤用品行业中,外商投资企业已经占据重要地位,行业"排头兵"基本上都已经成为合资企业。美国P&G公司、英荷联合利华公司和德国汉高公司,是主要的外方投资商。这几家实力很强的跨国公司,根据洗涤用品的产销特点,在全国进行战略布点。

到1995年年底,中国洗涤用品行业中较大规模的合资企业有15家,这15家合资企业有中方合资者14家(有一家中方企业参与两家合资企业),全部是中国洗涤用品行业中排名前20位的大企业。这15家企业洗衣粉和香皂的产量,约占全行业产量的35%—40%。

在这15家合资企业中,P&G公司投资的有5家、联合利华公司投资的有5家、德国汉高公司投资的有3家。除西北地区外,这几家公司在中南、华东、东北、西南地区均有布点,产销网已遍布全国。

在这15家合资企业中,只有两家为中方控股,其余均为外方控股。在外方控股的企业中,大多数企业的外方控股比较高。外方股份在80%—98%之间的有3家,在60%—79%之间的有7家,在50%—59%之间的有3家。总体上看,中国洗涤用品行业中的主力企业已经由国外大跨国公司控股。这15家企业的情况见表9-4。

---

① 这里的洗涤用品行业是指我国工业统计分类中的"肥皂及合成洗涤剂制造业",统计口径为国家统计局使用的"分地区轻工业系统独立核算工业企业",数据由国家统计局提供。洗涤用品行业产品很多,为了使口径一致具有可比性,本书以洗衣粉为例。

表9-4　1995年年底洗涤用品行业排头兵企业的合资情况

企业名称	合资企业的中方与外方
上海利华公司	上海制皂厂、英国利华公司
上海制皂有限公司	上海制皂厂、英国利华公司
上海联合利华公司	上海合成洗涤剂厂、上海日化公司、联合利华公司
上海白猫有限公司	上海合成洗涤剂厂、香港新鸿基公司
北京熊猫宝洁洗剂用品有限公司	北京日化二厂、美国P&G公司
成都宝洁公司	成都合成洗涤剂厂、美国P&G公司
广州浪奇宝洁洗涤用品有限公司	广州浪奇公司、美国P&G公司
天津汉高洗涤剂有限公司	天津合成洗涤剂厂、德国汉高公司
广州宝洁公司	广州肥皂厂、美国P&G公司
张家口联合利华公司	张家口合成洗涤剂厂、荷兰联合利华公司
桂林汉高洗涤剂有限公司	桂林合成洗涤剂厂、德国汉高公司
天津宝洁有限公司	天津香皂厂、美国P&G公司
四平汉高洗涤用品有限公司	四平市油脂化工总厂、德国汉高公司
合肥利华公司	合肥日用化工厂、英国利华公司
沙市活力奔腾洗涤用品有限公司	沙市活力28集团公司、德国奔腾公司

资料来源:笔者根据有关资料整理。

这些合资企业当时在中国市场上的行为令政府管理部门、合资企业中的中方及更多的观察者都不满意。例如,合资企业生产的外方品牌产品,价格明显高于国内企业同类产品的价格;合资企业在广告宣传上都将外方品牌放在主导地位,对中方品牌的宣传很少,外商投资企业对外方品牌的宣传可以说是铺天盖地,1997—1999年,在35个大中城市中,宝洁和联合利华对其麾下品牌的广告费用一直排在所有产品广告的前列,但是,这些企业当时的销售收入和利润主要来自中方企业合资前的品牌,因此实际上是用中方产品的销售收入为其产品促销。1995年,某合资企业销售收入的95%来自中方原有品牌的产品,但企业每年投入5000万元巨额资金为外方品牌作广告,中方原有品牌的广告费却仅占其二十分之一。

当时,有关行业协会按照这些企业的扩建规模和发展设想推算,到2000年,合资企业生产的洗涤用品的市场占有率将达到很高份额,例如合资企业的洗衣粉将占中国洗衣粉市场的60%以上,其中外方品牌产品的占有率会大幅度上升。这些合资企业在站稳脚跟后,会通过再合资、合作、兼并、收购等方式,收编有实力的国内其他洗涤用品生产企业,进一步扩大对中国市场的占有率。因此,中国洗涤用品市场将在很大程度上成为由世界三大洗涤剂跨国公司控制的市场,产品价格将处于高位,这些公司将从中国获取高额利润。这种状况引起国内各方面的高度关注和担忧。

二、市场竞争及企业行为的变化

20世纪90年代下半期,中国洗涤用品市场竞争激烈,市场结构发生显著变化,外商投资企业的行为也随之发生变化。

在刚开始进入中国市场时,外商投资企业将其产品价格定在高位。据业内人士的估计,20世纪90年代中期,质量相差不多的外方品牌产品的价格要比中方品牌的产品高出50%左右。外商原先的市场战略,是以国外流行的大比重、高活性物的浓缩洗衣粉取代普通洗衣粉,并为此进行了密集的广告投资,但由于国内的消费水平和消费习惯,洗涤用品市场仍以中方品牌产品为主,合资企业在产销上也只能以中方品牌为主,普遍占销售量三分之二以上,有些企业高达90%以上。

国内原有一些排头兵企业合资后,合资企业对中方原有品牌的促销力度很小,市场影响呈现下降局面,而合资企业大力促销的外方品牌产品,由于价格居高不下,国内市场占有率上升缓慢。这种状况给国内一些原先居于"第二梯队"的企业提供了扩张机遇。一批改制后的上市企业、股份制企业、集体企业和民营企业抓住机遇,迅速发展。表9-5是1992年和2000年洗衣粉产量排名前10位的企业(集团)名录,入围企业有较大变化。在2000年洗衣粉产量排名前4位的企业中,排名第一、第三和第四位的企业分别是南风公司(国有控股上市公司)、全力(集团)公司(集体企业)和纳爱斯公司(股份制企业)。

跨国公司的市场份额和排序并没有明显上升,在2000年洗衣粉产量排名前4位的企业中,仅有汉高一家跨国公司排名第二,在前10位大企业中,利华公司和宝洁公司分别列在第 6 位和第 8 位。市场竞争的结果表明,大型跨国公司并没有在中国洗衣粉市场上取得明显的优势地位。

表 9-5　1992 年和 2000 年排名前 10 位的洗衣粉生产企业(集团)

序号	1992 年产量最大的 10 家企业(集团)	2000 年产量最大的 10 家企业(集团)
1	广州浪奇实业公司	南风公司
2	天津汉高公司	汉高公司
3	上海合洗厂	全力(集团)公司
4	徐州合洗总厂	纳爱斯公司
5	南京莞基苯厂	白猫公司
6	北京日化二厂	利华公司
7	成都合洗厂	活力美洁时公司
8	潍坊合洗厂	宝洁公司
9	济宁合洗厂	杭州万里公司
10	武汉油化厂	开封矛盾(集团)公司

资料来源:根据笔者 1996 年、2002 年两次调研资料整理。

虽然入围前 10 名的具体企业变化较大,但生产的集中度并没有显著变化。1992 年排名前 4 位的企业,产量之和占全行业产量的比重为 27.6%(CN4 = 27.6),排名前 10 位的企业,产量之和占全行业产量的比重为 52.9%(CN10 = 52.9);2000 年排名前 4 位的企业,产量之和占全行业产量的比重为 37.5%(CN4 = 37.5),排名前 10 位的企业,产量之和占全行业产量的比重为 59.0%(CN10 = 59.0)。人们所担心的由于跨国巨头的进入,全行业由少数寡头垄断的情况并没有出现。

如果以单个企业为统计口径,全行业排头兵企业中的合资企业在全行业中的地位有所下降。按工厂法统计,洗衣粉产量排名前 10 位企业中的合资企业,1997 年为 4 家,产量占全国产量的 18.6%;1998 年为 3 家,产量占全国产量的 13.4%;1999 年为 3 家,产量占全国产量的 11.4%;2000 年为 4 家,产量占全国产量的 15.2%。产量排名入前 10 强的合资企业,2000 年产量比重较 1997 年降低了 3.4 个百分点。

截至 2001 年年底,洗衣粉生产企业中,有 6 家独资企业和 5 家合资企业。6 家独资企业是:广州宝洁、成都宝洁、北京宝洁、四平汉高、合肥利华、天津汉高;5 家合资企业是:上海联合利华、徐州汉高、桂林汉高、活力 28、广州浪奇。

由于市场竞争激烈,一些著名跨国公司在中国洗衣粉市场上的经营并不如他们初期投资时想象的那样顺利,不断对投资方向和企业股权结构进行调整。例如利华公司,1986 年进入中国,开始从事香皂生产,20 世纪 90 年代中期,合肥利华、上海联合利华、张家口联合利华公司先后开始生产洗衣粉,但是,市场份额的继续扩张显得十分困难,到 1998 年,利华从张家口撤走所有股份,洗衣粉产量大幅度下降。1999 年,利华将其在上海的 4 家合资企业重组为新的上海联合利华,同年上海联合利华停止生产洗衣粉。到 2000 年,只有合肥利华一家生产洗衣粉,在洗衣粉行业产量中的排名由 1997 年的第 5 位降为 2000 年的第 6 位。其中在 1998年、1999 年两年,利华没有进入洗衣粉行业前 10 强。现有的合肥利华生产的洗衣粉,包括奥妙、芳草两个品牌,其中芳草是合肥日化总厂的原有品牌。

表 9-6 是 1996 年以来外商投资企业和外方品牌产品在中国洗衣粉产量中的地位。可以看出,外商投资企业的产量在经历了 20 世纪 90 年代上半期较快增长后,90 年代下半期的市场份额出现明显的下降。不过,合资企业外方品牌产量占全国产量的比重略有上升,外方品牌产量占合资企业产量的比重有明显上升。

表 9-6　1996—2000 年洗衣粉行业外商投资企业产量比重　(单位:%)

年份	外商投资企业产量占全国产量的比重	外方控股企业产量占全国产量的比重	合资企业外方品牌产量占全国产量的比重	外方品牌产量占合资企业产量的比重
1996	35	25	8.00	22.86
1997	35	26	7.00	20.00
1998	28	19	4.00	14.29
1999	22	17	7.73	34.60
2000	22	19	9.50	42.81

资料来源:根据笔者 2002 年的调研收集整理。

外方品牌产品比重的上升,固然与合资企业数年来大密度的广告宣传及其产品质量较高有关。但另一个重要的因素是,面对激烈的市场竞争,外方品牌产品的价格大幅度下调。以宝洁麾下的碧浪为例,1998 年碧浪超效(第二代)400 克装全年均价 7.99 元,1999 年全年均价 6.14 元,到 2000 年年底市场价已经低到 5.16 元,三年时间,产品价格下降了35%,而同期国内大致相同质量的洗衣粉价格仅下降了不到 8%。2001年年底,宝洁公司在市场上出售的主流产品是声称为第三代产品的碧浪漂渍(400 克),价格已降至 4.98 元。与国内品牌产品的价格基本上持平。国内企业不仅重新赢得市场空间,也通过自身实力迫使外资企业降低价格和不断提供新产品。

第四节　对外开放的多重外溢效应

吸引外资企业之所以能够推动国内产业发展提升,是因为多方面的外溢效应。

外溢效应是指一个经济主体所具有的某种能力从内部向外部扩散产生的效应。中国吸收外资从多方面产生积极的外溢效应,外资企业的存在,对国内企业发展和提高竞争力产生积极推动作用,包括推动技术水平提升、管理水平提升、研发能力提升、人力资本发展、配套产业发展等各个方面,促进国内产业提高整体竞争力。本节讨论外溢效应的产生渠道及表现。

从中国吸收外资的实践看,吸收外资的外溢效应主要有表 9-7 中所列的几种方式。

表 9-7　外资企业产生外溢效应的主要方式

技术外溢的类型	具体的外溢途径	典型表现
人力资本外溢效应	境内人才流动	人才从境内外资企业流向本土企业
	跨境人才和资本流动	境外人才随同外资流入而进入本土

续表

技术外溢的类型	具体的外溢途径	典型表现
示范效应	产品和技术示范	外资企业新产品提供的观察学习机会
	管理示范	外资企业管理能力被观察和模仿
	产品开发导向示范	外资企业研发行为提供技术和市场导向
竞争效应	技术竞争	与外资企业竞争迫使本土企业加快新产品新技术开发
	成本和管理竞争	与外资企业竞争迫使本土企业创新体制和管理模式
合作效应	合资合作经营	内外资企业分享对方优势
	产品配套	国内配套企业获得技术指导、品质控制和市场渠道等多种益处
技术应用效应	提供核心部件	外资企业为本土企业提供核心零部件
市场开拓效应	开拓一个新的市场	外资企业开辟新市场和本土企业跟进

资料来源：笔者根据有关文献的内容及中国的经验作出的总结。

一、人力资本外溢效应

有两种主要方式。

（一）境内外资企业人力资本向本土企业流动

外资企业所具有的技术和管理等方面的优势，无法脱离其人力资源而完全物化在设备上，因此必定要和人力资源的开发结合在一起。随着国内企业成长，人力资本在外资企业和内资企业之间的流动成为必然，这是外资企业技术外溢特别是核心技术能力外溢的重要途径。

20世纪90年代末期以前，由于国内企业吸引力有限，人力资本从外资企业流向本土企业的规模小、水平低。2002年以来，这种流动趋势明显加强，在外资企业工作的高级技术人员和管理人员回本土企业工作的案例不断增加。2002年年初，已任英特尔中国研究中心主任和首席研究员职务的颜永红，与其他六位同在英特尔任职的核心技术人员一道，辞去在英特尔的任职，在中国科学院声学研究所共同组建了一个平均年龄只有30岁的科研团队——中科信利语音实验室。这可能是外资研发机构

中核心技术团队成建制向本土企业流动的首个案例。此后高水平技术和管理人才流动频繁。据笔者的两次调研,到 2004 年年底,"财富 500 强"在华投资企业中已有近 200 位副总经理以上级别的技术和管理人才转到本土企业工作;到 2006 年 9 月,被调研过的 400 多家企业中,约有一半企业有高级技术主管离职,其中转到其他外资企业、转到本土企业和自己创业的各约占三分之一。一家跨国公司中国区总裁在谈到公司大量高级人才离开时,认为公司已经成为中国 IT 产业最好的人才基地。①

21 世纪初以来,随着服务业特别是研发、咨询等外资服务企业的发展,这些企业中技术骨干的流动更为常见。据笔者主持的一项对服务外包企业的调研,到 2006 年年底,超过三分之二的外资研发机构有部门经理以上的骨干流动,其中约有一半进入本土企业。与制造业需要有昂贵设备配置才能实现技术实力不同,许多服务业中人力资本是技术的主要载体,人员流动的溢出效应更加突出。

(二)境外人力资本随同外资流入进入本土

21 世纪初以来,中国有大量境外留学、已有较好从业基础和研发能力的人员,随着境外资本的进入回到本土创业。遍布全国多个开发区的"境外留学人员创业园"或类似园区,吸引了大量携带境外资金回国创业的境外留学人员,到 2006 年 8 月,这类人力资本人数已超过 1.6 万人。开发出中国第一块具有中国自主知识产权、世界领先的百万门级超大规模 CMOS 数码图像处理芯片"星光一号"的中星微电子有限公司,总裁和一批技术骨干均为海归精英,其中有二十多位是来自 Intel、SUN、IBM、HP、KODAK 等世界知名大公司的资深软硬件、多媒体及网络技术专家。建立了中国自己的 3G 无线通信标准 SCDMA 的信威公司的两位创始人陈卫和徐广涵,分别来自摩托罗拉公司半导体部和德州大学奥斯汀分校,研究团队也有多名境外归国人员。这些企业虽然其资金来源和产品市场高度国际化,有些按资金来源划分还是所谓的外资企业,但并不是任何国

---

① 《陈永正首谈吴世雄跳槽:微软成 IT 业黄埔军校》,新浪科技,http://www.sina.com.cn,2005 年 9 月 6 日。

外大跨国公司的子公司,而是根植于本土的高技术企业。

二、示范效应

有技术示范、管理示范和产品开发导向示范等几种渠道。

(一)技术示范

外资企业所使用的先进技术会通过设备、产品、人员接触、客户技术资料等许多有形和无形的方式,对国内企业产生示范影响。技术示范作用的强弱,在很大程度上取决于国内企业对先进技术的理解能力和应用能力。随着中国企业技术能力不断增强,外资企业的技术示范作用也不断增强。

(二)管理示范

跨国公司在引进先进技术的同时,也引进了有效使用这些先进技术的管理经验。在对外开放的较早时期,许多外资企业在同行业中管理水平最高,为国内其他企业提供了"眼见为实"的学习机会。据笔者对本土汽车企业的调研,合资企业的经营和发展模式,使本土企业理解了如何为寻求低成本和市场份额而将分布在全球的生产、营销、技术开发网络连成一个高效运转的整体,如何在全球寻求新的低成本扩张机会、寻求新的知识来源和创新思路,如何有效利用各种服务系统如金融、财务、全球性资料库、研究咨询等等。

(三)产品开发导向示范

当今世界,知识与信息呈现爆炸性增长。而国内教育和科技界提供的知识与技术,往往远离开发全球性的商业机会和适应市场需求等实用性目标。因此国内企业的技术开发,有时缺乏对技术发展方向和市场需求的恰当理解,缺乏对全球趋势的理解。外资企业的技术开发导向能够充分利用其内部多年积累起来的对技术和市场的理解能力,观察其产品研发设计的特点,有助于本土企业迅速提升对技术和市场的理解能力。特别是一些需要集成多种技术能力、在多种可能性中选配资源的产业,通过自身积累形成市场理解能力需要较长时间,观察模仿是一条有效途径。国内一家大型汽车制造企业的总经理曾经说过:不用说自己研发了,就是买零部件搞装配,都不知道到哪里买,应该买什么。至于如何进行市场定位,如何适应市场需求集成技术,甚至如何配置装配生产线,更是在合资过程中一点一滴学习得到的。

三、竞争效应

外资企业是国内市场上新的有力竞争者,使原先处于国内领先地位甚至垄断地位的企业为了保持市场竞争力,加速技术开发的速度和提升技术水平。对外开放实践表明,与外资企业竞争的压力,是国内通信设备、交通运输设备、工程机械、电站设备等许多行业中的内资企业不断提升技术水平的重要推动力。在中国一些服务行业中,由于对外资开放较晚,国内企业改进服务和提高效率的压力不大,与国外先进水平相比差距较大。随着中国金融、保险、电信服务、批发零售业等行业对外开放程度的不断加深,这些行业提高效率和改善服务的进程明显加快。

四、合作效应

(一)建立合资企业

通过建立合资企业或其他合作方式,跨国公司和本土企业可以优势互补,共同提高竞争力。其中最重要的是外资企业的技术优势、品牌优势、国外市场渠道优势与本土企业的成本优势、本土市场理解能力和渠道优势的结合。

(二)配套效应

大量本土企业与外资企业的产品配套。在稳定的配套关系中,外资企业的有关技术能力会向国内配套企业转移,方式包括提供相应的技术标准和技术援助等。笔者曾经分两次调研过101家外资企业的国内配套情况,其中有73家企业对国内配套商提供技术帮助,占样本企业的72%。按照出现的频率,这73家外商投资企业帮助国内配套企业提高技术水平和产品竞争力的主要方式依次为:提出新的质量标准、提供技术帮助、帮助开发所需技术、共同出资开发所需技术、引导企业原先在境外的配套商与中方配套企业合资(见表9-8)。

表9-8　外商投资企业为国内配套企业提供技术帮助的主要方式(样本数:73)

提供帮助的方式	应答的企业数(家)	占样本企业的比例(%)
提出新的质量标准	60	82.2
提供技术帮助	51	69.9
帮助开发所需技术	17	23.3
共同出资开发所需技术	7	9.6

注:各种提供帮助的方式可以复选。

五、技术应用效应

国内许多制造企业在最终产品组装集成和大部分部件制造中达到了较高水平甚至世界先进水平,但由于国内配套企业提供的关键零部件、原材料和加工工艺达不到质量要求,使整个产品的质量和档次下降。如果依赖大量的进口零部件和原材料,又会使产品的成本大幅度上升。外资企业提供的核心零部件,提高了国内最终产品生产企业的产品质量和技术档次。中国家用电器、汽车、计算机、通信设备、工程机械等行业最终产品质量和技术水平的提高,在很大程度上与外资企业提供的高质量关键部件直接相关。例如,压缩机是电冰箱和空调器中技术最复杂的关键零部件,决定国内企业最终产品的质量。笔者主持的一项研究表明,中国压缩机行业的迅速发展,外商投资企业是主力。以空调压缩机为例,到2000年,按产量排名的国内前8位压缩机生产企业中,外资企业占了6位,这6家企业产量占国内产量的86%,其中5家中日合资企业的产量占86%。从最终产品生产企业的角度看,外商投资企业提供的核心零部件不可或缺。

服务业对外开放也产生了显著的技术应用效应。最突出的是生产性服务业发展对制造业提升档次水平的支撑作用。专业化服务提供不足和水平不高,是中国制造业技术含量和附加值不高的一个重要原因。服务业对外开放,使国内制造企业可以从外部获得高质量的专业服务。对外资设计服务企业的调研表明,有77%的企业认为推动了中国制造企业提高竞争力,主要表现在六个方面:改善经营手段和提高技术创新能力、吸

收新的经营理念、提高企业效率、快速进入国际市场、加速创建品牌、降低成本。对外资软件企业的调研表明,本土用户企业通过提升客户服务、改变经营模式和增强灵活性三种方式获得技术溢出效应的比例分别达到70%、57%和55%。

六、市场开拓效应

一个未被消费者普遍认可的新产品,在进入市场初期要花费大量的市场开拓费用。不少案例表明,当企业规模不够大、企业和产品的品牌效应不明显时,即使产品质量和技术水平较高,但先行进入市场的开拓者,往往会付出巨大的成本,甚至导致企业财务困难以致破产。外资企业有雄厚的实力,有开拓全球市场的经验,因此往往成为国内新产品的市场开拓者。当市场需求被激发出来并形成较大规模时,本土企业的进入成本会明显降低。计算机、网络通信、移动通信等国内市场的开拓,都有外资企业以其实力和品牌优势先行进入,然后本土企业以低成本跟进,最终双方共享巨大的市场利益。国内迅速成长的一些汽车制造企业就认为,跨国汽车制造企业在中国经营多年,直到2000年前后才将中国市场"捂热",为国内企业的进入准备好了一个迅速扩张的消费市场,国内企业恰好在这个节点上进入,那些开拓市场所需的大量前期投入和等待市场成熟的时间损失等都不必承受。

本章的案例研究表明,中国国内市场容量巨大,本土企业有许多现实和潜在竞争优势,寻求生存和发展的能力较强。即使是跨国巨头,想要在中国市场上取得垄断地位并借此长期获得垄断利润绝非易事。只要进入的技术壁垒不是特别高,又存在有利于国内企业发展的体制与政策环境,本土企业就能够在竞争中与跨国公司共同生存和发展。那种仅凭跨国公司规模巨大、仅凭其自身存在获取垄断地位的意愿,就臆断国内企业必然被挤垮的观点,既不符合市场经济的基本规律,也不符合中国市场开放的实践。

第十章　案例研究：中国出口商品结构变化的决定因素[①]

改革开放的前30年,中国对外贸易特别是出口保持高速增长,出口商品结构发生变化。本章以21世纪初期的出口商品结构为对象,探讨影响中国出口商品结构的主要因素,探讨全球化背景下决定一国出口商品结构的一般性因素,识别决定中国出口商品结构变化的关键因素,并提供一个可计量的分析工具。基本结论是,出口商品结构及其变化受客观因素制约,有内在规律。充分考虑这些因素和规律,政策措施能够事半功倍。

第一节　决定出口商品竞争力的主要因素：初步观察结果

一、观察样本选择和数据获得

到21世纪初,中国对外贸易快速发展已经有二十多年,出口商品结构持续变化,各类商品的绝对出口额和在出口总额中的比重有显著变化,具备了进行实证研究所需要的时间跨度和系统数据。从大类商品看,传统的劳动密集型商品如纺织服装、家具、文体用品、玩具箱包等,一直保持较大规模的出口。资源密集型出口商品在出口总量的比重持续下降,数

---

　　① 本章内容选自江小涓:《我国出口商品结构的决定因素和变化趋势》,《经济研究》2007年第5期。本文有删减。

额较小。出口快速增长,比重持续上升,对中国出口商品结构变化有显著影响的主要是机电产品,对分析未来趋势的意义最明显,有必要作为研究重点。

但是,细分到商品的难点是数据,本书按以下思路和方法获得所需数据。首先,通过对重要出口商品的逐一观察,归纳判断影响出口商品结构的主要因素;然后综合考虑代表性、合理性和可获得性,寻求能够有效表达这些因素意义的可计量指标;再下来,挑选若干代表性出口商品,使用这些指标组成的面板数据,建立计量分析模型并进行检验;最后,对未来几年中国商品出口规模和结构提两点思路性看法。

另一个难点是国内外数据口径的对应。国际贸易分类标准(SITC)与国内使用的进出品商品分类标准(HS)不同,也无法直接衔接分析,需要统一数据口径。特别是中国机电产品分类标准和国际贸易分类标准不一致,机电产品是中国对外贸易管理中特有的一个分类,种类繁多,覆盖面广,涵盖从船舶、大型机械等生产设备,到汽车、家电、手机等消费产品。具体包括金属制品和机电仪器产品及设备两大类,后者又可细分为机械及设备、电器及电子产品、运输工具、仪器仪表、其他等五类。而国际贸易分类中没有"机电产品"这个项目。经过逐项对比两者分类,本书采用的方法是:以 SITC 的三位代码产品分类为准,将国内 HS 四位代码项下的相应产品加总与此对应。这涉及 213 项四位代码产品统计口径的调整。

二、初步观察结果

本书观察的样本,是名列中国出口规模前 30 位、全球贸易规模前 30 位和中国出口增长前 30 位的机电产品,[①]这些产品占中国机电产品出口总额的 85% 以上,有广泛的覆盖面和代表性。根据贸易理论和对中国出口商品结构变化的观察,出口商品结构主要受国内因素、全球分工格局、

---

① 资料来源主要有:世界贸易组织网站(www.wto.org)、UNCTAD(www.unctad.org)、中华人民共和国商务部(www.mofcom.gov.cn)、中华人民共和国商务部机电产品进出口管理司。机电产品国际国内统计口径衔接的更详细解释,以及名列三种分类下的前 30 位的机电商品名录,可参见江小涓等:《中国经济的开放与增长 1980—2005 年》,人民出版社 2007 年版。

出口规模和增长速度三个方面特征的影响。①

（一）国内因素

国内因素主要包括要素禀赋、制造能力、市场扩张速度、市场竞争程度四个方面。

1. 要素禀赋

中国劳动要素相对密集、劳动力成本相对低的特征十分突出，出口商品的劳动密集程度应该成为决定其国际竞争力的重要因素。图 10-1 是 2005 年中国各个制造行业人均固定资产原值，全部制造业的平均值为 11.2 万元/人。这个数值越低，表明劳动密集度越高，在平均值右侧的行业，是劳动相对密集的行业；左侧是资本相对密集的行业。可以看到，不仅纺织服装鞋帽、家具、工艺品等是因劳动密集而具备竞争力的出口商品，出口规模较大、出口增长速度较快的出口机电产品如仪器仪表文化办公用品、通信设备和计算机等，其劳动密集程度也要远远高出制造业的平均水平，表明我们在这类商品的全球分工中，从事的是劳动相对密集的分工环节和零部件制造。

2. 制造能力

当出口比例确定时，产业规模越大，绝对出口规模就越大。国内制造能力大，还表明产业和技术成熟，规模经济明显，对出口竞争力有正向影响。排名中国出口机电产品前几位的商品如自动数据处理设备及零件、电信设备及零附件、电视和声音录制设备等，都是国内产业规模大、技术相对成熟和质量稳定的产品。

3. 市场扩张速度

国内市场扩张快时，国内需求旺盛，产业增长有足够内需容纳。当市场扩张由快转慢时，随着市场高速扩张的生产能力面对突然减弱的内需增长，多余生产能力必然转向国际市场。从 20 世纪 90 年代中期家用电器出口开始，出口增长速度与国内需求增长速度呈反向关系的现象已成

---

① 本部分的分析，有些按二位代码项下的商品进行分析，有些按三位代码项下的商品进行分析，主要是按其意义和国内产业的数据可得性决定。

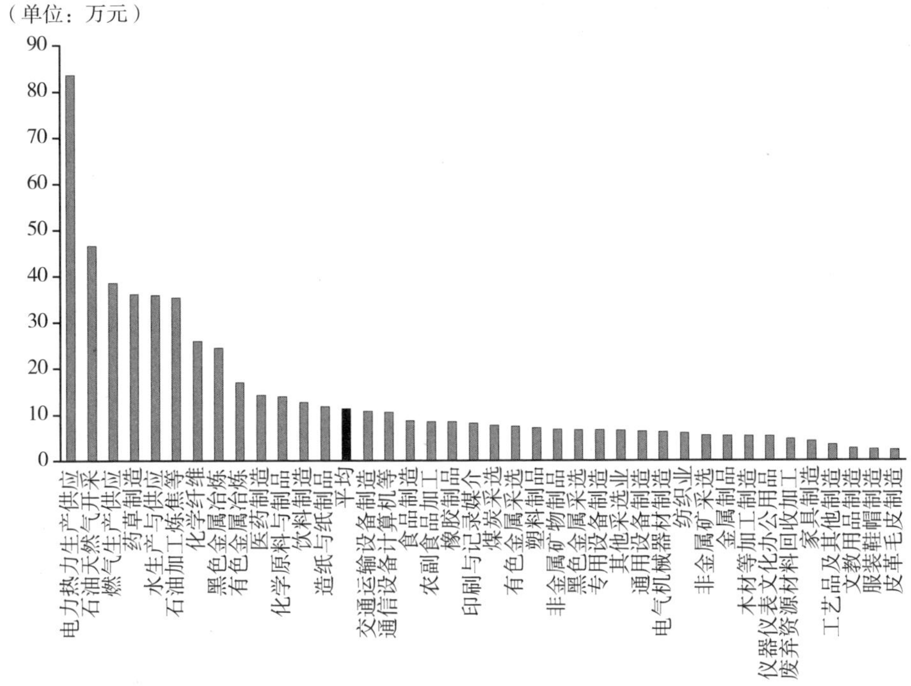

（单位：万元）

图 10-1　2005 年中国各制造行业人均固定资产原值

为规律。近些年的典型商品有办公机械与自动数据处理设备、电子机械设备及零部件、电信设备等。最新案例是 2005 年开始的汽车出口高速增长。

4. 市场竞争程度

市场竞争越激烈，企业开发技术、提高品质和降低成本的压力越大，促进企业增强国际竞争力。同时，竞争加剧使整个产业的利润率下降，企业为了持续增长、扩大规模和提高收益率，更倾向于寻求国外市场。从家用电器、通信设备到汽车，在多个样本商品上都能观察到，一个行业利润率与其出口规模和出口增长速度明显反向相关。

（二）全球分工格局

全球分工格局主要包括外资参与度、产品制造加工特性和全球贸易总量三个方面。

1. 国内产业的外资参与度

外资进入往往伴随着新的产品、技术、管理和全球营销网络,外资企业参与国际竞争的能力总体上高于国内企业。国内企业产出的增加值中,用于出口部分的比重在20%以下,而外资企业这一比重高达40%以上。[①] 近些年,出口规模大、出口增长快的办公和自动数据处理设备、通用机械设备、专业用科学工具、照相设备等,都是外资参与度较高的行业。

2. 产品是否具有可拆分的制造加工特性

由多个零部件和多次独立加工过程组成的产品,即装配加工型产品,可以在全球范围内分工制造,如果是高附加值、低重量、便于远距离运输的产品,则全球分工制造更加经济。相反,有些产品加工制造过程不可拆分,就不利于进行全球分工制造。机电产品总体上具有装配加工型特征。

3. 全球贸易额和贸易占产值的比重

如果全球贸易额大,贸易占产值的比重高,说明这种商品是高度全球化的商品,出口增长空间大。相反,如果全球贸易额小,贸易占产值的比重低,说明这种商品是低度全球化的商品,出口增长相对困难。中国出口商品的规模和结构受这个因素的影响明显,全球贸易规模排名靠前的商品与中国出口规模排名靠前的商品重合度较高。以机电产品为例,同时列全球出口前30位和中国出口前30位的商品有21项。

(三)出口规模和增长速度

主要包括出口商品市场份额和出口商品增长速度两个因素。

1. 出口商品市场份额

如果占全球或特定出口市场的份额高,表明我们已经在全球市场上有相当地位,考虑到消费者多样化消费需求和各国贸易平衡的要求,以及在较大市场份额时出口增长会导致价格下滑等因素,此时出口继续增长难度加大。近几年,中国出口占全球出口份额超过20%的机电产品如无线电广播接收器、家用金属设备、玩具和运动商品、彩电接收器、录音机和

---

① 这个指标是指企业增加值中出口部分所占的比重,而不是指出口额占增加值的比重,这两个指标的含义不同。

复读机、摩托车和自行车等,出口增长速度均有所放慢。

2. 出口商品增长速度

如果对特定国家的出口持续高速增长且达到一定市场份额,极易引起贸易摩擦,制约出口继续增长。有时即使出口规模并不大,占市场份额并不高,但出口高速增长,也有可能引起贸易摩擦。表 10-1 是中美贸易摩擦中的几个典型案例。

表 10-1 中美贸易摩擦中的几个典型案例

产品名称	被诉年份	占同类商品进口比重①	被诉前对美出口增速
汽车挡风玻璃	2001 年	从 1998 年的 4% 上升到 2001 年的 14%	前三年增长 275%
可锻铸铁管件	2002 年	从 2000 年的 57.5% 上升到 2002 年的 63.7%	前三年增长 54%
彩电接收器	2003 年	从 2001 年的 0.5% 上升到 2003 年的 13.2%	前三年增长 20 倍以上

资料来源:根据 ITC Data Web 的数据整理。

三、几项可计算指标

前面部分简述了影响中国出口商品竞争力和出口商品结构的主要因素。为了使各项因素的影响程度可计算和可检验,需要有量化指标。按照能有效表达各项因素的含义和数据可以获得的原则,选择出若干代表性指标列在表 10-2 中。

表 10-2 影响中国制造业出口商品结构的主要因素

影响因素	代表指标
因素①:劳动密集程度	出口商品制造过程的资本/劳动比率
因素②:制造能力	固定资产净值及其增长
因素③:需求扩张速度	销售收入增长
因素④:市场竞争程度	利润率变化

---

① 指在进口量中的比重而不是在进口额中的比重。

续表

影响因素	代表指标
因素⑤:外资参与度	增加值中外资企业份额
因素⑥:产品特性	零部件贸易与最终产品贸易的比重
因素⑦:全球化程度	全球贸易总量和贸易占产出比重
因素⑧:市场占有率	中国出口商品在特定市场上的占有率
因素⑨:出口增长率	中国出口商品在特定市场上的出口增长率

第二节 出口商品结构变化:进一步的计量分析

本部分选择若干个有代表性的出口商品,建立面板数据模型,对影响出口的因素进行计量分析。选择的出口商品有传统的纺织服装等产品,也有前些年出口规模较大、增长速度较快的集装箱、摩托车等产品,还有近几年出口开始加速的汽车等产品。选择的标准是出口量较大、相关时期内出口数量变化明显、数据齐全可靠、对应产业唯一的商品。这些商品见表10-3。使用从2000年1月到2005年4月共52个月度的数据。①

表10-3　出口商品的选择

序号	产　品	产　业
1	纺织服装	纺织服装制造业
2	家　具	家具制造业
3	皮革制品	皮革制品制造业
4	玩　具	玩具制造业
5	帽　子	制帽业
6	茶　叶	精制茶加工业
7	机　床	金属加工机械制造业
8	发电机与电动机	锅炉及原动机制造业
9	集装箱	集装箱及金属包装箱制造业
10	摩托车	摩托车制造业

---

① 数据来源:工业统计月报网络版,新华在线,data.xinhuaonline.com.cn。

续表

序号	产　品	产　　业
11	自行车	自行车制造业
12	电子计算机	电子计算机制造业
13	汽　车	汽车制造业

　　模型以产品出口的月度同比增长率作为因变量,使用这一变量可以消除产品本身量值的影响。主要考虑数据的可得性,模型分析的影响因素有:劳动密集程度(以企业人均固定资产净值表示)、市场竞争程度(以资金利润率表示)、生产能力增长(以人均固定资产净值增长率表示)、市场需求变化(以销售收入增长率表示)、外资企业参与度(以外资企业产值增长率表示)、国外市场需求(以美国进口增长率表示)。此外,为了控制不同行业自身规模差异的影响,将固定资产净值作为一个控制变量引入模型。

　　使用 EViews 3.1 软件对面板数据模型进行估计,模型设定上使用固定效应方法,并分别用横截面数据加权和似不相关回归(SUR)两种方法作了估计,每种方法都分别对不包含和包含自回归项 AR(1)的情况分别进行估计,得到四种估计结果,见表 10-4。为了消除样本间异方差带来的估计误差,四种方法都分别使用 White 法对异方差进行了修正。

表 10-4　模型估计结果

	对截面样本加权		SUR	
	结果 1	结果 2	结果 3	结果 4
人均固定资产净值	0.00025 ** 10.72488	−0.0000378 ** −4.453234	−0.000208 ** −6.005375	−0.000162 * −2.4960
资金利润率	−0.392918 ** −6.814071	−0.147003 ** −5.363835	−0.04215 −0.384165	−0.2738 −1.1557
人均固定资产净值增长率	−0.310421 ** −14.83535	0.002781 0.63479	0.014492 0.616054	0.049746 *** 1.9185
销售收入增长率	0.181688 ** 11.25216	0.032542 ** 8.905753	−0.026905 −1.726853	−0.0203 −1.18236

续表

	对截面样本加权		SUR	
	结果1	结果2	结果3	结果4
美国进口增长率	0.759825 ** 90.95638	0.072512 ** 27.0404	0.33748 ** 13.26542	0.03836 0.9894
三资企业工业产值增长率	−0.138021 ** −5.023435	0.150564 ** 11.58426	0.085463 1.055434	0.196183 ** 1.9733
固定资产净值	0.0000000855 ** 1.8393	0.000000548 ** 8.5046	0.00000129 ** 32.8814	0.000000374 * 1.9996
自回归项 AR(1)		0.956049 ** 159.67		0.945522 ** 155.4277
R²	0.6995	0.9842	0.3186	0.8158
调整 R²	0.6904	0.9837	0.2981	0.8093
F 统计量/似然函数对数	244.4033	5026.7510	−2366.5300	−1703.6280
DW 统计量	0.4771	1.8067	0.2934	2.7119
样本量	650	585	650	585
固定效应				
1	−3.8261	9.2917	−0.1183	20.5684
2	−7.7017	−9.6403	−13.5099	5.4512
3	3.7122	29.6461	31.8570	45.7094
4	5.5721	−47.9284	−147.2671	1.0894
5	123.7422	141.6540	130.5522	154.0844
6	−0.4514	6.8412	17.2008	15.6838
7	11.5279	7.3238	16.1870	28.9722
8	−11.0197	10.0822	11.6203	16.9518
9	15.8525	22.3609	17.3152	32.7308
10	11.3073	−16.8623	−5.4136	−3.9078
11	−4.0269	−5.5164	−5.5560	0.3933
12	14.5140	25.4085	23.2016	28.6649
13	5.4733	−27.8218	−46.1291	−9.4513

注：*** 表示在10%的水平上显著，* 表示在5%的水平上显著，** 表示在1%的水平上显著。

模型估计结果与我们的预期基本一致。由于用截面加权和似不相关回归两种方法估计的结果都存在严重的正自相关（参见结果1和结果3

的 DW 统计量皆小于 0.5),分别对两种估计方法都加上了自回归项进行修正,结果 2 和结果 4 明显优于结果 1 和结果 3,截面加权方法的调整拟合优度从结果 1 的 0.6904 上升到结果 2 的 0.9837;而似不相关回归法的调整拟合优度从结果 3 的 0.2981 上升到了结果 4 的 0.8093。同时,DW 统计量也都到了基本可以接受的范围内。由于自相关问题会导致 OLS 估计不再是最佳线性无偏估计量(BLUE)。因此,我们主要分析结果 2 和结果 4,有以下初步判断。

一、劳动密集程度对出口增长有显著的正向影响

在结果 2 和结果 4 中,人均固定资产净值的系数都是负值,并且至少在 5% 的水平上显著异于零,系数具有稳定性。含义是人均固定资产净值越低即劳动密集程度越高,该产品的出口增长率就越高。表明中国机电产品出口增长与中国比较优势一致。

二、国内市场竞争加剧对出口增长有显著的正向影响

在结果 2 和结果 4 中,资金利润率对出口的作用方向都是负的,即利润率较高时出口增长较慢。特别在结果 2 中,该指标影响显著。在模型中,出口额相对于利润率滞后一年计算,表明前期市场竞争状况对当期出口有显著影响。竞争加剧导致利润率下降,促进企业加快扩大出口。

三、生产能力的增长对出口增长有正向影响

人均固定资产净值增长率对出口的影响在两个模型中都为正。不过,只在 SUR 方法估计结果中在 10% 水平上显著。可能的一个解释是:除汽车外,其他商品国内生产能力规模急剧扩张的时期较早,在样本期之前就已经达到;而汽车生产能力虽然在样本期内扩张较快,但国内需求同样在急剧扩张,尚未对出口造成强推动力,因此总体影响不够显著。

四、市场需求扩张对出口有比较显著的正向影响

销售收入增长率的影响在两个结果中都为正,但只在结果 2 中影响

显著,在结果4中影响不显著。可能的解释是,以销售收入代表的市场需求,不仅包含国内市场需求,也含有出口部分,因此其含义与其代表的因素有差异。但由于对有些出口商品来说,区分国内需求和出口需求的数据比较困难,可能还需要寻求更合理的替代指标。

五、美国进口增长率对中国出口有正向影响

在结果2中,这一变量的系数在1%的水平上显著。不过,在未进行自相关性调整前,该因素的影响系数为0.76和0.34,而在考虑了自回归项之后,该因素的系数变为0.07和0.04,相关性显著降低。由于美国是中国出口产品的主要目的国,因此调整前后的结果都可以解释。

六、三资企业生产对出口增长有显著的正向影响

在结果2和结果4中,这一变量的影响都是显著的,表明三资企业工业产值增长率对相应商品的出口增长有显著影响。在对模型进行调整前后,该指标的系数很接近,说明用不同的方法估计,其影响都很稳定。

此外,将固定资产净值作为控制变量计入模型中,其影响虽然为正但并不显著,可以忽略,这与期望一致。

综合上述分析,模型估计结果基本上符合我们的预期。表10-2中列举的影响中国制造业出口商品竞争力的因素,多数得到验证。

第三节 初步结论

本章的基本结论是:比较优势、国内产业基础和市场结构、参与全球分工程度是决定一国贸易增长和贸易结构的三项主要因素。我们兼得这三项有利因素,在较宽产业面上具备竞争力。尤其是劳动相对密集、国内产业规模大、市场竞争激烈、外资参与度高和具有可拆分加工制造特性的产业,我们具有显著竞争优势。

源于发达国家的贸易理论是否适用于分析中国对外贸易问题?本项研究表明,对外贸易理论在相当程度上具有普适性。虽然中国对外贸易

发展的道路和模式有独特之处,但从长周期趋势和本质特点看,贸易增长和结构转换仍然遵循国际贸易发展的一般规律。本项研究显示,理论推断应该出现的情形和变化我们都遵循,在其他国家贸易发展起作用的因素我们都存在,我们国情方面的独特影响在理论上都能给予解释。因此,在研究中国贸易发展问题时,国际上通用的贸易理论分析框架或许不是最恰当的,但起码是可以有效使用的。实际上,这些理论即使在分析发达国家贸易问题时,也并不见得十分贴切,存在许多重要争论和不同观点,理论本身也仍然在发展与变化之中,适宜总是相对的。

依据上述结论,对中国出口商品结构升级趋势有以下初步判断。

一、中国出口商品结构将继续升级

上文的分析表明,今后几年中国有一批出口商品的竞争力持续增强,其中不少商品相对技术密集、附加值高,国际市场容量巨大。这些商品出口持续快速增长,成为新的出口增长点,将明显提升中国出口商品结构。同时,一批目前已经是出口支柱的商品,由于市场容量和贸易保护等方面的原因,其中有些出口增速会有所下降,但仍将继续保持较大出口规模和适度增长率,并在产品档次、技术水平和国内增值率等方面有明显提高。这两个方面共同起作用,中国出口商品结构持续升级的趋势不会改变,而且会加快速度。

二、出口商品结构升级有规律可循

研究显示,一种商品的出口竞争力取决于若干因素,最重要的因素是国内产业基础、全球分工特点和出口市场地位。各类出口商品竞争力的变化和组合,决定着出口商品结构及其变化。在对外贸易领域,大量数据公开免费,可信度高、可比性强,国际国内统计口径差异的调整相对容易。在这个领域中增加一些宏观决策层面和企业运行层面都迫切需要的细化、量化研究,具备应有的数据基础。在充分理解市场力量导向的基础上制定政策,因势利导,能够找准工作着力点,提高政策和相关投入的实际效果。

第十一章 案例研究:对外开放中的
收益分配

经济全球化是由各种生产要素不断追求最大收益的本质所决定的。通过全球化能够达到资源的优化配置,促使劳动分工和市场在更大范围内得到实现。在这个过程中,参与全球资源配置的各种资源都要得到回报,因此经济全球化的一个必然结果是收益分配的全球化。

在较长时期内,中国主要以劳动力资源富裕和低成本为独特优势,参加全球分工体系。与此同时,中国还利用了国外资金、技术等。因此,中国的对外开放也同时带来了收益全球化。这个问题长期引起质疑和批评,认为中国参与全球化仅得到一点廉价的加工费,主要收益都被国外投资者获得。本章对这个观点作一点分析。

第一节 全球化的本质是组合全球
资源提高产出效率

一、全球资源与全球市场有利于各方提高效率

全球化发展的推动力量,是组合利用全球范围内的资金、知识、技术、信息和人力资本,集成各方面优势资源,加快提升技术水平和自主创新能力,提高全要素生产率,形成新的竞争能力。FDI 流动的意义远不止调节各国的资金盈缺,更经常是各种生产要素跨境流动的载体,带动知识、技术、管理、市场等要素的流动。从微观层面看,在每一个细分的产品市场上,各个企业持有的优势资源是不同的。每个企业要在激烈的竞争中不

断增强自身优势，都需要不断重组内外部各种资源。

二、发展中国家出口劳动密集型产品，增加劳动者获利机会

发展中国家出口劳动密集型产品的意义在于利用全球市场增加就业，相对减少国内市场劳动力供给，改善劳动和其他要素的匹配状况，增加劳动力价格和收入。近些年，中国新增劳动力的来源结构发生变化，各类学校毕业生将逐步成为新就业需求的主力。因此，发展同时具有劳动密集、知识密集和技术密集的出口商品和服务，就能为高教育水平的就业者提供发挥有效作用、获得较高收入的全球就业机会。

三、全球分工同时获得专业化分工和规模经济的利益

全球组合要素形成分工体系，还能够同时达到专业化分工和规模经济的要求。生产过程的各个环节都有其专业性，每个环节都有各自的专业知识、专门设备和专业人才，特别是咨询、研发、设计等服务活动，每笔业务需要的特定技术及相应人才不同。但是分工细化的程度受规模经济的制约。例如企业内置一个研发团队，成本高昂，专业化程度和技术多样性都不足。研发全球化和研发外包，专业服务企业可以为多个企业提供服务，有了足够的规模，就能够使用最先进的设备和聘用专门人才，用低成本提供更好服务。再如客户服务，企业推出新产品前后一个时期，客户服务需求往往较大，随着产品不断完善改进，客服需求趋于稳定。每个新产品由于质量及客户合意程度不同，客户服务需求量也有较大变化，企业自己提供这类服务，调节服务需求峰谷的能力差，而专业机构规模大、专业性强，明显提高了企业的产出效率。企业在全球范围内提供各类服务，就能扩大市场、错开峰谷，支持较大规模的专业团队，同时获得高度专业化水平和大规模经济效益。

四、自然资源全球分布不匀，全球配置可以满足各方需求

各个国家拥有的人口、耕地、淡水、重要矿产等自然资源差别很大，有

各自的长板和短板。经济学原理表明,当各种要素边际产出率相等时,资源配置效率最高。如果要素结构不匹配,资源配置就达不到最佳状况,那些充裕要素的相对收益就会降低。通过扩大对外开放引入短缺要素特别是资源类要素,是各国提高全要素生产率、保持较强竞争能力的基本要求。中国许多重要资源人均量明显低于世界平均水平,继续大量进口是发展要求。这个过程中,各个国家以长板资源获利并引进短板资源,形成互补关系。

第二节 "中国制造"的大部分收益归中国

较长时期以来,中国组合全球生产要素的主要方式是吸引大量外资进入,带来技术、管理知识和国际市场等,在中国吸纳劳动力,生产的产品向全球市场销售。之所以将全球资源吸纳到中国进行组织生产,与不同要素的流动性特点有密切关系。资本、技术等是强流动性的要素,跨国流动的成本较低。而劳动力的流动性差,各国高度关注本国居民就业问题,外来就业数量受到严格限制,人力资本全球化存在明显障碍,因此全球化过程,就是更多资金技术等易流动要素进入劳动力充裕的国家,并与之相结合,形成具有竞争力的产业。在这个过程中,无论是本地要素还是流入要素,都对经济增长有贡献并要求相应的要素报酬。

因此,全球化中的"中国制造",是多国要素持有者共同在中国制造产品并共享收益的过程,中国作为东道国,获得了大部分的收益。下面以2006年的情况为案例,分析这个生产和分配过程。

2006年,外商投资工业企业创造的增加值为25545.80亿美元,其中利润总额为5384亿美元,扣除中外合资企业中中方应得的1561亿美元后,外方利润所得为3823亿美元,这部分就是外国投资者的主要获利;其余部分主要归中方企业,中国获得对外开放的大部分收益,下面对此作一些解释。

按照收入法统计的GDP,国民收入由四个部分组成:劳动者报酬、固定资产折旧、生产税净额和营业盈余。2006年,这四部分占国民收入的比重分别为 40.6%、14.2%、14.6%、30.7%。其中劳动者报酬、税收主要归中国,营业盈余中国获得一部分。下面分别计算中方和外方的收益。

一、中方收益

（一）劳动者报酬

这一部分收益主要归中国。劳动者报酬比"工资"的口径宽,不仅包括各种形式的工资,还包括奖金、津贴、公费医疗和医药卫生费、上下班交通补贴、单位支付的社会保险费、住房公积金等。一些观点提出,中国的劳动者在这种生产过程中获得的报酬水平远远低于发达国家的劳动者,并以此质疑对外开放的合理性。确实,有一些外商投资企业,违反《中华人民共和国劳动法》及其他相关法律法规,通过延长劳动时间、不提供合法的工作环境、克扣工资、不支付社会保障支出等手段,损害劳动者的合法权益。这也是我们今后监管外商投资企业的重点。但是,发达国家和中国劳动者收入水平的差距,主要是各国收入水平的差距造成的。总体上看,中国劳动者在出口部门和外资企业获得的劳动报酬,高于在国内企业获得的报酬水平。比较不同类型的企业,工资水平最高的为外资企业。2007 年,外资企业、国有单位和城镇集体单位职工平均工资分别为 27942元、26620 元和 15595 元。这也是国外许多实证研究所表明的现象:在发展中国家,外资企业提供的劳动报酬虽然远远低于其在本土的水平,却是东道国相对最高的。

需要特别强调劳动报酬的重要性。劳动报酬和资本报酬是不同要素的收益。就业获得的是劳动报酬即工资,投资获得的是资本报酬即利润。从收入分配的角度看,不同要素的报酬意义不同。劳动报酬是中低收入者的主要收入来源,能否在非农产业中获得新的就业机会,是农村劳动力提高收入水平的主要来源,也是他们融入现代经济发展过程和提高发展能力的基础。资本报酬是投资者的回报,是财富和生产能力积累的重要途径,也是我们要力争的重要利益。但是,从中国目前的发展阶段和突出矛盾考虑,需要强调就业和劳动报酬的优先重要性。不能因为我们投资少利润少,就否定劳动报酬的必要性和重要性,这不仅涉及就业和经济增长,而且直接关系到改善收入分配这个大问题。

(二)税收

外资企业提供的税收逐年增长。中国对外资企业有所得税减免的优惠政策,但是增值税等各种流转税是不减免的。2007 年,外商投资企业税收达到 9972.6 亿元,占全国税收总额的 20.17%,其中增值税为 5834.58 亿元,占全国增值税总额的 27.02%;企业所得税为 1968.67 亿元,占全国企业所得税总额的 20.35%;个人所得税为 653.92 亿元,占全国个人所得税总额的 20.53%。

(三)利润

在中外合资企业中,我们还获得一部分投资回报。2006 年,外商投资工业企业利润总额为 5384 亿美元,这其中有一部分是合资企业中中方投资的收益,按中方在合资企业的所有者权益中的比重估算,中方的投资收益约占 29%,约 1561 亿美元。

二、外资收益及收益汇出

国外投资者主要投入资金和技术,获得的收益主要是营业盈余中的一部分。在 5384 亿美元利润中减去中方所获的投资收益后,外资获得的利润约为 3823 亿美元,占当年工业企业利润总额的 19.6%,占 GDP 的比重为 1.8%。由于外商投资企业将利润中的一部分再投资,因此汇出的利润少于所得利润。目前中国的国际收支统计中,"投资收益"账户借方主要包括了直接投资利润汇出、对外支付利息、证券收益汇出以及个人收益汇出。由于后两者相对较小,可以忽略不计,因此用"投资收益"减去对外支付的外债利息,可粗略估算出外商直接投资的利润汇出额。2006年,估计外商投资企业对外汇出利润 340.5 亿美元,约占当年 GDP 的 1.28%。

三、区分出口总额和出口收益:两个不同的概念

恰当理解对外开放型经济中中国的获益,首先要区分增加值和出口额的差别。出口额是销售收入的概念,其中既包含中国国内新创造的增

加值,也包含从国外转移的价值即进口投入品的价值。其中,只有增加值计入中国的 GDP 之中,而转移价值的部分与投入无关,是不计入 GDP 中的。因此,从出口中获得收益的大小,只能相对于新创造价值部分即增加值而言,不能与出口总额相比。例如,出口一台笔记本电脑,进口投入品占其价值的 50%,这部分价值创造是在国外完成的,虽然计在了"出口总额"之中,但并没有计入中国的 GDP 之中,因此与中国的收益无关。中国的获益仅对中国创造的 50% 的价值而言。与实际投入相比,如果盈利率达到 10% 是可以接受的,但若以全部出口额作为分母计算盈利,盈利水平就会被不恰当地"摊薄"为 5%。同样,我们获得的其他收益如工缴费、工资报酬等,如果不是和中国的实际投入和新创造的增加值相比,而是直接与出口额相比,其收益程度都会被大大低估。

这是理解当今时代"全球产品"分配特征的关键:一个产品多国制造,每个国家都只能从其参与的部分中获益,无论价值链上哪部分的参与者,都不能将其收益与最终产品的全部价值作比较。我们参与的是价值链上的终端部分,特别要恰当理解这种分配格局。

第三节　对外开放的资源与环境成本

出口和吸收外资对国内资源和环境方面的影响是我们必须考虑的成本。以前中国对这个方面关注得不够,有些出口产品和外商在华投资项目存在严重的资源浪费和环境污染问题,例如一些高耗能的资源加工项目。这些出口商品和投资项目不符合中国国情,要坚决限制乃至制止。但从总体上看,对外贸易和外商投资企业在这些方面存在的问题不算特别突出。

我们的出口商品集中在劳动密集型的产业领域。绝大部分加工贸易产品,都是引进国外资源和资金密集型的投入品,我们再投入大量劳动力加工出口最多的两类产品为电子通信产品和纺织服装产品,两者合计占出口总额的比重超过 50%,这两个行业都是劳动密集型而不是高消耗高污染型的行业。中国出口商品中,有一些资源消耗高和污染环境的产品,但所占比重相对较小。6类45种高耗能高污染和资源性产品("两高一资")加工贸易出口占加工贸易出口总额的比重仅为5%左右,且比重呈下降趋势,2007年的出口额仅为271.91亿美元,占比为4.6%(见表11-1)。出口集中在资源节约和劳动密集的分工环节,符合中国的国情特点和比较优势。

表 11-1 2000年、2004年、2007年"两高一资"产品加工贸易出口占加工贸易出口总额的比重

(单位:亿美元)

类别 \ 年份	2000	2004	2007
矿物燃料类	9.18	19.80	50.83
有色金属类	11.49	39.18	42.07
非金属矿产品	0.14	0.35	0.20
钢铁类产品	11.41	12.76	35.81
化工品	33.02	50.34	73.52
其他产品	11.23	30.22	69.48
六类加工贸易额合计	76.47	152.65	271.91
加工贸易出口总额	1290.10	3011.14	5944.39
所占比重(%)	5.9	5.1	4.6

资料来源:笔者根据有关资料计算。

外商投资企业集中在一些附加值相对高的产业领域,资源和环境成本相对较小。2004年,中国工业废水排放量前三位的行业分别为化学原料及化学制品制造业,造纸及纸制品业,电力、热力生产和供应业,三个行业占工业废水排放总量的45%;工业废气排放总量前三位的行业分别为电力、热力生产和供应业,非金属矿物质制品业,黑色金属冶炼及压延加工业,三个行业占工业废气排放总量的73%;工业固体废物排放总量的前三名分别为电力、热力生产和供应业,黑色金属冶炼及压延加工业,煤炭开采和洗选业,三个行业占工业固体废物排放总量的52%。而外商投资企业产出比重最高的三个行业分别为通信设备制造业、计算机及其他

电子设备制造业,交通运输设备制造业,电气机械及器材制造业,这三个行业在工业废水和工业固体废物排放量的排名都在十位之后,仅有交通运输设备制造业在工业废气排放量中排在第十位。

分析表明,中国在对外开放中与各国互利共赢,在自身获得多方面利益的同时,也为国外的各类要素提供了获利机会,推动了全球经济的发展。

第十二章　案例研究:科技全球化
和中国技术引进[①]

20世纪90年代以来,科技全球化趋势不断加强,大量科技资源在全球范围内优化重组。发展中国家有可能比先行者更多、更广泛和更深入地利用国内外两种资源、两个市场,提升本国的产业竞争力和创新能力。我们抓住这个机遇,引进大量先进技术,提升了中国产业技术水平、创新能力和国际竞争力。本章以20世纪最后10年的情形为案例,研究科技全球化趋势与中国产业发展。

第一节　科技全球化:技术要素大规模
跨国界流动和优化重组

一、科技全球化趋势的出现和主要表现

20世纪最后10年,经济全球化迅速推进,其中一个重要的新特点,是科技全球化趋势的出现和不断加强。按照其普遍、突出的特点,本章对科技全球化的定义是:技术和研发能力大规模地跨国界转移,科技发展的相关要素在全球范围内进行优化配置,科技能力中越来越多的部分跨越国界成为全球性的系统。科技要素进入到全球化进程之中意义重大,表明经济全球化已经在经济活动的各个层面广泛展开,包括技术和研发在

---

① 本章内容引自江小涓:《理解科技全球化——资源重组、优势集成和自主创新能力的提升》,《管理世界》2004年第6期。本文有删减。

内的生产要素在全球范围寻求最佳配置。①

科技全球化的主要表现如下。

(一)外部技术来源的重要性大大增加

20世纪90年代以来,企业越来越多地利用外部技术资源。即使对那些技术实力雄厚的跨国公司来说,也开始从内部创新为主转向利用内外部两种技术资源。从外部获取技术的渠道很多,包括许可经营、参股、建立合资企业、建立技术联盟、技术开发外包或收购目标企业等。图12-1显示了最新的研究成果,在1992—2001年仅仅10年间,美国、日本和欧盟跨国公司中,高度依赖外部技术资源的公司的比重,已经从平均不到20%迅速上升到了80%以上。

（单位：%）

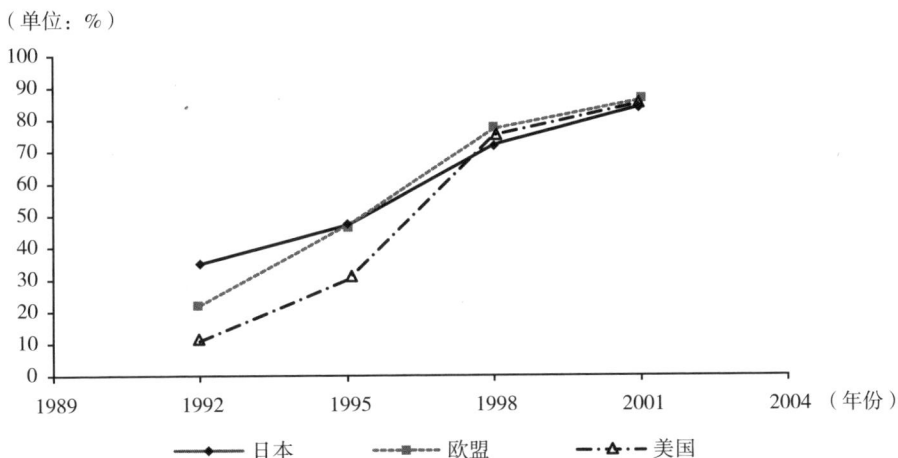

图12-1 1989—2004年高度依赖外部技术资源的公司所占比重

资料来源:Charles H.Kimzey and Sam Kurokawa(2002)。

有调研显示,20世纪90年代末期,85%的企业希望通过合作来缓解越来越大的创新压力,其中与竞争对手联合具有越来越重要的意义,已有1/3的企业与其竞争对手合作,未来将有一半以上的企业要这样做。"今天企业的研发主管越来越多地面临这样的难题,某些东西应当自己去搞

---

① 科技全球化不仅指产业技术和研发能力的跨国界转移,还包括与科学研究相关的方面。本章主要集中分析产业技术和研发能力的全球化。

还是购买","在创新领域,企业越来越多地通过购买方式在世界市场获得技术,就像在超市一样,对企业来说,依靠购买他人而不是自己开发出来的创新技术取得成功,早已不再是尴尬事"。[①]

外部科技资源不仅对企业技术能力的影响有所增加,对 R&D 能力的获得也变得日益重要。20 世纪 90 年代特别是 90 年代中期以来,跨国公司的 R&D 活动大量跨国界进行,据 OECD(1998)的统计,从 OECD 前 50 位研发支出最多的跨国公司的统计资料来看,1994—1997 年,日本跨国公司国外研发支出占国内研发支出的比例为 57%、欧盟为 42%、美国为 33%。大型跨国公司正在改变长期以来仅在本土从事研发活动的特征。[②]

(二)先进技术大量跨国转移

以往多年,虽然全球有大量的技术转移行为,但先进技术的转移很有限。自 20 世纪 90 年代初期以来,发达国家跨国公司向境外转移先进技术的速度大大加快,技术研发出来后很快在其全球生产体系内使用,产品同步推向全球市场,有些技术还很快向境外企业转让。以计算机产业为例,无论是芯片、液晶显示器,还是操作软件,近几年都是无间隔地在全球多个国家同步制造和同步使用,而不是限制在其发明国的国内使用。在信息产业和其他技术升级较快、产品更新较快的产业中,除极少数独家垄断的技术外,这种先进技术和产品向境外迅速转移的趋势已经较为普遍。在一些"成熟产业"如汽车产业、家电产业、通用设备制造业中,这种现象也大量存在。

(三)各国科技系统的对外开放性增加

随着外部技术来源特别是跨国技术来源的影响日益增加,许多重要产品的技术系统不再受国界的约束和限制,成为全球性的技术系统。当然,跨国技术系统会受到语言、通信能力、技术标准、社会认同程度等各个国家具有的特殊因素的影响;但总体上看,这些因素并没有能够阻碍全球

---

① 资料来源:1999 年 6 月 18 日《参考消息》,转引自胡志坚主编:《国家创新系统:理论分析与国际比较》,社会科学文献出版社 2000 年版。

② OECD,*Development Cooperations*,*1984 Review*,Paris,1984.

性技术系统的形成。以个人计算机行业为例，从芯片设计和制造、操作系统、主机板这些主要部件和软件到电源、连接线、鼠标这些外部辅助设备等，技术和制造的分工都已经实现全球化，多个国家和制造商共同形成了个人电脑的全球技术体系。惠普、戴尔甚至 IBM 都大规模地在全球技术和制造分工体系中采购零部件，组装后再贴上自己的商标。对许多技术链条不完整的发展中国家来说，跨国界的技术系统有时比国内的技术系统更为重要。

（四）第三方技术供给出现

科技全球化的一个重要表现是第三方技术供给大量出现。第三方研发是指许多产业内正在形成大量专业型研发与设计企业，这些研发型企业本身没有制造能力，其业务就是接受其他企业的委托从事研发和设计工作。例如在集成电路产业中，设计、制造、封装、测试四业分离的趋势明显，出现了大量的无制造能力的集成电路企业（Fabless 企业）和集成电路委托加工商（Foundry 企业）。Fabless 企业专注于芯片设计，没有芯片制造线，将制造委托给专业制造商制造；Foundry 企业专注于芯片制造，将适应自身生产线加工的标准工艺以单元库和 IP 库的形式提供给 Fabless 企业，让其设计出需要到 Foundry 线上加工的产品。分工使设计效率和制造效率都大大提高，因此上述两种业态发展很快。在医药行业中，一些大型制造公司将研究开发分包出去，出现了大量的医疗研发专业机构。

二、科技全球化发展的推动因素

科技全球化是一种客观的历史进程，有其内在必然性。来自技术、企业、产业、国家、国际关系等层面的各种因素，都在影响科技全球化的进程和特点。

（一）技术开发投资昂贵，折旧速度加快

过去十多年，技术升级的速度大大提高，研发费用不断上升，而产品生命周期却在不断缩短。在许多 IT 产业中，每隔三年左右甚至更短的时间就有一轮新的技术与产品出现，技术发明企业或首先使用技术的企业，其利润往往来自产品问世的第一年甚至更短的时间，此后产品的价格有

可能暴跌。以集成电路为例,平均每三年更新一代,加工技术越来越高级,设备投资越来越贵。20年来平均每4年投资额就翻一番,20世纪70年代3英寸线为0.25亿美元,现在8英寸线为10亿美元、12英寸线为20亿—30亿美元。巨额投资如果不能迅速收回,就会造成巨额亏损。因此,技术一被发明,发明企业便会尽快在全球制造和使用。

(二)技术系统复杂性增加

随着科技进步速度加快,技术系统的复杂性迅速增加,致使任何企业都难以独立掌握全部与其发展相关的前沿技术和专门能力。这种状况使企业在技术开发中的分工进一步细化,形成企业之间超越国界的研发网络。研究表明,高新技术产业是全球化程度最高的产业(江小涓,2001),这是由于高新技术的研发投入极其高昂,通过生产全球化和科技全球化,才能分摊巨额研发费用。

(三)信息技术降低成本

20世纪80年代以来,信息通信技术的飞速发展为科技全球化提供了技术支持。一方面,全球信息与网络技术的发展使得信息传输费用大大下降,通信技术的进步使得技术大规模转移和研发活动在空间上分解成为可能;另一方面,信息网络技术的发展为数据交换、合成模拟、结果分析等技术处理提供了便利,改进了交易手段,减少了技术资源、研发资源长距离流动的障碍,并降低费用。

(四)消费结构趋同

如果各个国家的消费有特殊要求,全球化的技术和产品就不能适应其要求。随着全球消费观念的传播、信息技术的普及以及全球制造的低成本,各国之间对产品和服务需求的差距在缩小。一些发展中国家虽然人均收入总体上还处于低水平,但消费"全球性标准化产品"如汽车、电脑、手机、电视等产品的能力开始形成并较快增长。

(五)理解和适应不同国家用户的需求

对掌握先进技术的企业来说,技术全球化提供了通过理解和适应不同市场上顾客的需要来扩大企业境外市场的机会。企业在用户集中的国家建立研发机构,发现和适应用户需要,是促进创新和占领市场的有效手段。因此,那些市场全球化、制造全球化的产业,往往也是科技全球化程度最高的产业。迈耶·克拉默和雷格尔(Krahmer 和 Reger,1999)的研究表明,在世界研发投资最高的 7 家化学与制药公司中,有 6 家公司境外研发费用的支出比例为 50%左右。在美国公司中,医药行业和汽车行业是研发全球化程度最高的行业,其境外研发投资在总研发费用中的比重分别为 33.1%和 27.0%。

(六)利用全球技术和研发资源

企业在境外从事创新活动,可以利用全球的技术和研发资源。特别是当东道国有较强的技术和研发能力时,能够有效利用当地的科技资源。近年来,许多企业通过在境外设立研发机构、收购或者兼并境外企业等方式获取当地科技资源。这种以寻求利用全球技术资源为目的的境外投资的数量和规模日益扩大,成为科技全球化的重要载体。

本部分的分析表明,科技全球化是技术发展和产业分工格局变化的必然结果,以技术为基础的产业分工跨越国家边界拓展到了全球范围。技术要素在全球范围内进行配置,表明经济全球化又拓展到了一个重要的新领域,各国在经济上的相互依存继续加强。由于推动科技全球化的主要因素是客观因素,这个进程是不可逆转的,仍将发展并得到加强。

第二节 发展中国家利用全球技术资源的新机遇

经济发展相对落后的国家存在"后发优势"或被称作"落后之益"①,是发展经济学中普遍认同的重要观点。"后发优势"存在的一个主要原因是经济落后国家能够利用先行国家发明的技术加速发展。然而,长期以来人们对技术转移的内容和方式并不满意,因为发展中国家引进的技术在发达国家往往已经属于相对落后的技术,依靠这种方式不可能获得较多先进技术。

---

① 这个观点较为早期和完整的论述,见 Alexander Gerschenkron:*Economic Backwardness in Historical Perspective*。

科技全球化使这种状况有所改变,主要表现在以下几个方面。

一、引进先进技术的可能性增加

自 20 世纪 90 年代初期以来,发达国家跨国公司向境外转移先进技术的速度大大加快。我们对美国、欧洲和日本著名跨国公司在华投资企业的调研表明,2002 年这些企业在华生产的主导产品,在其母国投产时间在两年以内的比例,欧洲企业达到 61%、美国企业达到 58%、日本企业也已达到 52%。而这些外资企业的母公司在发达国家投资的子公司,基本上与母国公司同期使用最先进的技术。① 以汽车工业为例,2001 年和 2002 年,德国大众汽车公司、美国通用汽车公司和日本丰田汽车公司向发展中国家子公司投放的车型,均为全球市场流行车型和同步投放全球市场的新车型。那种前些年存在的将落后、淘汰和污染车型的生产线向发展中国家转移的情形已经很少见到了。再以芯片业为例,2001 年 7 月,摩托罗拉决定出售其核心技术——芯片板,这项技术全球仅被极少数大型成熟的手机公司掌握,是真正意义上的"核心技术"。按一般理解,这种技术是不可能被转让的。但是,面对激烈竞争和技术迅速变化的压力,公司认为有必要以转让核心技术获取收益,从而改变了这个行业中原先的"游戏规则"。到 2002 年年底,购买摩托罗拉芯片板的客户数量达到 8 家,有发达国家的用户也有发展中国家的用户,其中包括中国大陆的东方通信、中国台湾地区的华宝通讯和明基电通等公司。

二、利用外部技术资源促进本土产业结构升级

那些高新技术产业发展成就突出的发展中国家,都充分利用了科技全球化提供的新机遇。20 世纪 90 年代初中期,马来西亚电子产业发展迅速,其中 4/5 的项目主要利用国外资金和技术(Giovanni Capannelli,1997)。印度和爱尔兰软件产业发展迅速,与其充分利用全球市场和技

---

① 调研在北京、天津和济南进行,共有 46 户企业接受了调研,调研的企业是在当地产值和出口排名前 20 位的外资企业。

术资源密不可分,以爱尔兰为例,1997 年,软件产业产值中外资企业占
88%,包括英特尔、爱立信、摩托罗拉、IBM、AT&T、思科、尔卡特、Lotus、
Symantec、Informix、Sun、Digital、IBM、Sun、JBA 在内的跨国公司都在爱尔
兰创建了自己的软件开发中心。这些跨国公司不仅带来了先进的设计技
术和管理经验,而且促成了软件技术向爱尔兰本土企业的扩散 。[①] 韩国
是 FDI 流入相对比较少的国家,然而其电子产业仍然较多地利用外部资
源,合资企业约占电子产业产值的 60% (Haeran Lim,1998)。

三、发展中国家获取核心技术的途径增多

对于发展中国家的企业来说,除了技术贸易和吸引外资这两种传统
的获得外部技术资源的方式外,科技全球化还提供了利用外部资源获得
核心技术能力的更多途径。这些方式包括收购兼并拥有核心技术的境外
企业、在境外科技资源密集的地区建立研发中心、与国外企业建立技术开
发联盟、委托第三方专业研发和设计机构进行技术开发和产品设计等。
例如,通过境外投资,到科技资源密集的地方设立研发机构或高新技术企
业,开发生产具有自主知识产权的新技术新产品,是利用国外科技资源的
一种有效形式。1999 年,韩国共有 15 家公司在美国建立了 32 家研发机
构,主要集中于半导体工业、计算机工业、高清晰度电视工业等高新技术
产业。韩国在美国研发机构的数量在美国列第 6 位,已接近发达国家的
水平(Donald H. Dalton、Manuel G. Serapio,1999)。

包括科技全球化在内的经济全球化促进了全球经济的发展,提高了
世界经济的增长速度,一些与全球经济融合较深的发展中国家的增长加
速尤其明显。在全球化迅速推进的 20 世纪 90 年代,发展中国家的增长
速度明显快于发达国家。1991—2000 年,发展中国家 GDP 的年均增长
率为 3.6%,明显高于世界年均增长 2.4%的水平和发达国家年均增长
2.2%的水平。在发展中国家中,参与全球化的国家和没有参与全球化
的国家(非全球化国家)在经济增长方面存在明显的差异,参与全球化

① 资料来源:NSD 国家软件董事会,转引自中国科技发展战略研究小组 (2001)。

的发展中国家在过去 20 年里的经济增长速度是发达国家的 2 倍以上，而非全球化国家的增速只有发达国家的一半，而且越来越落后（世界银行，2001）。

第三节　中国利用科技全球化机遇引进技术资源

一、中国具有利用全球科技资源的有利条件

科技全球化使发展中国家能够更多地利用全球技术资源。然而，并不是愿意对外开放就能引进外部先进技术，利用外部技术资源也不一定能够提升本土的制造和创新能力。[①]中国具有许多有利条件，能够以多种途径大量利用外部技术资源，并使之产生良好的技术外溢效应，提升本土的创新能力。

首先，中国产业基础较强，已经形成了庞大的产业规模，高、中、低技术基础上的产业、产品体系比较齐全，这个优势在发展中国家中居于前列。在这个基础上，引进的外部先进技术能够应用到大规模制造能力上，产生广泛的带动作用和技术外溢效应。其次，改革开放 20 年后，中国的基础设施条件迅速改善，可以支持绝大多数制造业的高速增长，中国制造成本相对较低，可以组合全球资源使中国制造的产品具有全球竞争力。再次，中国的国内市场规模居发展中国家之首，使得立足于大规模生产方式之上的先进技术不会碰到市场容量不足的难题，因此对技术持有方产生较强的吸引力。同时，市场规模巨大可以容纳多家企业，竞争会迫使企业加快转移先进技术。[②]最后，中国的科研水平和各个层次的工业技术水平是发展中国家中较强的，从航天技术、核工业技术、微电子技术等高科

---

①　例如，2000 年，24 个发展中国家和转轨国家吸引的外资占全部发展中国家和转轨国家吸引外资总额的 90% 以上，其中中国约占 25%，而多数发展中国家吸引的外资数量很少，尽管其中有些国家采取了对外开放的外资政策（据联合国贸发会议《世界投资报告 2002 年》中的数据计算）。

②　关于竞争迫使跨国公司加快转移先进技术的研究，可参见江小涓：《中国的外资经济——对增长、结构升级和竞争力的贡献》，中国人民大学出版社 2002 年版。

技领域到各类消费品工业技术等各个层次,中国都有一批较高水平的产业技术专家、较好的工业基础和科研教学基础、较强的科技能力,是利用外部技术资源并使之与国内技术开发能力形成良性互动关系的重要基础,能够尽快提升中国产业自主开发能力。

二、多种途径利用外部技术资源

(一)"引进来"利用外部技术资源

20 世纪 90 年代中期以来,大型跨国公司在华投资增长很快,技术水平明显提高,已经成为中国利用外部技术资源的一个重要通道。2000—2001 年,笔者主持了一个系列的调研项目,对北京、上海、深圳、苏州的 127 家跨国公司在华投资企业进行了访谈和问卷调研,调研发现,大多数跨国公司引进了母公司的先进和比较先进的技术,其中约有 40% 的企业引进了最先进的技术和产品。2002 年,笔者主持的另一项包括 46 家著名跨国公司在内的调研表明,跨国公司向中国转移最先进产品和技术的比重又有提高,引进最先进技术的跨国公司投资企业已达 60% 左右。①以日本企业为例,日本企业长期不愿意向中国转移先进技术,但这种行为在当时有很大变化,日本先锋集团是一个全球著名的视听设备制造商,自 2001 年起,先锋集团陆续将其最新产品 DVD 录像机、车载音响和播放专用 DVD 的影碟机等生产能力快速转移到中国生产,其 2002 年的最新产品,在中国制造仅比在日本制造晚 5 个月,2003 年已做到在中日两国同步投放。

这些技术先进的项目大多数处于中国产业结构升级过程中正在大力发展的产业之中,如微电子业、汽车制造业、家用电器业、通信设备业、办公用品业、仪器仪表业、制药业、化工业等行业,多数是技术、资本密集型的行业。2004 年一项关于外商投资行业的研究表明,"世界 500 强"在电子及通信设备、机械、交通运输设备、化学原料及化学制品四个资本、技术

---

① 技术先进性的分类标准是:最先进的技术指在跨国公司母国使用不足两年(IT 产业)或三年(其他产业)的技术,比较先进的技术是指在其母国使用超过两年或三年但继续在用的技术,一般技术是指在其母国已经被淘汰的技术。

密集型行业中的投资额占其在中国投资总额的55%。而在纺织、服装等劳动密集型行业投资较少,只占其在华投资总额的2%。①相应地,中国几个增长较快的行业如电子及通信设备制造业、交通运输设备制造业、仪器仪表及办公设备制造业、化学纤维制造业等行业,高速增长与外商投资的密集程度表现出明显的相关性(江小涓,2002)。

"引进来"的不仅是制造技术,还包括研发能力。到2003年10月,跨国公司在中国设立的独立研发机构已经超过280家,其中全球性研发机构超过90家,不少是其母公司设立在发展中国家的唯一研发中心。②

以跨国公司为载体的外部技术资源进入中国后,以多种方式产生技术外溢效应,使技术、管理和更多的能力从外商投资企业内部向中国本土企业扩散。其中,管理和其他重要人才在本土企业和外资企业之间流动为外资企业产品配套的本土企业提供技术援助,外资企业生产的高水平零部件为本土企业提供更好配套,提高整机质量和性能等,都是普遍有效的外溢途径。

以人力资本外溢效应为例,这是跨国公司技术外溢十分重要的途径。在许多利用外部技术资源成功提升了本土企业技术能力的国家和地区,人才在国内外企业之间和国内外资企业与内资企业之间的流动是重要载体。以爱尔兰为例,爱尔兰本土软件企业创业者的主要来源是从国外公司流回的技术人员。"2/3的本土企业家曾在爱尔兰的跨国公司里工作过,半数在国外的软件业和相关部门工作过,半数在现在已成为他们自己的公司客源的部门里工作过。"在中国,据我们很不全面的统计,已经有近200家跨国公司在华企业的技术和高级管理人才流回本土企业或自己创业。2002年年初,已任英特尔中国研究中心主任和首席研究员职务的颜永红,与其他6位同在英特尔任职的核心技术人员一道,辞去在英特尔

---

① 这次调研报告的概述,可参见王洛林、江小涓、卢圣亮:《大型跨国公司投资对中国产业结构、技术进步和经济国际化的影响》,载于王洛林主编:《2000中国外商投资报告——大型跨国公司在中国的投资》,中国财政经济出版社2000年版。

② 仅包括北京、上海、天津、广州、深圳、苏州、成都、西安的不完全统计数据。全球性研发机构是指其研发项目针对跨国公司全球体系,面向国内市场的研发机构指其研发的主要项目针对本土市场。

的任职,在中国科学院声学研究所共同组建中科信利语音实验室。实验室的研究方向定位在两三年后人们所需要的与语音技术有关的产品。这是一流外资研发机构的核心技术人员集体加盟国内研究机构和企业的典型案例。

(二)"走出去"利用全球技术资源

国内一批在制造领域已经占有重要地位的企业,通过"走出去"利用全球科技资源,迅速形成了自身的核心技术能力。"走出去"利用外部技术资源有多种方式,包括外包研发和设计、合作开发、在境外建立研发机构以及并购境外核心技术企业等。这些方式在 20 世纪 90 年代都曾被大量使用,寻求技术资源型的境外投资成为中国企业境外投资的重要内容。国内许多行业特别是技术密集型行业中的排头兵企业,都已经或正在筹建自己的境外研发中心,已经或正在准备收购境外拥有核心技术的企业。

浙江万向集团利用全球资源形成核心技术能力是一个很好的案例。万向已先后在美国、英国、德国、加拿大等欧美 7 个国家设立、并购、参股了 19 家公司,构建起涵盖全球 50 多个国家和地区的国际营销网络。2000 年以来,万向已经通过收购美国汽车三大零部件生产供应商之一的舍勒公司,收购美国汽车轮毂单元最大制造装配商之一的 LT 公司,收购掌握一级方程式赛车减震器以及出口连杆制造技术的美国 QAI 公司,收购掌握制动器先进核心技术的美国 UAI 公司,等等,获得了这些公司的品牌、技术专利、客户资源及全球市场网络,迅速提升了企业的技术和形象平台。例如舍勒公司拥有世界上最多的万向节技术专利,现在都为万向所有,万向因而成为目前国际上拥有最多技术专利的公司。通过有效利用外部技术资源,万向正在成为拥有自主开发能力、品牌体系和市场控制能力的全球性系统零部件供应商。

万向集团利用外部资源的模式并不是特例,类似案例已大量存在。2001 年 9 月,中国华立集团收购了飞利浦公司在美国圣何塞的 CDMA 移动通信部门(包括在美国达拉斯和加拿大的研发分部),华立集团获得了飞利浦在 CDMA 无线通信方面的全部知识产权、研发成果、研发设备、研发工具和一大批有经验的研发人员,由此组建了华立美国通信集团公司。

Now China is Buying American（中国正在收购美国）——这是当时美国《财富》杂志针对这一事件所作文章的标题。2002 年以来,更多的案例在发生:TCL 出资 820 万欧元收购德国施耐德公司(Schneider Electric AG),TCL 彩电和全球 500 强企业法国汤姆逊成功合并重组,联想收购汉普软件,清华同方收购美国凌讯公司,东方通信收购从事 GSM/GPRS 网络设备和系统解决方案及提供无线宽带产品的美国 InterWave 通信公司,京东方科技集团收购韩国现代集团显示技术株式会社 TFT-LCD 业务,等等。2003 年,上汽集团和蓝星集团都在争取收购韩国双龙汽车集团,其中蓝星集团已于年底签署了关于双龙股权收购事宜的谅解备忘录,无论哪家企业最终成为收购者,都将开创中国企业收购国际知名整车厂商的先例。由于各方面的原因特别是经验、文化差异和国内企业机制三个方面的原因,有些项目运作得不是很理想。但从发展趋势上看,"走出去"利用全球技术资源,将成为中国企业获取核心技术的一条重要途径。

(三)新的技术资源组合方式开始出现

20 世纪 90 年代以来,中国国内出现了一些新的高新技术企业,通过一些新的方式组合全球资源,用传统概念已经很难衡量这些公司的特点和对其进行"定位"。2001 年在上海浦东设立的中芯国际公司,是一个全方位组合全球资源的典型案例。首先是公司高级管理人员国际化,董事长张汝京曾经在德州仪器从业 20 年,其间 8 年从事研发,12 年从事工厂运营,并成功领导过德州仪器在美国、日本、新加坡、意大利和中国台湾 10 座半导体工厂的建设、技术转移、发展和业务运营,并在中国台湾创办了世大积体电路(WSMC)公司。其次是技术来源国际化和人力资源国际化,中芯国际从全球多家企业进口先进设备,成为国内第一家 0.18 微米芯片制造商。近 300 人的研发团队来源同样国际化,境外技术人员占一半以上。再次是市场国际化,中芯国际的加工技术达到国际先进水平,与全球多家大型电子制造企业签订了代工协议,包括东芝、英飞凌、亿恒科技等著名企业。由于充分利用了全球资源,中芯国际从 0.25 微米过渡到 0.14 微米的工艺——国际一流技术,仅仅用了两年时间。而在中芯国际成立之前,中国的芯片制造与国际先进工艺相比一般会落后三四代。中芯国际的成立,是中国芯片产业发展中的一个全新模式。

国内企业利用全球技术资源的新方式还有许多。另一种较为普遍的方式,是利用境外资源为国内的品牌企业代工,即由境外制造商为我们从事 OEM 加工。国内许多人持有这样的观点,认为境外企业做品牌,我们仅做加工,"赚一点加工费"。但实际情况并不完全如此,国内企业做品牌由境外企业代工或者国内外资企业代工的情况也大量存在。不过,一些国内品牌商并不愿意长期由别人代工,而是加大制造能力的投入,并努力获得全球代工业务,以求更多的增长点、更长的产业链和应对市场变化的多方面能力。

三、产业技术的提升与自主创新能力的增强

中国的科技基础和产业技术能力在发展中国家中居于前列,这是我们能够有效利用外部技术资源的重要基础。大量利用全球技术资源,将进一步加快推动中国产业和企业技术创新能力的提升。许多产业中技术引进和技术创新良性互动关系正在形成,相当一部分产业自主开发能力持续加强。

(一)国内市场的扩张和大规模制造能力的形成

随着制造业规模的迅速扩张,目前中国已有近 100 项较为重要的制造业产品的产量居全球第一,包括钢材、数字程控交换机、手机、集装箱、彩电、电冰箱、空调、照相机、微波炉、显示器、日用陶瓷、拖拉机、自行车、摩托车、化肥等。大规模制造能力的形成,意味着巨额研发费用可以被分摊到大规模的生产能力上,从而使产品在成本上具有了竞争力,研发投资的回收更有保障。这是在成熟产业中从事核心技术研发的有利条件。

(二)国内企业的集成能力不断增强

集成能力是一个企业能够有效整合内外部资源的能力,与单项能力如研发能力、制造能力或营销能力相比,集成能力的要求更高,需要在市场竞争中长期磨炼才能够形成。在经济全球化时期,企业的集成能力比以往任何时期都更加重要。经过多年竞争和积累,国内一些优势企业集成国内外优势资源的能力在提高,知道如何组合各种要素能够获得较强

的市场竞争力,这是企业以我为主组合资源进行技术创新和开发新产品的重要基础。其中技术集成能力尤其重要,随着越来越多的高技术产品在国内制造,企业对技术的理解能力和应用能力不断积累,包括了解每项技术以何种方式与哪些技术相关联,了解市场对技术的需求特点,了解最佳配套产业的分布,了解如何在技术水平和成本要求之间寻求平衡点,等等。这些知识大部分都是需要在实践中观察和积累的隐含知识,没有与市场相关联的本土制造能力,仅仅以技术开发为源头推进产业化,上述知识的获得比较困难。

(三)对市场需求的适应能力增强

对市场特性的理解和开拓市场能力的形成,有时比技术开发能力的形成更困难,因为技术开发能力可以通过企业单方面的努力来形成,而新产品在市场上能否成功,要取决于更多的因素,其中一些因素不由企业掌握,企业只能去适应市场的特性。对市场特性的了解和开拓市场能力的形成,需要有较长时期的积累。许多案例表明,没有品牌影响力的新企业形成有效的销售渠道比制造出合格的产品更加困难,这是中国一些成功企业沿着"贸—工—技"路线发展成长的重要原因。在从事销售和制造的过程中,理解了市场、控制了销售渠道、具有了品牌影响力,企业规模也随之扩大,此时进入核心技术开发阶段相对容易获得成功。

(四)配套产业水平的提升

较高水平配套产业群的形成,是一些技术复杂、零部件较多的产品在核心技术突破后能够迅速产业化的重要条件。过去二十多年,一些重要产品的配套产业在中国得到长足发展,其中有些产品的配套体系已经达到或接近国际水平,此时,国内企业在核心技术上如果有所突破,有现成的产业链支撑其产业化和市场化过程。

(五)高水平人才回流的条件开始形成

20世纪最后10年,中国国内一批企业成长较快,能够为高水平的技术人才提供高薪收入和发挥其作用的岗位,各类人才自主创业的环境也明显改善。一批在国外工作和在国内跨国公司工作的技术人才回流国内企业,其中包括一些处于技术前沿的高级研发人员和技术管理人员。这种趋势在未来一些年还会持续并加强,高水平人才作为与技术相关综合能力的载体,将成为外部技术资源的重要来源和核心部分。

四、国家安全和重大技术能力:全球化条件下国家产业技术战略的重点领域

在科技全球化条件下,竞争性产业领域中有大量的外部技术资源可以利用,但是一些与国家经济和军事安全有关的技术领域以及独家或极少数跨国公司掌握的重要产业技术,我们不大可能从外部获得,至少不能立足于从外部获得。在一些尖端科技领域,中国始终面临技术封锁局面,如在巨型计算机技术、超大规模集成电路制造技术、与军事相关尖端技术等的进口,一直受到西方发达国家的严格控制。以 2001 年为例,美国商业部总共收到了 1294 件对华技术出口申请,其中 72% 被通过、3% 被拒绝、25% 不予受理。在一段时间内,高性能计算机、高科技电信设备、半导体设备,以及尖端的机械工具,几乎完全停止了对华出口。在这些关键技术领域占有一席之地、形成自主创新和发展能力,事关中国经济军事安全和长期发展潜力,政府、科技界和产业界要共同努力,从国际经济、军事、政治竞争的大背景出发,制定出方向明确、有限目标、确保重点的国家技术与产业发展战略。当然,这些战略性重要产业的自主发展,也要尽可能利用经济全球化提供的新机遇,采取以我为主、集成发展的战略。

在吸引外部资源时,要切实防止一些威胁中国国家安全的投资行为。美国对跨国并购就有出于安全考虑的控制,1989 年,美国总统否决了一项国外收购案,在此案例中,美国总统要求中国的一家航天公司,即中国航天技术进出口总公司从 MAMCO 公司撤出,因为后者涉及美国一家航空部件制造商,这个案例是在 1988—1999 年间向美国外国投资委员会递交通知的 1258 起外国并购案中唯一被总统否决的案例。[①] 在中国,也要对重要战略性领域中跨国公司的并购行为有严格的审查规定和控制

---

① 资料引自联合国贸易与发展会议:《2000 世界投资报告:跨国并购与发展》,冼国明总译校,中国财政经济出版社 2001 年版,插文 5.6.1。

能力。

　　本章的分析表明,科技全球化是技术发展和产业分工格局变化的必然结果,是由技术这种生产要素不断追求最大收益的本质所决定的,科技全球化提高了科技资源在全球范围内的配置效率。中国对外开放经验的一个重要的方面,就是充分利用了经济全球化、科技全球化带来的多方面机遇,集成全球优势要素为我所用,增强本国产业的竞争力和提升自主创新能力,保证经济长期、持续和稳定发展。

第十三章　案例研究:市场对外开放与本土文化国际传播[①]

本章以文化和体育产业为案例,分析一国市场对外开放与本土文化国际传播的关系。研究表明,大国文化市场对外开放能提升本国文化元素在全球的传播和影响力。

第一节　网络时代是文化消费全球化的时代

服务行业与制造业相比,有自身的特点。其中,服务过程的"同步性"和服务提供的"不可储存性"是重要方面。这些特点产生的一个重要的衍生特点是服务的"不可远距离贸易性"。例如商业零售业只能卖给面对面的顾客,家政服务只能在家庭现场提供,教育服务和教育消费必须同时同地,艺术和体育表演服务只能向现场观众提供,等等。这些都使远距离贸易特别是跨国贸易成为不可能。

网络时代,服务全球化水平显著提高,有些甚至超出了现代制造业的水平,例如网络上的视频节目和文字信息可以极低成本地复制无数次,规模经济极为显著,效益递增几乎没有边界,任何制造业产品都无法与之相比。

由于网络空间全球连通,现在一个好的艺术产品是以全世界消费者为对象的,巨大市场滋养出规模惊人的单个作品,最优秀的文化产品能获

---

① 本章内容引自江小涓、罗立彬:《网络时代的服务全球化——新引擎、加速度和大国竞争力》,《中国社会科学》2019 年第 2 期。本文有删减。感谢罗立彬副教授同意本书引用该文。

得巨大收益,劳动生产率与此前完全不可同日而语。在 20 世纪 80 年代之前,靠一首歌、一支乐曲或一部小说能够成为富豪的文化人少之又少,交响乐、歌剧、芭蕾这样的高雅艺术更是难以致富。不是它们不受消费者喜爱,而是无法影响一个庞大的人群。而在当下,一首歌曲、一部影视可以在全球流行,市场规模以千万甚至亿来计算。2012 年 12 月最后一周,美国某著名流行音乐女歌手共售出 5470 万张数字唱片;2015 年 12 月,另一位英国著名歌手的新专辑在上市第一天就获得了在 itunes 上下载量达到 90 万次的成绩。体育产业情形与此相似。1960 年,足球巨星贝利在巴西桑托斯队的年薪仅为 15 万美元。2016 年,克里斯蒂亚诺·罗纳尔多(C 罗)的年薪高达 2728 万英镑。两位巨星收入差距巨大。除了受现在与 20 世纪 60 年代相比收入水平普遍增加、两位球星效力不同国家的球队等因素的影响外,主要原因是贝利时代国内没有通信卫星,只有很少人能去球场看比赛;而 C 罗参加的 2014 年巴西世界杯赛向 200 多个国家转播,十几亿观众观赏了比赛。表 13-1 是网络时代文化体育产业全球化的若干表现形态。

表 13-1　文化体育产业全球化的表现形态、普遍程度及典型案例

全球化的表现形态	普遍程度	代表性行业	典型案例	国际经济学术语
服务产品向海外提供	很普遍	音乐:各国音乐产品通过网络供全球消费者下载	2016 年腾讯视频直播的国内演唱会有 400 场,覆盖全球 389 个城市,累计播放 20 亿次	进出口依存度
		电影:各国电影均向全球放映	好莱坞电影境外是主要市场	
		职业体育:著名赛事向全球转播	英超向近 200 个国家出售转播权	
国外消费者超过本土消费者	较普遍	著名影视作品境外观众数更多	法国电影《超体》法国本土观众观影 520 万人次,境外超过 5210 万人次	国外消费者依存度
		视频网站境外用户更多	网飞达到 50% 以上	
		一些著名比赛国外观众更多	NBA 美国本土观众观看 6000 万人次,全球超过 10 亿人次	

续表

全球化的表现形态	普遍程度	代表性行业	典型案例	国际经济学术语
国外收入接近或超过本土	部分存在	好莱坞影视作品	电影《阿凡达》在北美之外的票房占比高达73%	国外收入依存度
		一些西欧国家的影视作品	2014年和2015年法国电影境外总票房都超过了本土票房	
		视频网站	网飞国外收入超过总收入的50%	
		职业体育	仅有英超、西甲两者接近	
较多引入国外生产要素(明星和专业人士)	较普遍	各国影视中的外籍导演和演员	好莱坞电影《极限特工3》主演当中有两名华人演员、一名澳大利亚演员、一名泰国演员、一名印度演员	人力资本跨国流动
		职业体育中的外国教练和球员	英超外籍球员比例超过67%	
引进国外生产要素(资本)	较普遍	文化行业中的跨国收购娱乐业	2016年美国好莱坞1502亿美元的收购交易中近半数是跨国收购,包括传奇影业以35亿美元价格被中国万达集团收购	资本跨国流动
		职业体育行业中的跨国收购娱乐业	英格兰前两大联赛中半数以上俱乐部为外资所有	

资料来源:笔者根据媒体相关报道整理。

第二节　大国市场对外开放与本土文化元素的传播:以影视为例

由于互联网时代的文化全球传播,不少人担心,这种状况会导致某些文化的广泛传播,特别是那些文化产业实力强、全球传播能力强的国家,其文化在这个时代会强势侵蚀和取代许多国家和民族的传统文化。这种现象的确存在。不过,也有另一种倾向:一个国家特别是大国对外开放本土文化市场,既会带来多元文化的进入,也会促进本土传统文化的国际传播。这是因为,为了吸引目标市场消费者的关注,许多文化娱乐产品重视加入目标市场的文化元素。近年来,非美国籍的演员开始在好莱坞电影中大量出现,不是因为此前他们的演技不好,而是现在更需要他们帮助好莱坞电影进入境外市场。一个典型案例是 2017 年的电影《极限特工 3》,几位主要角色有一位来自美国、两位来自中国,还有三位分别来自印度、澳大利亚和泰国,意在开拓这几个境外大市场。《长城》由中美合拍、张艺谋导演,体现多元文化因素:使用来自 37 个不同国家的幕后团队,拍摄现场需要挂 37 面国旗并配以几十名翻译。故事背景在中国,同时选择全球观众都可以看得懂的较为简单的情节。因此,电影得以在全球 62 个国家和地区上映,观众至少达到 1 亿人次以上。再如法国电影中境外票房较高的几部都是以英语为主要语言、以英语国家演员为主要演员,这是因为它们的出口市场主要是英语国家。

为了进入快速扩张的中国市场,近些年好莱坞电影开始大量拍摄中国题材或有中国文化元素的影片。多年来,我们强调中国文化产品出口有利于中国文化元素的传播,这的确是条重要途径。不过,事实表明,中国文化市场的对外开放,同样有利于中国文化元素的全球传播,在目前阶段,有些文化表象以这个途径传播也许更快更广泛。在近年来好莱坞拍摄的一些中国题材的电影中,中国文化元素密集体现,包括中国功夫、中国武侠精神、儒家思想、道家思想、禅宗、中国山水、针灸、习俗服饰、菜肴、中国特色街道、老字号、太极、毛笔字等等。对比当前国产一些高票房的电影,虽然不少票房成绩在年度全球电影排行榜上也排名前列,但它们在全球放映的地区数量很有限,且绝大部分票房来自中国内地[①],对于中国文化表象的国际传播起到的作用远远不如《功夫熊猫》《卧虎藏龙》《长城》这样中国题材或者具备中国文化元素符号的全球化运作的国际大片。表 13-2 列举了更多包含中国元素的美国电影、其发行地区数以及其他相关情况。

---

① 比如国产电影票房冠军《战狼 2》总票房高达 56 亿元人民币,在 2017 年全球电影票房排行榜排名第六,但是它只在包含中国大陆在内的 10 个国家和地区放映,且 98.16% 以上的票房来自中国大陆。

表 13-2   近三年包含中国元素的美国好莱坞电影的相关情况
（截至 2018 年 4 月 7 日）

年份	影 片	发行地区数	主要包含的中国元素（演员、故事发生地、语言）	中国票房占全球票房的比重(%)	中国票房占非北美票房的比重(%)
2018	《环太平洋 2》	51	景甜、张晋以及其他中国演员，中国上海，汉语普通话	41.59	52.43
2018	《古墓丽影:源起之战》	57	吴彦祖，中国香港，广东话、汉语普通话	30.75	38.82
2017	《极限特工 3》	73	甄子丹、吴亦凡	51.58	59.28
2017	《星球大战:侠盗一号》	74	姜文、甄子丹	7.17	14.31
2017	《金刚骷髅岛》	60	景甜	32.50	46.15
2017	《降临》	78	马志，中国语言	8.50	16.74
2016	《长城》	53	张艺谋、刘德华、景甜以及其他大量中国演员，汉语普通话	55.60	64.20
2016	《美国队长 3》	78	金世佳，VIVO 手机	16.30	25.10
2016	《独立日 2》	59	杨颖、黄经汉、QQ、蒙牛	19.40	26.50
2016	《惊天魔盗团 2》	56	澳门赌场，周杰伦	31.70	40.30

资料来源:笔者根据 imdb.com 数据整理。

职业体育比赛情形相似,引入外国球员和教练能增加对输出国观众的吸引力。为了开拓中国这个最大的境外市场,NBA 将中国元素纳入产业链各个部分:引进中国球员如姚明打开了中国市场,让火箭成了很多中国球迷的主队,只要姚明出赛,中国的电视台都会直播,平面与网络媒体是热门话题,企业大量投放广告。其他措施包括:到中国举办比赛;赛事设计考虑中国元素;在春节期间以中国文化元素装扮赛场;球员用中文向中国观众祝贺节日;吉祥物和纪念品设计中有中国图案;明星大篷车到中国各地巡游与中国球迷拉近关系;等等。据估计,NBA 通过商业赞助、电视转播、产品授权销售等方式,十多年来在中国市场的收入高达 12 亿美元。2015 年年末,多个巴西媒体报道了中超、中甲联赛情况,因为这两个联赛的俱乐部签约了十多名巴西国家队队员,包括效力于广州恒大的保利尼奥和高拉特、效力于江苏苏宁的拉米雷斯、效力于上海上港的埃尔克森等,吸引了巴西观众对中超的关注。

　　大国文化开放有利于本国文化传播这个判断,其理论基础是文化贸易中的"文化折扣"(cultural discount),即文化产品的制作者去迎合目标市场的消费者(Hoskins 和 Mirus,1988)。由于消费者更偏爱具有本地文化元素的文化产品,所以全球化的文化产品出口到某一国时,如果产品中含有当地文化元素,就更容易开拓当地市场,降低文化产品贸易成本,因此文化产品的制作者会努力加入目标国家的文化元素来缩短"文化距离"。虽然在文化产业领域,关于国际贸易自由化与文化多样性之间关系的问题存在一些争议,但是大国文化产业开放有利于本国文化传播,可以说是文化贸易领域理论文献中的共识(Richardson 和 Wilkie,2015),没有一项研究认为文化贸易自由化会对大国有损。

第三节　文化全球化与多元化并存将是长期趋势

一、网络时代范围经济极为显著,多元化产品成为全球化平台的"标配"

　　网络平台必须有大量内容,消费者登录后应有尽有,才能吸引大量消费者。因此,平台都尽可能提供来自全球的丰富产品线和服务内容,最大化地利用平台效应。例如,国内各大视频网站可以同时播放的节目种类数至少有 1 万个(见表 13-3),任何一个院线、剧院集团和电视台都不可与之比拟。其中国外节目占 20%—60%。

表 13-3　国内主要视频网站各类节目种类数(2018 年 4 月 4 日)

(单位:个)

网站名称	电视剧 (其中国外)	综艺 (其中国外)	电影 (其中国外)	动漫 (其中国外)
腾讯视频	3568(1077)	1615(91)	5000(3756)	2901(655)
爱奇艺	2539(96)	1116(143)	6220(2761)	2194(1210)
搜狐视频	2259(355)	1107(79)	6000(1293)	1203(277)
优　酷	6682(2952)	8165(1207)	15625(8717)	4426(1505)

数据来源:笔者根据各大视频网站资料整理。

二、文化产品"受众数量极大化"倾向及多元文化兼容

"固定成本与变动成本之比极高"的突出特点导致文化产品一旦成为畅销品,获利就会急速增加,一旦走过收支平衡点,额外的单位销售就会导致利润暴增。为了实现"受众数量极大化",这使得文化产品在文化元素选择方面越来越倾向于运用"最不得罪人的原则"(Least Offensive Principle),力求在同一产品中避免侵害到任何民族或种族的文化情感,寻求各文化背景下人群的共同文化诉求(Curtin 和 Shattuc,2009),以促使文化产品的目标市场最终拓展到全世界。

比如全球最大的流媒体播放服务提供商网飞(Netflix)目前已接入 200 多个国家和地区,国外客户数迅速上升。现在全球用户总计达 1.25 亿人,国际会员占比为 55%,国际收入占比为 50%。该公司称他们下一个 1 亿用户将会来自印度,全球活跃订户远期目标为 7 亿人,见图 13-1。①

（单位：百万）

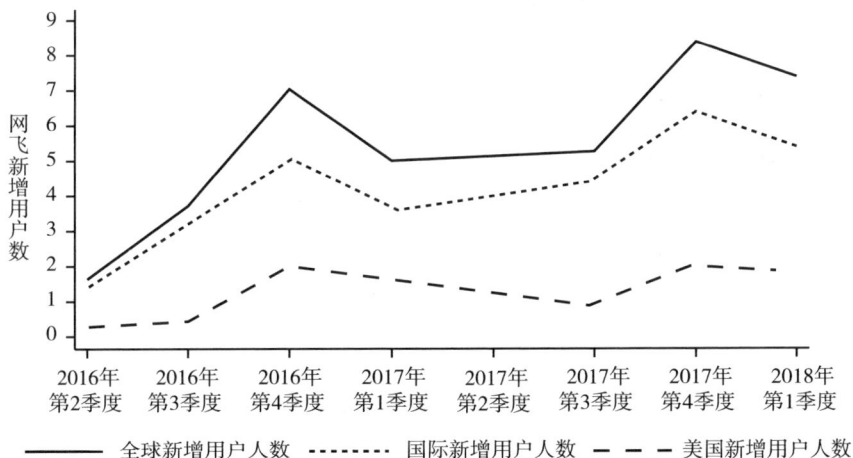

图 13-1　2016 年第二季度至 2018 年第一季度网飞
（Netflix）新增用户数量

资料来源:笔者根据网站媒体信息整理制作。

———————————

① 参见凤凰科技网,http://news.ifeng.com/a/20180417/57632291_0. shtml,2018 年 5 月 1 日访问。

近年来,各国的高水平职业竞赛表演都向多个国家转播,从收视人数看,多数联赛的境外收视人数高于其国内,有些联赛的境外收入也接近甚至超过本土收入,英超联赛 2016—2017 年至 2018—2019 年三个赛季,先后与 180 多个国家或地区的转播商签下了境外转播协议,总价已经超过 34 亿英镑,超过其本土转播费的三分之二。话剧作为典型的舞台艺术,即使在信息时代,也被认为是生产率难以提高的产业。即便如此,话剧艺术家们也在通过网络来努力提高生产率。一个典型的案例是英国国家话剧院,他们从 2009 年 6 月开始开发出 NTLive 产品,借鉴体育比赛直播的形式,将话剧作品通过电视现场直播的方式向全国甚至全世界播出,截至目前已经出品 40 余部 NTLive 剧目,在全球 45 个国家 2000 多个场地录制和放映过 NTLive 作品,累计观众超过 550 万人。2015 年 NTLive 首次进入中国,在中国 20 余个城市的 39 家剧院放映。

只要以全球观众作为消费人群,文化产品的生产就会尽可能兼容多元文化,以示市场最大化。

三、多元文化并存促进本土文化产品提高全球竞争力

在电视节目领域各国都进行了本土节目份额制度,但是视频网站为境外节目播出带来新的平台,目前国内几乎所有视频网站上都有境外节目。据笔者不完全统计,到 2018 年 4 月 3 日为止,在国内某两家主要的网络视频网站上,中国内地剧数量分别为 2491 部和 3730 部,同时也有为数不少的国外剧目,如美剧数量分别为 527 部和 1050 部、韩剧为 167 部和 922 部、英剧为 195 部和 190 部、泰剧为 21 部和 215 部、日剧为 167 部和 575 部;在另一家国内著名视频网站的电视剧点击量排行前 100 中,有5 部美剧、3 部韩剧和 1 部泰剧,余下 91 部为中国内地剧。国外的影视剧目在中国也受到较大的关注和欢迎,例如在中国某著名电影评分网站上,处于评分排名和热度排名前列的都是来自世界各地的电影作品。这种状况使中国网剧从一开始就面临全球化竞争,必须会讲故事和提高制作质量,以提高对全球消费者的吸引力。这也是网剧出现短短几年中就出现了《白夜追凶》这样由网飞在 190 个国家和地区放映的国产剧集的重要

原因。

　　随着制作水平的提高,近年来,中国出现若干大型电影制片商越来越多地介入以全球观众为目标市场的"国际大片"的投资。在 2017 年全球电影票房排行前 100 名当中,第一名和第二名的出品方为中国的电影分别有 11 部和 9 部。在 2017 年全球电影排行榜排名前 293 名的电影中,两个或两个以上国家合拍的电影有 115 部,数量占 39.25%,票房占 50.18%。[①]

　　中国电影市场的开放式增长给世界电影中的各国文化提供了新的接纳空间,但是其中中国文化国际影响力提升的机会是最明显的,原因就是我们上文提到的"文化折扣"理论。在我们的数据样本中,1992 年首次出现具有汉语普通话的电影,票房比重仅为 2.4%,但到了 2016 年,这一比重提高到了 10.8%,2017 年为 7.9%;同期法语的相应比重则从 9.1%降低到 7.6%;作为制片地区,中国的重要性提升更快,票房比重从 1992年的 2.4%提升为 2017 年的 25.33%。这两个比例的提升说明在全球电影领域,中国文化的国际影响力在提升,这其中既有华语电影票房增长的原因,也有因为好莱坞电影中越来越多地加入中国文化元素以"讨好"中国市场。

　　在开放促进本土文化国际传播方面,我们还有巨大的潜在优势。一是中国文化市场规模成长迅速,比如 2004—2017 年,中国电影票房占世界比重从 0.7%迅速提升到 19.46%[②],未来中国票房将成为全球第一,想要在世界电影市场上称雄的影片,要在中国电影市场上表现出色才有可能,得中国市场者得天下。因此,世界电影大国,如美国近年来在其电影中越来越多地加入正面的中国文化元素,并运用其强大的国际传播能力将中华文化符号传播到世界各地。

　　当然,同时也要意识到,部分服务业具有社会和政治敏感性,尤其是文化、传媒、通信、网络等行业,涉及价值判断、文化认同、社会舆情、公共

---

　　①　数据来源:笔者根据 boxofficemojo.com 上资料计算得出。

　　②　数据来源:笔者根据中国统计局网站以及美国电影协会(mpaa.org)历年的全球电影市场报告中的数据计算,2018 年 4 月 10 日访问。

服务等许多方面。比如在文化产业领域,会为了获取"流量"而提供一些"轰动""吸引眼球"的内容来满足人们"不健康"的需求。对这些非经济、超经济的影响也要有清醒的认识,要认真评估市场开放的得失,并做好相关政策设计和防范措施。此外,国外文化产品中的中国元素,目前还是表观层面的,我们要利用好它们所激起的对中国文化的好奇和关注,引导更多境外公众探索和理解中国传统文化和现代文化的价值观念和当代意义。

尾章　新时代的对外开放战略

经过 40 年的改革开放和持续增长,中国经济总量和人均收入显著提升、国内生产要素结构显著改变、产业技术显著进步、国际竞争力显著提升。国内发展进入新的阶段,高质量发展成为核心目标。与此同时,经济全球化进入新的阶段,外部环境复杂多变。从各方面看,中国进入了一个新的发展时期,对外开放将呈现新的特征。面向未来,我们应该如何确定新的对外开放战略?

在对外开放领域,中国已经提出许多重大理念、原则和愿景,包括开放合作、互利共赢的开放理念,共商、共建、共享的全球治理观,构建人类命运共同体的重要思想。这些都是关系中国与世界未来的重大理论与战略问题,非本书的实证分析逻辑、有限篇幅和笔者本人能力所能容纳。本部分以上述理念和思想为指导,从经济基本面变化和国际形势变化两个角度,提出中国今后对外开放可能出现的若干趋势。

第一节　国内环境新变化与对外开放新要求

一、传统比较优势改变,劳动力、资金、技术等要素匹配度改善

改革开放初期,我们的劳动力资源极为富裕,其他要素均明显短缺。20 世纪 80 年代初期,中国劳动力资源占全球的 23%、淡水资源仅占全球的 6%、可用土地资源占 7%、能源资源占 5%,更为短缺的是资金和技术,占全球的份额(以固定资产形成总额和研发投资为指标)不到 2% 和 1%,

这种比例严重失调的状况,导致大量劳动力无法与其他要素相结合,更无法进入现代生产体系,因此,引进资金和技术的需求迫切。现在,我们的要素结构发生了很大变化,资金成为相对最充裕的要素。2018 年,中国资本形成总额达到 39.7 万亿元人民币,约合 5.4 万亿美元,占全球资本形成总额的比重已达 25.8%。与中国占 6%的淡水资源、7%的可用土地资源、5%的能源资源相比,甚至与目前 23%左右的劳动力资源相比,资本已经是充裕要素。研发投入占全球的比重也已经达到 18%。相对于资本、劳动力甚至研发能力,土地、淡水、环境容量等自然资源的相对稀缺性日益明显,成为重要的制约因素。此外,中国新增劳动力的结构发生变化,以往以农村转移劳动力为主,而现在受过高等教育的劳动力比重迅速上升,已经成为新增就业的主体部分,职业期望和收入期望都有很大变化。

上述变化是基本面和基础性的变化,必然带来重要影响。第一,劳动密集型产品的竞争力下降,特别是低水平的制造业,对教育水平普遍提高的劳动力缺乏吸引力。第二,资金已经是相对充裕的要素,再加上多年来形成的产能过剩,对外投资有内在较强的动力。第三,较大规模进口自然资源产品如农产品、石油天然气、某些矿产品等,会减弱国内以较高成本满足这些需求的压力,符合我们的要素结构和长期利益。

二、通过对外开放提升产业竞争力

(一)引进全球资源,提高全要素生产率

今后提高对外开放水平的着力点,是要组合利用全球范围内的资金、知识、技术、信息和人力资本,集成各方面优势资源,加快提升自身技术水平,提高全要素生产率,形成新的竞争能力。虽然国内资金并非短缺要素,然而资金却是多种要素流动的载体,人力资本、技术开发与使用能力、国际市场开拓能力和客户资源、管理能力等等,都会伴随资金而流动,这种"一揽子"要素的引入很重要。在每一个细分的产品市场上,各个企业持有的优势资源是不同的,每个企业要在激烈的竞争中不断增强自身优势,都需要不断重组内外部各种资源。通过对外开放引进特定的优势要

素,仍然是我们继续提高全要素生产率、保持较强竞争力的基本要求。

(二)"走出去"配置资源,提高国内要素收益

中国持续多年的高积累率,使存量资本和每年新增投资都达到巨大规模,资金的相对充裕,淡水、环境容量等自然资源的相对稀缺日益明显,某些产业技术和人力资本也相对稀缺。此时,资金全部在本土配置,有部分可能达不到最佳匹配状况,拉低资金收益水平。因此,有些投资者会面向全球寻求有更高回报的投资地点,这是资本追逐利润的必然结果。

(三)吸纳境外人力资本,搭载多种竞争能力

今后人力资本流动意义重大。我们以往大量在境外的留学生,许多已经成长为优秀的科学家、企业家、工程师和技术人员。其中相当部分具有强烈的回国创业倾向,国内近些年的发展也为这些高水平人力资本提供了"用武之地"和有吸引力的报酬水平。继续吸引他们回来创新创业潜力巨大。

第二节　国际环境新变化:机遇与挑战并存

一、制造业全球化有所减速

20世纪80年代初以来,全球化加速,特别是跨国公司为了利用发展中国家的劳动力优势和市场优势,纷纷将产业价值链中可分解制造的部分和组装过程从发达国家转移到发展中国家,导致了全球生产体系重组,有力地推动了经济全球化。这轮全球化在2008年全球金融危机前达到高峰,全球贸易总额中,全球价值链分工体系相关的部分约占80%。在制造业全球化的同时,与之匹配的服务全球化、金融全球化也在快速推进。

经过多年发展,制造业上述全球分工过程似乎达到了均衡稳定状况,再继续细分和转移的必要性、合理性下降。产品构造决定了每类产品能够合理分解并向境外转移制造的部分都有限度,越过这个边界,全球分工使收益下降、成本上升。例如汽车产业,全球化程度最高的几种车型,境

外制造的重要零部件已经超过100种,产业价值链上的国家超过17个。在技术和产品架构没有根本改变之前,很难再同以往一样继续推进全球分工的细化和深化。

另外,那些初始仅能接纳全球分工体系中一小部分的国家,随着本土产业链的延伸、生产技术的提升和人才的成长,纷纷争取在本土构建完整的产品生产能力。一方面,努力延伸本土制造部分在全球产业链中的长度和宽度;另一方面,引进高质量零部件嵌入到本国同类产品的生产体系中,提升产品的竞争力。这些努力提升了东道国的生产能力和水平,同时也导致全球分工体系的一部分转为本地体系。

与此同时还有一种趋势,一些发达国家大力推动"产业回归"和"再工业化",力促其离岸生产转回到母国生产。从经济和技术角度看,由于技术进步特别是自动化技术、人工智能技术等发展,许多制造环节由劳动密集型转变为技术和资本密集型,发达国家人力资本昂贵的制约因素被弱化,其本土制造业的竞争力有所回升。

上述几个方面的变化,使得已经持续多年的大规模国际产业转移速度明显放缓。最近几年,若干发达国家对境外投资的速度放慢,从境外撤回资金的速度加快。全球价值链分解重组明显减速,导致国际贸易的增长速度明显下降。从这个意义上讲,全球化特别是制造业全球化的进程遇到障碍。

二、服务领域的全球化继续加速

在制造业全球价值链分工有所减速的同时,金融、科技、服务、劳动力等要素的全球化继续推进。

(一)金融全球化

金融全球化在过去30年中进展很快,跨国并购、跨国证券投资、跨国借贷等规模快速增长。其间每一次全球金融危机,都伴随着较大规模的跨国金融交易,因为出现危机的国家、企业和金融机构,内部危机深重,需要借助外力克服困难走出困境,这就促使金融全球化在波动中持续推进。

（二）科技全球化

科技全球化是指技术和技术创新能力大规模地跨国界转移,科技能力中愈来愈多地跨越国界成为全球性的系统。随着科技全球化的发展,对各类国家、各类企业来说,外部技术资源的重要性总体上增加,许多企业不再追求完整的自主研发能力,而是将越来越多环节的技术活动从本企业中分离出来,纳入到企业间国际技术合作和创新网络之中。即使是美国、日本和欧洲的跨国公司,较多依赖外部技术资源企业的比重,已经上升到了80%以上。从外部获取技术的渠道很多:包括跨国公司全球生产带动的技术转移、大企业收购境外有技术潜力的中小企业、跨国企业之间形成技术联盟共同研发并共享技术、委托国外专业研究机构从事指定的研究工作、向国外科技机构和大学购买技术或者合作开发、从国外进口高技术含量的零部件等。推动科技全球化的主要因素是技术升级的速度加快、技术系统的复杂性增加、新技术新产品的研发费用上升,而产品生命周期却在不断缩短,企业难以独立掌握全部与其发展相关的前沿技术和专门能力,独立研发和仅供自己使用会导致成本过高。

（三）服务全球化

服务全球化是指服务的生产、消费和相关生产要素的配置跨越国家边界,形成一体化的国际网络,各国服务业相互渗透、融合和依存,国际化的服务供给和消费不断增加。现在,服务业跨国公司在全球跨国巨头中已占有首要位置,全球跨国投资中,服务业跨国投资已经超过60%。

三、国际经贸体系和贸易投资规则的调整及影响

（一）多个高标准的贸易集团出现

由于世界贸易组织主导的多边体系作用减弱,一些新的高标准贸易协定出现。2018年以来,美国、欧盟和日本等先后签署了一些高标准自由贸易协定,如日欧经济伙伴关系协定(EPA)、美墨加协定、欧加自由贸易协定(FTA)、全面与进步跨太平洋伙伴关系协定(CPTPP)等。这些贸易协定涉及零关税、服务业开放、服务贸易、电子商务及市场准入等,同时还有投资保护、社会保障、劳工保护、知识产权保护、环境保护等方面的要

求。这些协定全部生效后,将覆盖55%以上的国际贸易和国际投资。

(二)中国在国际经贸体系中的地位日益重要

一是积极支持和参与世界贸易组织改革,主张继续发挥世界贸易组织在国际经贸规则变革中的基础地位和主渠道作用。二是积极推动与其他国家和地区建设自贸区(Free Trade Area,FTA),目前中国在建自贸区21个,涉及32个国家和地区。其中,已签署自贸协定12个,涉及20个国家和地区;正在谈判的自贸协定9个,涉及23个国家和地区。这些协定都涉及取消或降低关税、提供贸易和投资便利等规则。三是推动国内自由贸易试验区建设(Free Trade Zone,FTZ),试点内容包括以负面清单管理为核心的投资管理制度、以贸易便利化为重点的贸易监管制度、以资本项目可兑换和金融服务业开放为目标的金融创新制度、以政府职能转变为核心的事中事后监管制度,形成与国际投资和贸易通行规则相衔接的制度创新体系。

(三)"一带一路"形成新的国际经贸多边平台

这个新平台是国际关系中的重要新变量,意义重大、作用多元。目前,中国累计与122个国家、29个国际组织签署了170份政府间共建"一带一路"合作文件。已与13个沿线国家签署或升级了5个自贸协定,与21个沿线国家签署了本币互换协议。亚投行、丝路基金及中国与中东欧"16+1"金融控股公司成立,为参与国基础设施投资提供了融资支持。"一带一路"倡议构建的是开放式新型泛区域经济合作,从而推动开放包容的全球合作平台。

第三节　网络与数字技术助力服务全球化

长久以来,服务业被认为是"不可贸易"的产业,与制成品贸易在国际贸易和制造业中的地位相比,服务贸易额在国际贸易总额中所占的比重较低,服务进出口在各国服务业中所占比例较低。服务贸易额比重之所以较低,源于服务和服务业的若干特征:生产消费要求"同步性"(生产过程需要消费者参与,服务供给和消费同时同地发生),生产结果具有

"不可储存性"（服务是一个过程，"随生随用随灭"，生产和消费不能错期）等特征。教育服务、医疗服务、艺术表演、保安服务、家政服务等都是典型的服务业。"同步性"和"不可储存性"的一个衍生特点就是"不可远距离贸易"。例如商业零售业只能卖给面对面的顾客、艺术和体育表演服务只能向现场观众提供等，远距离提供和远距离消费几近不可能。

　　然而，在网络与数字时代，服务的基本性质发生改变，呈现出三个新的重要特点，改变了服务的基本性质。一是市场边界极大扩张，从同时同地变为"网络抵达之处"，几乎联通全球。二是规模经济极为显著，这源于许多网络服务的初始成本很高而边际成本很低，特别是可复制的文化类、信息类服务更是如此。一部网剧是一个观众还是亿个观众，制作成本相同，增加观众的边际成本极低。三是范围经济极为显著。一个巨型平台形成后，可以销售多种产品和服务，并且以品牌优势不断拓展新的产品和服务。对消费者来说，登录一个平台就会应有尽有，对企业来说能最大化地利用平台资产，降低成本和提高效率。

　　上述变化导致服务全球化的水平显著提高，甚至超出了现代制造业的水平，例如网络上的视频和文字信息可以极低成本地复制无数次，规模经济极为显著，效益递增几乎没有边界，任何制造业产品都无法与之相比。由此导致数字产品全球贸易发展很快，跨国宽带数据总量每十年增长几十倍。在线软件、电子商务、在线支付、文学作品、音乐、游戏、文化与体育视频等都是全球生产与全球消费。可以预期，全球服务贸易和服务业跨国投资将持续快速发展，在国际贸易总额和跨国投资总额中的比重继续上升，成为全球化继续发展的重要引擎。

　　网络与数字时代发展服务贸易，中国有明显优势。中国人口数量最多，接入互联网的绝对人数和相对比例都很高，网民规模、手机网民规模和社交网站活跃用户分别超过 10 亿人、10 亿人和 7 亿人，远远超过任何一个国家，也超过美国和欧洲相加的数字。在中国，网络和数字服务业即使仅在国内市场上，也能同时获得规模经济和竞争的双重效益，迅速提升服务和技术水平，成为有全球竞争力的产业，并支撑其他产业提高竞争力。在较长时间内，承接国际服务外包仍将是中国的突出优势，信息技术、研发设计、文化创意、商务服务、金融服务、消费者服务等领域我们都具有竞争力。

网络与数字技术的发展不仅助推服务全球化,也将带来新的制造全球化机遇。大数据、云计算、人工智能、物联网等技术发展将赋予制造业新的生产和消费方式,制造与服务呈现融合发展趋势,许多出口制造业产品中,服务环节增加值要高出制造环节增加值,全球制造体系和服务体系有可能在此基础上重新塑造和拓展。数字技术还推动着国际贸易方式创新和效率提高,特别是众多中小企业甚至个体户,都能借助全球性电子商务平台,触及多国消费者,销售自己的特色产品和服务。

与制造业开放相对,服务业开放会有一些特殊需要关注的问题。一是跨境数据安全问题、数字知识产权问题和个人隐私保护问题。这是当前国际贸易中的核心问题,不同国家主张不同,我们要以国家安全和长远利益为出发点,兼顾各国共同发展利益,提出我们的主张。二是普遍服务问题。一些服务业具有公共、半公共产品的性质,如供电、通信、交通、邮政、医疗、教育等,外资企业往往出现"撇奶油"行为,即服务只覆盖人口稠密、支付能力强的地区和人群,而将偏远地区和低收入人群排斥在外。从国际经验看,常用措施是签订"普遍服务协议"。三是意识形态问题。服务全球化的影响超出直接经济利益,涉及收入分配、文化认同和传承创新、公共服务、社会舆情等许多方面。不少国家对相应领域开放有更严格的要求。

第四节　新时期对外开放展望:"中性"开放、制度性开放与高标准开放

一、向"中性"开放体制转变

改革开放以来,我们的对外开放政策一直倾向于鼓励出口限制进口,鼓励资金流入限制资金流出,倾向于给外资企业更多优惠。总体上看,这种倾向性是由中国国情、发展阶段和产业竞争力所决定的,也是许多国家

在相同发展阶段采用的战略。经过 40 年改革开放,各方面的条件和环境已经发生很大变化,社会主义市场经济体制初步建立,中国经济发展进入一个新阶段,可以向"中性"开放体制转变,更有效地利用两种资源、两个市场。

一是在出口和进口之间保持"中性",通过出口扩大市场、获得规模经济和分工的益处,与通过进口引进各种资源、提升国内产业技术水平和竞争力,两者同等重要。中性的进出口政策,有利于市场在全球资源配置中发挥决定性作用,在更大范围内提高资源配置效率。二是要在吸收外资和对外投资之间保持"中性",吸收外资带来的资金、技术、先进产品、管理经验等,与对外投资带来的投资收益、出口扩大、当地生产和技术获得等,两者同等重要。中性的跨国资金流动政策,有利于资金在国内外市场上与其他要素合理匹配,提高各种要素的收益。三是要在外资企业和内资企业之间保持中性,两类企业都能促进国内经济发展和国际竞争力提升,公平竞争能筛选出综合竞争力较强的企业,促进整个产业提升效率和竞争力。

二、从政策性开放转向制度性开放

中国对外开放的一个基本经验是实行渐进式开放。改革开放以来,针对不同时期、不同地区、不同行业,用不同的政策引导对外开放过程。经过多年改革,我们基本具备了制度性开放的条件和环境。第一,分行业和地区优惠的外贸政策已经基本取消,外经贸政策和法律法规统一透明。第二,2019 年 3 月第十三届全国人大二次会议通过了《中华人民共和国外商投资法》,统一适用于各类外资企业,外资企业的国民待遇有了法律保障。第三,政府大幅度减少行政审批,实行登记备案制度,符合多边贸易体制要求的管理体制框架初步形成。

今后要致力于使制度性开放体制更加完善和相对定型。要继续完善涉外经济法律法规体系,坚持各类经济主体地位平等、对各类财产权平等保护的原则,要大力提高法律实施和执法水平。在制度设计过程中,要立足于国情,也要对外开放借鉴。开放型市场经济的运转不少国家已经实践多年,我们不需要也不可能从头开始不断试错,而是应该结合国情充分借鉴,少走弯路。

三、高标准市场体系与高标准开放相互促进

在对外开放经济中,基本经济变量失衡和市场扭曲带来的影响超出国界,负面影响被放大。例如,当价格不能及时反映某种要素的市场供求和机会成本时,企业就会超量使用,全球消费者也会超量消费。再如,在对外开放经济条件下,国内企业可以引进外资,可以到国际市场上融资,还可以到境外投资,如果国内金融业配置资金的效率不能有明显改善,对外投资行为就会超常发生。还有,近些年境外各大证券市场都有一个重要目标,就是要成为中国优质企业上市的地点,各个交易所都在积极争抢中国的上市资源。如果我们的证券市场不能做到高效透明规范,我们的优质企业就会到境外上市。只有建设高标准的市场经济,才可能支撑高标准的对外开放,在国际经贸规则博弈中占据主动。

因此,要加快推动国内各方面改革。要深化投资审批体制、商事制度、综合执法体制改革,完善知识产权保护制度,形成良好的营商环境。要继续推进国有企业改革,使其在"动力"和"约束"这些深层面上更有合理的机制设计,企业更有竞争力。要完善国内融资环境和金融体系,使国内资金能够得到更充分有效地利用。要继续推进"放管服"改革,使政府管理经济的方式更加符合市场经济的要求,使市场在资源配置中发挥决定性作用。

高标准市场体系建设,也要着眼于国际经贸体系和贸易投资规则的调整。现在国际上一些更高标准的贸易协定,着眼于零关税、服务业开放、电子商务及市场准入、知识产权保护、环境保护等。我们继续扩大对外开放,绕不过这些方面的要求。及早研究这些标准的影响和对策,推进建设与其相衔接的制度体系,在进一步的对外开放中才有主动权。

主要参考文献

1. Dani Rodrik、田慧芳:《中国的出口有何独到之处?》,《世界经济》2006 年第 3 期。

2. [法]埃里克·伊兹拉莱维奇:《当中国改变世界》,姚海星、斐晓亮译,中信出版社 2005 年版。

3. [英]安格斯·麦迪森:《世界经济千年史》,伍晓鹰等译,北京大学出版社 2003 年版。

4. [英]保罗·贝罗赫:《一九○○年以来第三世界的经济发展》,上海译文出版社 1979 年版。

5. [美]保罗·R.格雷戈里、罗伯特·C.斯图尔特:《比较经济体制学》,林志军、刘平等译,上海三联书店 1988 年版。

6. [美]保罗·克鲁格曼:《克鲁格曼国际贸易新理论》,黄胜强译,中国社会科学出版社 2001 年版。

7. [世界银行]贝拉·巴拉萨等:《半工业化经济的发展战略》,中国财政经济出版社 1988 年版。

8. [美]彼得·林德特、查尔斯·金德尔伯格:《国际经济学》,谢树森等译,上海译文出版社 1985 年版。

9. [瑞典]伯尔蒂尔·奥林:《地区间贸易和国际贸易》,王继祖等译校,商务印书馆 1986 年版。

10. [美]查尔斯·P.金德尔伯格、布鲁斯·赫里克:《经济发展》,上海译文出版社 1986 年版。

11. 常清、王军:《从大豆产业剧变看国际农产品产业重新分工》,《社会科学战线》2007 年第 6 期。

12. 陈慧琴:《技术引进的方向必须转变》,《经济管理》1981 年第 4 期。

13. 陈琦伟:《国际竞争论》,学林出版社 1986 年版。

14. 陈文敬主编:《邓小平对外开放理论与我国的对外开放政策》,中国对外经贸出版社 2000 年版。

15. 崔立勇:《用数字盘点入世 5 年的中国农业》,《中国经济导报》2007 年 1 月 11 日。

16. [日]大前研一:《全球新舞台》,刘宝成译,中国人民大学出版社 2007 年版。

17. [英]大卫·李嘉图:《政治经济学及赋税原理》,郭大力、王亚南译,商务印书馆 1972 年版。

18. 中央财经领导小组办公室编:《邓小平经济理论(摘编)》,中国经济出版社 1997 年版。

19.《邓小平文选》,人民出版社 1993 年版。

20. 丁亚君:《如何拯救危机重重的大豆产业》,《江苏农村经济》2007 年第 1 期。

21. 樊纲、关志雄、姚枝仲:《国际贸易结构分析:贸易品的技术分布》,《经济研究》2006 年第 8 期。

22. 房维中主编:《中华人民共和国经济大事记(1949—1980 年)》,中国社会科学出版社 1984 年版。

23. 冯艾玲、李华云、周小川:《外贸体制改革及其外部配合关系的探讨》,《改革》1988 年第 1 期。

24. 冯雷:《大国条件下招致的关注——我国对外贸易结构动态变化及未来贸易摩擦重点领域》,《国际贸易》2003 年第 6 期。

25. [美]托马斯·弗里德曼:《世界是平的 21 世纪简史》,何帆、肖莹莹、郝正非译,湖南科学技术出版社 2006 年版。

26. 傅新平:《我国水资源状况与南水北调中线工程》,《河南水利与南水北调》2008 年第 1 期。

27. 盖钧镒:《发展我国大豆遗传改良事业解决国内大豆供给问题》,

《中国工程科学》2003 年第 5 期。

28. 葛顺奇、郑小洁:《中国 31 个省市利用外资业绩与潜力比较研究》,《世界经济》2004 年第 1 期。

29. 谷克鉴、吴宏:《外向型贸易转移:中国外贸发展模式的理论验证与预期应用》,《管理世界》2003 年第 4 期。

30. 谷克鉴:《中国利用外资实践的功能评价与战略选择——基于经济与管理学视角的实证描述》,《财贸经济》2005 年第 3 期。

31. 郭万达、朱文晖编著:《中国制造——"世界工厂"正转向中国》,江苏人民出版社 2003 年版。

32. 国家统计局"我国利用外资与外商投资企业研究"课题组:《我国外商投资企业发展中存在的问题与对策建议》,《中国经贸导刊》2006 年第 8 期。

33. 海闻、P.林德特、王新奎:《国际贸易》,上海人民出版社 2003 年版。

34. 郝利、类淑霞、姜凤宝:《改革以来我国农业利用外资的状况分析》,《财贸研究》2006 年第 6 期。

35.《胡锦涛文选》,人民出版社 2016 年版。

36. 胡淑珍:《马克思国际贸易理论学术讨论会侧记》,《经济学动态》1983 年第 7 期。

37. 胡志坚主编:《国家创新系统:理论分析与国际比较》,社会科学文献出版社 2000 年版。

38. 胡祖六:《关于中国引进外资的三大问题》,《国际经济评论》2004 年第 2 期。

39. 黄方毅:《再论中国对外经济战略的选择》,《经济研究》1986 年第 12 期。

40. 黄菁、杨三根:《中国加工贸易结构升级影响因素的实证分析》,《世界经济研究》2006 年第 1 期。

41. 江小涓:《中国的外资经济——对增长、结构升级和竞争力的贡献》,中国人民大学出版社 2002 年版。

42. 江小涓、李辉:《服务业与中国经济:相关性和加快增长的潜力》,《经济研究》2004 年第 1 期。

43. 江小涓、杨圣明、冯雷主编:《中国对外经贸理论前沿 II》,社会科学文献出版社 2001 年版。

44. 江小涓、杨圣明、冯雷主编:《中国对外经贸理论前沿 III》,社会科学文献出版社 2003 年版。

45. 江小涓、王子先等:《高新技术产业利用外资的意义、现状与政策建议》,《中国工业经济》2001 年第 2 期。

46. 江小涓:《跨国投资、市场结构与外商投资企业的竞争行为》,《经济研究》2002 年第 9 期。

47. 中国社会科学院跨国投资研究中心:《外商投资研究辑刊第一辑》,1997 年。

48. 江小涓:《中国对外开放进入新阶段:更均衡合理地融入全球经济》,《经济研究》2006 年第 3 期。

49. 江小涓等:《全球化中的科技资源重组与中国产业技术竞争力提升》,中国社会科学出版社 2004 年版。

50. 江小涓等:《体制转轨中的增长、绩效与产业组织变化——对中国若干行业的实证研究》,上海三联书店、上海人民出版社 1999 年版。

51.《江泽民文选》,人民出版社 2006 年版。

52. 鞠建东、林毅夫、王勇:《要素禀赋、专业化分工、贸易的理论与实证——与杨小凯、张永生商榷》,《经济学(季刊)》2004 年第 1 期。

53. [美]尼古拉斯·R.拉迪:《中国融入全球经济》,隆国强等译校,经济科学出版社 2002 年版。

54. 李灏、蒋一苇、周叔莲主编:《中国工业经济发展战略研究》,经济管理出版社 1986 年版。

55. 李辉:《经济增长与对外投资大国地位的形成》,《经济研究》2007 年第 2 期。

56. 李辉文:《现代比较优势理论的动态性质——兼评"比较优势陷阱"》,《经济评论》2004 年第 1 期。

57. 李岚清:《中国对外经济贸易的改革与发展》,中国对外经贸出版社 1994 年版。

58. 李志宁编:《中华人民共和国经济大事典(1949.10—1987.1)》,吉林人民出版社 1987 年版。

59. 厉以宁:《中国外贸体制改革和发展外向型经济问题》,《社会科学辑刊》1989 年第 4 期。

60. 联合国跨国公司中心编:《再论世界发展中的跨国公司》,商务印书馆 1982 年版。

61. 联合国贸易与发展会议:《世界投资报告 2005:跨国公司和研发国际化》,冼国明总译校,中国财政经济出版社 2006 年版。

62. 联合国贸易与发展会议:《2000 世界投资报告:跨国并购与发展》冼国明总译校,中国财政经济出版社 2001 年版。

63. 联合国贸易与发展会议:《世界投资报告 2006:来自发展中经济体和转型经济体的外国直接投资:对发展的影响》,冼国明总译校,中国财政经济出版社 2006 年版。

64. 联合国贸易与发展会议:《世界投资报告 2004:转向服务业》,冼国明总译校,中国财政经济出版社 2006 年版。

65. 林森木、徐立:《政策和制度因素对引进外资的影响》,《经济研究》1986 年第 12 期。

66. 林毅夫等主编:《中国经济研究》,北京大学出版社 2000 年版。

67. 林毅夫、李永军:《出口与中国的经济增长:需求导向的分析》,《经济学(季刊)》2003 年第 4 期。

68. 林毅夫:《外向型战略的最佳选择:发展劳动密集型制造业》,《改革》1988 年第 3 期。

69. 刘昌黎:《进口替代是我国赶超世界工业大国的长期战略》,《经济研究》1987 年第 8 期。

70. 刘国光主编:《中国经济发展战略问题研究》,上海人民出版社 1984 年版。

71. 刘世锦、冯飞:《汽车产业全球化趋势及其对中国汽车产业发展的影响》,《中国工业经济》2002 年第 6 期。

72. 刘向东、卢永宽、刘嘉林、田力维编:《我国利用外资概况》,人民出版社 1984 年版。

73. 柳随年、吴群敢主编:《第一个五年计划时期的国民经济(1953—1957)》,黑龙江人民出版社 1984 年版。

74. 隆国强:《论新时期进一步提高利用外资质量与水平》,《国际贸易》2007 年第 10 期。

75. 隆国强:《全球化背景下的产业升级新战略——基于全球生产价值链的分析》,《国际贸易》2007 年第 7 期。

76. [美]A.罗斯·谢泼德:《国际经济学——微观论与宏观论》,葛奇译,知识出版社 1982 年版。

77.《资本论》第一卷、第二卷,中共中央马克思恩格斯列宁斯大林著作编译局译,人民出版社 2004 年版。

78. [美]迈克尔·德托佐斯等:《美国制造——如何从渐次衰落到重振雄风》,惠永正、武夷山等译,科学技术文献出版社 1998 年版。

79. 裴长洪:《正确认识我国加工贸易转型升级》,《国际贸易》2008 年第 4 期。

80. [美]H.钱纳里等:《工业化和经济增长的比较研究》,吴奇等译,上海三联书店 1989 年版。

81. 钱宗起:《中国国际贸易学会召开〈社会主义对外贸易理论和战略问题〉学术讨论会情况报导》,《外贸教学与研究·上海对外贸易学院学报》1983 年第 1 期。

82. 桑百川:《外商直接投资下的经济制度变迁》,对外经济贸易大学出版社 2000 年版。

83. 商务部:《中国外商投资报告》(2000—2018 年),中国商务出版社 2001—2019 年版。

84. 进出口数据库,www.mofcom.gov.cn。

85. 世界银行:《世界发展报告》(1985 年、1987 年、1988 年),中国财政经济出版社 1985 年、1987 年、1988 年版。

86.世界银行编写组:《全球化、增长与贫困:建设一个包容性的世界经济》,中国财政经济出版社 2003 年版。

87.[美]斯·罗博克:《巴西经济发展研究》,唐振林等译,上海译文出版社 1980 年版。

88.孙秋昌编著:《技术引进与现代化》,重庆出版社 1989 年版。

89.[世界银行]唐纳德·B.基辛:《发展中国家的贸易政策》,楼关德、吴健、刘兴银译,中国财政经济出版社 1986 年版。

90.陶文达:《发展经济学》,中国财政经济出版社 1988 年版。

91.汪海波主编:《新中国工业经济史》,经济管理出版社 1986 年版。

92.王邦宪编著:《贸易保护主义对中美经济关系的影响——中美纺织品贸易争端》,复旦大学出版社 1987 年版。

93.王和英、武心娟、舒玉敏、许明月:《中华人民共和国对外经济贸易关系大事记(1949—1985)》,对外贸易教育出版社 1987 年版。

94.王建:《选择正确的长期发展战略——关于"国际大循环"经济发展战略的构想》,《经济日报》1988 年 1 月 5 日。

95.王洛林主编:《2000 中国外商投资报告:大型跨国公司在中国的投资》,中国财政经济出版社 2000 年版。

96.王洛林主编:《2003—2004 中国外商投资报告》,中国社会科学出版社 2004 年版。

97.王寿春、李康华:《中国对外经济贸易的新发展》,对外贸易教育出版社 1986 年版。

98.王同尊、陆旭光:《我国机电产品进口的现状和对策》,《中国工业经济》1988 年第 1 期。

99.王新奎:《国际贸易与国际投资中的利益分配》,上海三联书店 1989 年版。

100.朱光耀、蔡兵、纪德江:《我国吸收外国直接投资的现状和问题——经贸部外资管理局王永钧副局长在经贸大学学术讲座上的演讲摘要》,《国际贸易问题》1988 年第 6 期。

101.王志乐主编:《著名跨国公司在中国的投资》,中国经济出版社

1996 年版。

102. 王子林、翁先定、郭亚洪、柳靖:《国民经济内外循环战略的选择——"国际大循环"质疑》,《经济学动态》1988 年第 7 期。

103. 吴敬琏、周小川等:《中国经济改革的整体设计》,中国展望出版社 1988 年版。

104. 吴振宇、沈利生:《中国对外贸易对 GDP 贡献的经验分析》,《世界经济》2004 年第 2 期。

105. [美]西蒙·库兹涅茨:《各国的经济增长》,常勋等译,商务印书馆 1985 年版。

106. 习近平:《论坚持推动构建人类命运共同体》,中央文献出版社 2018 年版。

107.《习近平谈"一带一路"》,中央文献出版社 2018 年版。

108.《习近平谈治国理政》第一卷,外文出版社 2018 年版。

109. 冼国明、杨锐:《技术累积、竞争策略与发展中国家对外直接投资》,《经济研究》1998 年第 11 期。

110. 冼国明、严兵、张岸元:《中国出口与外商在华直接投资——1983—2000 年数据的计量研究》,《南开经济研究》2003 年第 1 期。

111. [日]小岛清:《对外贸易论》,周宝廉译,南开大学出版社 1987 年版。

112. [日]小林义雄:《战后日本经济史》,孙汉超译,商务印书馆 1985 年版。

113. 邢厚媛:《海外投资:从绿地投资到跨国并购》,《WTO 经济导刊》2005 年第 Z1 期。

114. [英]亚当·斯密:《国民财富的性质和原因的研究》,郭大力、王亚南译,商务印书馆 1972 年版。

115. [匈]亚诺什·科尔内:《短缺经济学》(下),张晓光等译,经济科学出版社 1986 年版。

116. 杨叔进:《经济发展的理论与策略》,江苏人民出版社 1983 年版。

117. 杨小凯、张永生：《新贸易理论、比较利益理论及其经验研究的新成果：文献综述》，《经济学（季刊）》2001 年第 1 期。

118. ［美］大卫·伊斯利等著：《网络、群体与市场——揭示高度互联世界的行为原理与效应机制》，李晓明、王卫红、杨韫利译，清华大学出版社 2011 年版。

119. 易纲：《中国的货币化进程》，商务印书馆 2003 年版。

120. 袁文祺、戴伦彰、王林生：《国际分工与我国对外经济关系》，《中国社会科学》1980 年第 1 期。

121. 张寿主编：《技术进步与产业结构的变化》，中国计划出版社 1988 年版。

122. 张小济：《用 20 年基本形成开放型经济》，《经济研究参考》2004 年第 87 期。

123. 张燕生、张岸元：《从新的角度考虑中美经济战略对话》，《国际经济评论》2007 年第 4 期。

124. 张远、张若谷、陈明星、杨桦：《利用外资与经济发展——利用外资与经济发展研讨会简介》，《经济学动态》1988 年第 8 期。

125. 郑拓彬：《我国对外贸易体制改革问题》，《经济研究》1984 年第 11 期。

126.《中国对外经济贸易年鉴》（1984—1988 年），中国展望出版社 1985—1989 年版。

127. 中国对外经济贸易年鉴编辑委员会：《中国对外经济贸易年鉴》（1991—2007），中国对外经济贸易出版社 1992—2008 年版。

128.《中国工业经济统计资料（1949—1984）》，中国统计出版社 1985 年版。

129. 中国国际贸易学会秘书处编：《国际贸易论文选》，对外贸易出版社 1982 年版。

130. 中国科技发展战略研究小组：《中国科技发展研究报告（2001）——中国技术跨越战略研究》，中共中央党校出版社 2001 年版。

131. 中国科技发展战略研究小组：《中国科技发展研究报告

（2000）——科技全球化及中国面临的挑战》，社会科学文献出版社2000年版。

132.《中国统计年鉴》（1981—1988年），中国统计出版社1982—1989年版。

133.中华人民共和国海关管理局编：《中华人民共和国海关进出口税则》，法律出版社1978年版。

134.周叔莲、裴叔平主编：《中国工业发展战略问题研究》，天津人民出版社1985年版。

135.周小川：《关于沿海发展战略的理论思考》，《改革》1988年第3期。

136.周小川：《人民币走向可兑换》，《国际贸易》1994年第6期。

137.周小川等：《迈向开放型经济的思维转变》，上海远东出版社1996年版。

138.朱文晖：《中国出口增长奇迹——实证检验·理论启示·政策探讨》，经济科学出版社1998年版。

139.［美］邹至庄：《中国经济》，南开大学出版社1984年版。

140. A. C. Disdier, K. Head, T. Mayer, "Exposure to Foreign Media and Changes in Cultural Traits: Evidence from Naming Patterns in France", *Journal of International Economics*, Vol.80（2）,2010.

141. Alexander R.J., *A New Development Strategy*, Maryknoll, N.Y., Orbis Books, 1976.

142. Asia yearbook, *Far Eastern Economic Review*, Hong Kong, 1980, 1981,1984,1986,1987.

143. Balassa B., *The Newly Industrialising Countries in the World Economy*, Oxford, Pergamon Press, 1981.

144. Baldwin R.E., "Determinants of the Commodity of Structure of U.S. Trade", *American Economic Review*, March, 1971.

145. Baumol W.J., "Macroeconomics of Unbalanced Growth", *American Economic Review*, Vol.57, 1967.

146. Benston, George J., Hunter, William C., Wall, Larry D., Motivations for Bank Mergers and Acquisitions: Enhancing the Deposit Insurance Put Option versus Earnings Diversification, *Journal of Money*, Credit and Banking, Volume(Year): 27(1995), Issue(Month): 3(August).

147. Blanchard, Olivier et al., *Reform in Eastern Europe*, Cambridge, MIT Press, 1991.

148. C. Hoskins, R. Mirus, "Reasons for the U.S. Dominance of the International Trade in Television Programs", *Media Culture & Society*, Vol.10 (4), 1988.

149. Chenery H.B., *Structure Change and Development Policy*, London, Oxford University Press, 1979.

150. Dunning J. H., "*Explaining International Production*", London, Unwin Hyman, 1988.

151. Duran J.J., Ubeda F., "The Investment Development Path: a New Empirical Approach and Some Theoretical Issues", *Transnational Corporations*, Vol.10, No.2, 2001.

152. E. Janeba, "International Trade and Consumption Network Externalities", European Economic Review, Vol.51(4), 2007.

153. *Foreign Trade Regimes and Economic Development: Turkey*, New york, Columbia University Press, 1974.

154. Gentzkow M., "Valuing New Goods in a Model with Complementarity: Online Newspapers", *American Economic Review*, Vol. 97 (3), 2007.

155. Goldsbrough D., Foreigh Direct Investment in Developing Countries, *Finance and Development*, March, 1985.

156. Hirschman A. O., A Generalized Linkage Approach to Economic Development, with Special Reference to Staples, in *Manning Nash(ed)*, *Essays on Economic Development and Cultural Change*, Chicago, University of Chicago Press, 1977.

157. IMF, IBRD, OECD, EBRD, "*The Economy of the USSR: Summary and Recommendations*", Washington D.C., 1990.

158. Johnson M.W., Christensen C.M., Kagermann H., "Reinventing your Business Model", *Harvard Business Review*, Vol.35(12), 2010.

159. Kirkpatrick C., Lee N., Nixson F., Industrial Structure and Policy in Less Developed Countries, London, George, Allen and Unwin, 1984.

160. Kravis I.B., Availability and Other Influences on the Commodity Composition of Trade, *Journal of Political Economy*, April, 1956.

161. Krueger A., *Foreign Trade Regimes and Economic Development: Liberalization Attempts and Consequences*, Cambridge, Mass: Ballinger Press, 1978.

162. Lall S., Exports of Manufactures by Newly Industrialising Countries, *Economic and Political Weekly*, 6 and 13 December, 1980.

163. Lee E., Export-Led Industrialization and Development, Geneva, InternationalLabour Office, 1981.

164. Leonitief W.W., Domestic Production and Foreign Trade, The American Captial Position Reexamined, *Economic Internationals*, February, 1954.

165. Linder S., *An Essay on Trade and Transformation*, Newyork, Wiley, 1961.

166. Lipton D., Jeffrey Sachs, "Creating a Market Economy in Eastern Europe: The Case of Poland", *Brooking Papers on Economic Activity*, No. 1, 1990.

167. Little I.M.D., *Economic Development: Theory, Policy and International Relations*, Newyork, Basic Books, 1982.

168. Little I., Scitovsky T., Scott M., *Industry and Trade in Some Developing Countries*, London, Heineman, 1970.

169. M. Richardson, S. Wilkie, "Faddists, Enthusiasts and Canadian Divas: Broadcasting Quotas and the Supply Respons", *Review of International*

Economics, Vol.23(2), 2015.

170. Mastel, Greg, "*The Rise of the Chinese Economy: the Middle Kingdom Emerges*", ME Sharpe Inc., 1997.

171. Moran T. (ed), *Multinational Corporations*, Lexington, Mass., Lexington Books, 1985.

172. Narula R., J. H. Dunning, "Industrial Development, Gloabalization and Multinational Enterprises: New Realities for Developing Countries", *Oxford Development Studies*, Vol.28, No.2, 2000.

173. Naughton, 2000, "China's Trade Regime at the End of the 1990s: Achievements, Limitations, and Impact on the United States", in Ted G. Carpenter and James A. Dorn, eds., "China's Future: Constructive Partner or Emerging Threat?", Washington, D.C.: CATO Institute, 2000.

174. Nayyar D., Transnational Corporations and Manufactured Exports from Poor Countries, *Economic Journal*, March, 1978.

175. OECD, *Development Cooperations, 1984 Review*, Paris, 1984.

176. P. Francois, T. V. Ypersele, "On the Protection of Cultural Goods," *Journal of International Economics*, Vol.56(2), 2002.

177. Palia D., The Managerial, Regulatory, and Financial Determinants of Bank Merger Premiums, *The Journal of Industrial Economics*, Vol.41, No.1, March, 1993.

178. Reynolds L., *Economic Growth in the Third World 1950−1980*, New Haven and London, Yale University Press, 1985.

179. Roemer M., Resource−based Industrialization: A Survey, *Journal of Development Economics*, June, 1979.

180. S. Rosen, "The Economics of Superstars", *American Economic Review*, Vol.71(5), 1981.

181. Schmits H., "Industrialization Strategies in Less Developed Countries: Some Lessons of Historical Experience", *Journal of Development Studies*, October 1984.

182. Scott-Kennel J., Enderwick P., "FDI and Interfirm Linkages: Exploring The Black Box of the Investment Development Path", *Transnational Corporations*, Vol.14, No.1, 2005.

183. Singer H., "The World Bank Report on the Blessing of 'Outward Orientation"': A Necessary Correction", *Journal of Development Studies*, January, 1984.

184. U.N., *Economic Survey of Latin America*, 1981, 1984, 1986, New York, United Nations, 1981, 1984, 1986.

185. U.N., *World Economic Survey 1987*, New York, United Nations, 1987.

186. UNCTAD, *Trade and Development Report 1981*, New York, United Nations, 1981.

187. UNCTAD, World Investment Report: Transnational Corporations, Market Structure and Competition Policy, 1997.

188. Vernon R., International Investment and International Trade, *Quarterly Journal of Economics*, May, 1966.

189. Walker R.A., "Is there a Service Economy? The Changing Capitalist Division of Labor", in Bryson and Daniels, *Service Industries in the Global Economy*, Edward Elgar Publishing, 1998.

190. Westphal L.E., The Republic of Korea Experience with Export- led Industrial Development, *World Development*, March, 1978.

191. Y.Takara, "Do Cultural Differences Affect the Trade of Cultural Goods? A Study in Trade of Music".

192. *Year Book: A World Survey*, 1980, 1985, The Europe Publications Limited, 1980, 1985.

统　　筹:李春生
策划编辑:郑海燕
责任编辑:郑海燕　李甜甜　张　燕
封面设计:吴燕妮
责任校对:刘　青

图书在版编目(CIP)数据

新中国对外开放 70 年/江小涓 著. —北京:人民出版社,2019.10
(新中国经济发展 70 年丛书)
ISBN 978－7－01－021369－9

Ⅰ.①新…　Ⅱ.①江…　Ⅲ.①对外开放-研究-中国　Ⅳ.①F125

中国版本图书馆 CIP 数据核字(2019)第 211436 号

新中国对外开放 70 年
XINZHONGGUO DUIWAI KAIFANG 70 NIAN

江小涓　著

人民出版社 出版发行
(100706　北京市东城区隆福寺街 99 号)

北京中科印刷有限公司印刷　新华书店经销

2019 年 10 月第 1 版　2019 年 10 月北京第 1 次印刷
开本:710 毫米×1000 毫米 1/16　印张:17
字数:250 千字

ISBN 978－7－01－021369－9　定价:70.00 元

邮购地址 100706　北京市东城区隆福寺街 99 号
人民东方图书销售中心　电话 (010)65250042　65289539

楼继伟 刘尚希 著

杨伟民 等 著

江小涓 著

韩俊 主编 宋洪远 副主编

宋晓梧 主编 邢伟 副主编

蔡昉 都阳 杨开忠 等 著